Rolf Stolz

Deutschland, deine Zuwanderer

Rolf Stolz

Deutschland, deine Zuwanderer

Fakten – Analysen – Chancen

Herbig

Besuchen Sie uns im Internet unter:
http://www.herbig.net

Umschlagentwurf: Wolfgang Heinzel
Herstellung und Satz: VerlagsService Dr. Helmut Neuberger
& Karl Schaumann GmbH, Heimstetten
Gesetzt aus der 10,8/12,6 Punkt Minion
Druck und Binden: GGP Media, Pößneck
Printed in Germany
ISBN 3-7766-2292-X

Denen gewidmet,
die den schwierigsten Weg gehen – den mittleren.
In der Hoffnung, dass sie auf diesem Weg bleiben – vorsichtig,
nachsichtig, nachdenklich und in allen
unausweichlichen Irrtümern unbeirrbar mutig.

Geläuterter Patriotismus

Der Patriotismus muss sich notwendig immer mehr von Schlacken reinigen und läutern. Jede Nation muss es fühlen lernen, dass sie nicht im Auge andrer, nicht im Munde der Nachwelt, sondern nur in sich, in sich selbst groß, schön, edel, reich, wohl geordnet, tätig und glücklich werde und dass sodann die fremde wie die späte Achtung ihr wie der Schatte dem Körper folge. Mit diesem Gefühl muss sich notwendig Abscheu und Verachtung gegen jedes leere Auslaufen der Ihrigen in fremde Länder, gegen das nutzlose Einmischen in ausländische Händel, gegen jede leere Nachäffung und Teilnehmung verbinden, die unser Geschäft, unsre Pflicht, unsre Ruhe und Wohlfahrt stören. Lächerlich und verächtlich muss es werden, wenn Einheimische sich über ausländische Angelegenheiten, die sie weder kennen noch verstehen, in denen sie nichts ändern können und die sie gar nicht angehn, sich entzweien, hassen, verfolgen, verschwärzen und verleumden. Wie fremde Banditen und Meuchelmörder müssen die erscheinen, die aus toller Brunst für oder gegen ein fremdes Volk die Ruhe ihrer Mitbrüder untergraben. Man muss lernen, dass man nur auf dem Platz etwas sein kann, auf dem man stehet, wo man etwas sein soll …

Dagegen muss jede Nation allgemach es unangenehm empfinden, wenn eine andre Nation beschimpft und beleidigt wird; es muss allmählich ein gemeines Gefühl erwachen, dass jede sich an die Stelle jeder andern fühle. Hassen wird man den frechen Übertreter fremder Rechte, den Zerstörer fremder Wohlfahrt, den kecken Beleidiger fremder Sitten und Meinungen, den prahlenden Aufdringer seiner eignen Vorzüge an Völker, die diese nicht begehren. Unter welchem Vorwande jemand über die Grenze tritt, dem Nachbar als einem Sklaven das Haar abzuscheren, ihm seine Götter aufzuzwingen und ihm dafür seine Nationalheiligtümer in Religion, Kunst, Vorstellungsart und Lebensweise zu entwenden, im Herzen jeder Nation wird er einen Feind finden, der in seinen eignen Busen blickt und sagt: »Wie, wenn das mir geschähe?« – Wächst dies Gefühl, so wird unvermerkt eine Allianz aller gebildeten Nationen gegen jede einzelne anmaßende Macht.

Johann Gottfried Herder
(aus: »Briefe zur Beförderung der Humanität«)

Inhalt

Vorbemerkung: Probleme der Zuwanderung, Zuwanderung als Problem

Einheimische, Eingebürgerte, Fremde – sie alle leben in diesem alten und allenfalls kosmetisch erneuerten Deutschland, das immer noch das Land der Deutschen ist, aber nicht mehr so wie früher und nicht mehr ganz und gar. Es ist das Land derer, die hier geboren sind, aber es ist – mehr oder weniger – auch das Land derer, die hinzugekommen sind, freiwillig oder unfreiwillig, als ganze oder halbe neue Deutsche oder als Exilierte, die am Ende vielleicht doch eine neue Heimat finden werden, zumindest für ihre Kinder oder Enkel. Angesichts verschiedener Katastrophen-Szenarios – Gesellschaftszerfall bis hin zum Bürgerkrieg, Islamisierung Europas, Absinken der Deutschen zu einer Restgruppe in Reservaten – gibt es eine nicht ganz unmögliche und nicht völlig unwahrscheinliche Hoffnung, gibt es inmitten vieler Gefahren die Chance eines anderen und besseren Deutschlands. Stark, friedfertig, freiheitlich-vielfältig und zugleich patriotisch und internationalistisch.

Aber ist dieser Wunschtraum nicht schon per se faschistoid und ausländerfeindlich? Muss Deutschland nicht möglichst schnell überwunden und aufgelöst werden in einem multikulturellen Europa ohne Grenzen? Ist nicht alles, was schlecht ist für die Deutschen, gut für die Ausländer und alles, was gut ist für die Deutschen, schlecht für die Ausländer? Stellen wir zunächst eine einfache Frage: Was ist eigentlich Ausländerfeindlichkeit? Auf diese Frage kann man zwei einfache Antworten geben.

Erstens ist Ausländerfeindlichkeit offen vorgelebte Gewalt und bewusste Hasserzeugung gegen Ausländer, weil diese angeblich oder tatsächlich anders sind als die Einheimischen. Sich gegen diese ebenso bösartige wie dumme politische Asozialität zu wehren, ist Lebensinteresse und muss Ehrensache sein für alle Gutwilligen und Vernünftigen in diesem Land.

Zweitens ist Ausländerfeindlichkeit eine Reaktion auf das Totschweigen und Beschönigen von tatsächlichen politischen Problemen, die die unverhältnismäßige Zuwanderung den Inländern bereitet. Eine Reaktion auf das Totschweigen und Beschönigen tatsächlicher Schwierigkeiten, für die einzelne Gruppen von Ausländern verantwortlich sind und haftbar gemacht werden können. Eine Reaktion auf Hasserzeugung, Gewaltanwendung, Rücksichts- und Gedankenlosigkeit gegen Inländer. Eine Reaktion auf den Selbsthass, mit dem einige Deutsche Deutschland und das deutsche Volk überziehen.

Sich gegen die politischen und psychologischen Ursachen zu wehren (ehe man in zweiter Linie die Fehlreaktion selbst politisch bekämpft), ist ein elementares Interesse nicht nur aller aufgeklärten und vernünftigen Einheimischen, sondern darüber hinaus aller Ausländer, die in diesem Land bleiben wollen und die wollen, dass Deutschland demokratisch und ihr Gastland oder ihre neue Heimat bleibt. Jeder zweite Ausländer lebt schon über zehn Jahre in Deutschland, jeder fünfte seit mehr als fünfundzwanzig Jahren. Über anderthalb Millionen Ausländer sind in Deutschland geboren – trotz aller Rückwanderer und Weiterwanderer wird die große Mehrheit der heutigen Ausländer in Deutschland bleiben wollen. Genau dafür müssen Lösungen gefunden werden.

Ist es reaktionär, rechtsradikal und faschistisch, über die Probleme zwischen Deutschen und Ausländern zu sprechen und zu schreiben? Oder ist es nicht vielmehr reaktionär, rechtsradikal und faschistisch, wenn unwillkommene und abweichende Gedanken und Meinungen unterdrückt, böswillig verfälscht und ausgegrenzt werden? Wenn angebliche Antifaschisten sich gegen angebliche Faschisten altbewährter faschistischer Methoden bedienen, dann brandmarkt die Methode den, der sie praktiziert als unbewussten Anhänger und unbemerkten Erben derjenigen, die mit ihren Menschheitsverbrechen Deutschland an den Rand der Auslöschung gebracht haben. Dass sich in Frankreich Briefträger weigerten, Wahlsendungen des »Front National« zu verteilen, offenbart, wie ähnliche Aktionen vor einigen Jahren in Deutschland, den Ungeist derer, die diese Protestierer vorschicken.[1] Während im Johannes-Evangelium die Pharisäer immerhin die Steine, die sie schon erhoben haben, fallen lassen, als Jesus den auffordert, zuerst zu werfen, der ohne Sünde sei, ist ein solches selbstkritisches Zurückschrecken der »Antifa« völlig fremd. Durchdrungen von einer pseudoreligiösen Heils- und Selbstgewissheit, angetrieben von einer Lust an Aggression gegen andere, an der Auflösung Deutschlands, an der Zerstörung der ohnehin halbherzig-fragilen Demokratie und an der Vernichtung aller vermeintlichen Feinde agieren sie blindwütig und hasserfüllt.

Seit Jahren ist die Diskussion über die Zuwanderung und über die deutsche Ausländerpolitik aufgeheizt und vergiftet. Sowohl jene, die nicht eine einzige Idee und außer einem markigen »Ausländer raus!« keinen weiteren Programmpunkt vorweisen können, als auch die ausländischen und deutschen Lobbyisten einer grenzenlosen und noch dazu staatlich alimentierten Zuwanderung haben mit vereinten Kräften dafür gesorgt, dass in all dem Getöse die leise Stimme der Vernunft kaum noch zu hören ist. Jedem denkenden Menschen sollte klar sein, dass eine Gesellschaft ihre Kreativität und ihr schöpferisches Ideenpotenzial verliert, wenn sie selbstzufrieden nur im eigenen Saft schmort, und dass sie ihre moralische Integrität aufgibt, wenn sie keinem der Verfolgten zu Hilfe kommt. Auf der anderen Seite sollte jeder, der über einen klaren Kopf verfügt, begriffen haben, dass selbst ernannte Sprecher und Freunde der Ausländer diesen verheerend schaden, wenn sie – ausschließlich kurzfristige Vorteile im Blick – die Zahl der hier lebenden Zuwanderer ohne Berücksichtigung der unausweichlichen Folgen laufend erhöhen und damit die nur zu verständliche Wut und Empörung vieler Deutscher immer mehr anfachen. Wer nachdenkt und vor allem auch vorausdenkt, wird bald erkennen, dass die Prediger der multikulturellen Paradiesgesellschaft und der definitiven Entdeutschung Deutschlands objektiv gesehen die größten Ausländerfeinde sind. Dass diejenigen, die aus ethnischer Durchmischung ein politisches Programm machen wollen, sich auf der prinzipiellen und strukturellen Ebene von den Verfechtern der rassisch-völkischen Reinheitsgebote nur noch in den sekundären Details und Praktiken unterscheiden. Der Staatsrechtler Otto Uhlitz, ehemals als Staatssekretär in Berlin ein enger Mitarbeiter Willy Brandts, erklärte 1987 in dieser Angelegenheit: »Es kann nicht angehen, dass wegen Vorbereitung eines hochverräterischen Unternehmens bestraft wird, wer die Staatsform der Bundesrepublik Deutschland abschaffen will, während der, der das deutsche Staatsvolk in der Bundesrepublik abschaffen und durch eine multikulturelle Gesellschaft ersetzen und auf deutschem Boden einen Vielvölkerstaat etablieren will, straffrei bleibt. Das eine ist korrigierbar, das andere nicht und daher viel verwerflicher und strafwürdiger. Diese Rechtslage wird auch der Generalbundesanwalt nicht auf Dauer ignorieren können.« 1962 gab es in Deutschland etwas über eine 1 Million Geburten, der Ausländeranteil betrug 1,6 Prozent. 1970 waren die Geburten abgesunken auf 810 808, davon 7,8 Prozent Ausländerkinder. 1980 waren es nur noch 620 657 Geburten, davon 13,0

Prozent Ausländerkinder. 1990 waren es wieder 727 199 Geburten, wobei durch das Hinzukommen der neuen Länder mit ihrem sehr geringen Ausländeranteil und durch die Einbürgerungen sich der Ausländeranteil auf 11,9 Prozent geringfügig vermindert hatte. 1997 wurde bei 812 171 Geburten wieder ein Ausländeranteil von 13,2 Prozent erreicht. Dies wäre viel, aber nicht zu viel, wenn nicht unter den Ausländern und unter den Pro-Forma-Deutschen eine riesengroße und weiter wachsende Gruppe von Menschen existierte, die außer dem Wohnort kaum etwas mit Deutschland verbindet und die ihre Kinder – häufig noch dazu ohne ein Vermitteln der deutschen Sprache – in dem Bewusstsein erziehen, alles zu sein, nur kein Deutscher.

Die Ideologen und Profiteure des Völkertransfers haben mit ihrer Propaganda dafür, in großer Zahl und auf Dauer nach Europa zu kommen und dort ohne Bereitschaft zur Eingliederung abgeschottete Getto-Kulturen zu bilden, dazu beigetragen, zahllose Menschen ihrer Heimat, ihrer Zukunft, ihres Vermögens, zum Teil – in der Meerenge von Gibraltar oder vor Italiens Küsten – sogar ihres Lebens zu berauben. Und das in dem zynischen Kalkül, dass es immer schlimmer werden muss, damit Cliquen, die in freien Wahlen nie eine Chance hätten, auf Umwegen doch noch zur Macht gelangen können. Jene, die gerade erst der Not und Unterdrückung entkommen sind, geraten in Europa in ein neues kulturell-geistiges Elend und sehen sich konfrontiert mit gesellschaftlichen Konflikten, die langfristig in eine bürgerkriegsähnliche Situation münden könnten. Mehr als 450 000 Menschen versuchen jedes Jahr, illegal in die EU-Staaten einzudringen.[2] »Schätzungen gehen davon aus, dass allein 1992 rund 300 000 Menschen illegal nach Deutschland eingewandert sind. Das sind etwa 70 Prozent aller unberechtigt in die Europäische Union einreisenden Personen.«[3] Auch wenn der EU-Gipfel von Sevilla im Juni 2002 wieder einmal die notwendigen Gegenmaßnahmen verschoben hat – sie werden kommen. Und wenn das vereinte Europa jene »unerreichbare Festung« wird, die die Moskauer Zeitung *Nezawisimaja Gazeta* befürchtet, dann werden die Verantwortlichen dafür weniger die Flüchtlinge sein, sondern jene Politiker, Wirtschafts-, Gewerkschafts-, Medien- und Kirchenleute, die einer Mischung aus Naivität, Geschäftemacherei, Utopismus und selbstmörderischer Kurzsichtigkeit die Ursachen für das Flüchtlingselend wie für all seine Folgeerscheinungen geschaffen haben.

Angesichts der Verdächtigung aller, die für Zuwanderungskontrollen und Rückkehrförderung eintreten, als »Ausländerfeinde«, ist vielleicht der Hinweis nicht ganz überflüssig, dass der Autor dieses Buches – bis heute Mitglied der Partei DIE GRÜNEN – seit Jahrzehnten sehr eng mit ausländischen Freunden und Kollegen zusammengearbeitet hat, ob in den späten Sechzigerjahren im Sozialistischen Deutschen Studentenbund (SDS), ob in den Siebzigerjahren bei der Herausgabe der deutsch-türkischen Zeitung *Arbeiter-Tatsachen* oder in den Achtzigerjahren nach Gründung der GRÜNEN in deren Bundesvorstand, im Rahmen des »Südkorea-Forums« oder in der Bundesarbeitsgemeinschaft »Ökologie International«. Nichts liegt mir ferner als Ausländerfeindlichkeit. Aber gerade um meiner ausländischen Freunde und um ihrer Zukunft in diesem Lande willen – ob sie sich nun als neue bzw. zukünftige Deutsche oder als solidarische und gesetzestreue Gäste der Deutschen verstehen, als ehemalige Fremde oder als integrationsbereite »Fremde auf Dauer« – möchte ich nicht schuldig werden durch bequemes Schweigen, ausweichendes Schönreden, unterlassenes Warnen vor einer bisher noch vermeidbaren Katastrophe. Gelingt es, durch eine große Regenbogen-Koalition der Vernünftigen und Verantwortungsbewussten diese Gefahr abzuwenden, dann kann meiner Überzeugung nach eine regulierte, bedarfsgerechte und eingliederbare Zuwanderung zu einem bedeutenden ökonomischen und kulturellen Gewinn für dieses Land und alle seine Bewohner werden.

Mit dem Thema »Was ist mit Deutschland, was wird mit Deutschland werden?« wie mit dem Thema »Wer sind die Zuwanderer, was wird aus ihnen hier?« habe ich mich in den letzten fünfzehn Jahren immer wieder auseinander gesetzt. Nach dem Buch *Der deutsche Komplex. Alternativen zur Selbstverneinung*[4] habe ich zwei erfolgreiche Bücher zum islamischen Fundamentalismus veröffentlicht (*Die Mullahs am Rhein*[5] 1994 und *Kommt der Islam?*[6] 1997). 1998 und 2001 erschienen die von Hartmut Koschyk MdB und mir herausgegebenen Sammelbände *Dreißig Jahre Zuwanderung. Eine kritische Bilanz*[7] bzw. *Alte und neue Deutsche*[8] – Ergebnisse von Tagungen und einer von uns beiden angestoßenen überparteilichen Diskussion, an der auch mehrere Wissenschaftler beteiligt sind, die aus dem Umfeld der GRÜNEN kommen (u. a. Prof. Reinhard Hesse, Prof. Kenneth Lewan, Prof. Johannes Heinrichs, der Nachfolger Bahros an der Humboldt-Universität). Aus diesem Kreis entstand 1998 der *Bayreuther Aufruf*, den u. a. auch Rainer Eppelmann MdB, Horst Niggemeier (SPD-MdB bis 1994 und langjähriger Sprecher der IG Bergbau), Jörg Schönbohm, Bundesminister a. D. und MdB Rainer Ortleb (FDP), die Professoren Arnulf Baring, Johannes Heinrichs, Reinhard Hesse, Klaus Hornung und Kenneth Lewan unterzeichneten.

Eine Erfahrung sowohl mit feiger Infamie wie auch mit mutiger Solidarität soll hier nicht unerwähnt bleiben: Ende November 1998 erschien in *Aus Politik und Zeitgeschichte*, der Beilage zu der von der Bundeszentrale für politische Bildung herausgegebenen Wochenzeitung *Das Parlament*, mein material- und argumentenreicher Aufsatz »Probleme der Zuwanderung, Zuwanderung als Problem«[9], aus dem inzwischen auch in verschiedenen Lehrbüchern für Schulen Auszüge nachgedruckt wurden. Der Historiker Arnulf Baring besprach ihn in seiner Kolumne »Aus politischen Zeitschriften« in der *FAZ*[10] ausführlich und positiv und sprach von »vernünftigen Anregungen«. Gleichzeitig wies er die diffamierenden Angriffe Heribert Prantls auf mich zurück. Prantl hatte, ohne meinen Namen und die Quelle exakt zu nennen, in der *Süddeutschen Zeitung*[11] geschrieben, »Ausländerhetze« werde jetzt »von einer Einrichtung des Parlaments unterstützt«; »der Autor gibt sich als Mitglied der Grünen aus, sein Stück hätte in der *Nationalzeitung* des Herrn Frey stehen können«. Meine Aufforderung zur Gegendarstellung und die briefliche Anfrage beim Chefredakteur der *Süddeutschen Zeitung*, wie sich denn Herr Prantl fühlen würde, wenn ich über ihn schriebe, »er gibt sich als Journalist aus und verfasst Artikel, die in der Zeitung des Herrn Streicher stehen könnten«, blieb ohne Reaktion. Immerhin sah sich die *SZ* gezwungen, einen Leserbrief[12] von Dr. Günther Reichert, dem Präsidenten der Bundeszentrale für politische Bildung, abzudrucken, in dem dieser die Anwürfe Prantls deutlich zurückwies und erläuterte, dass in der fraglichen »Beilage« »die unterschiedlichsten Aspekte der Kontroverse vermittelt« wurden.

Nur eine neue Ausländer- und Zuwanderungspolitik, die ebenso an den Werten eines praktisch-pragmatischen Humanismus und einer kritisch-selbstbewussten Vernunft orientiert ist wie sie die Lebensinteressen des deutschen Volkes und legitime Bestrebungen der Zuwanderer in einen großen historischen Kompromiss aufnimmt, kann eine Katastrophe verhindern. Diese Politik sollte auch eine gewisse Vereinheitlichung zwischen den Bundesländern und mit den Nachbarn Deutschlands anstreben, ohne aber – wie die SPD es seit

1998 fordert – Verantwortung und Einflussmöglichkeiten von der deutschen auf die europäische Ebene zu verlagern. Hier droht ohnehin, dass Brüssel sich schon bald über unsere nationalen Lebensinteressen hinwegsetzt, weil der im »Amsterdamer Vertrag« nur für die ersten fünf Jahre vereinbarte Zwang zur Einstimmigkeit wegfällt.

Die EU gehört als Ganzes, als Idee und als praktischer Rahmen politischer Gestaltung auf den Prüfstand. Man muss nicht im Mindesten das Programm des französischen Rechtspopulisten Jean-Marie Le Pen teilen, um ihm in seiner Einschätzung Recht zu geben, die er im Interview mit dem *Spiegel*[13] äußerte, die EU sei »eine einzige Addition von Schwächen« und jage einer Illusion nach: »Sie wollen ein Imperium errichten zu einem Zeitpunkt, da alle Imperien sich aufgelöst haben – das der alten Kolonialmächte, das der Sowjetunion und, wer weiß, vielleicht bald noch ein anderes.« Diejenigen auf der politischen Linken, die die EU kritisch und ohne die Vernebelung durch europa-seliges Wunschdenken sehen – und das sind viele – sollten ihre Position offen und offensiv vertreten und nicht weiterhin der Rechten dieses Feld überlassen.

Versagen die zu politischer Führung berufenen Instanzen und gesellschaftlichen Gruppen, drohen Kulturverlust, Balkanisierung, Krieg der Ethnien um Einfluss und Land, gewalttätige Despotie von Polit-Mafiosi, permanenter Kleinkrieg selbst ernannter Retter. Daher ist es von zentraler Bedeutung, die Zuwanderungsfrage gründlich und grundstürzend bis zu den Wurzeln hin und von den Wurzeln her, aber zugleich sachbezogen und nüchtern anzugehen. Gegen die Prediger blinden Wachstumswahns und blinder Zuwanderungseuphorie müssen die Verteidiger verantwortungsvoller Gesellschaftsgestaltung und aufgeklärter Werterhaltung offensiv die Mitte besetzen und die Zuwanderungspropagierer als die wahren Extremisten, Fanatiker, Ideologen bloßstellen.

Wir sind es, die gegen die mittelmäßigen Linken, Linksliberalen und Sonntags-Konservativen die wahre Mitte dieses Landes und unseres Volkes repräsentieren. *Wir* sprechen für die Vernünftigen, die auf dem Boden der Tatsachen stehen und sich gleichzeitig an Werten orientieren, die, sich immer wieder wandeln und doch Gültigkeit haben werden, solange Menschen Menschen sind. Das Schweige- und Verleumdungskartell der etablierten Multi-Kulti-Gutmenschen-Publizistik wird an dem scheitern, was bislang allen Monopolen das Genick gebrochen hat: an den eigenen inneren Gegensätzen, an der mit jedem Erfolg und jeder neuen Expansion wachsenden Widerstandsfront. Unabhängig davon, wie die eine oder andere Wahl ausgeht, unabhängig von Integrationsprogrammen und Zuwanderungsgesetzen – die große Frage, was aus Deutschland, dem deutschen Staatsvolk, den neuen Deutschen, und was aus unseren Langzeit- bzw. Dauergästen wird, bleibt uns auf Jahrzehnte erhalten.

Im Sommer 2002 *Rolf Stolz*

Erster Brief an einen türkischen Freund oder: Was sich lernen und befürchten lässt

Lieber Tarik,

wir kennen uns lange. Gerade unsere unvermeidlichen Meinungsunterschiede und Missverständnisse habe ich fast immer als belebend und bereichernd empfunden – und ich denke, dass ich mich nicht irre, wenn ich unterstelle, dass es Dir ähnlich ging. Allerdings – wir haben auch immer wieder lange und oft kontrovers darüber gesprochen, wie sich die Beziehungen zwischen Deutschen und Ausländern in diesem Land entwickelt haben und in Zukunft voraussichtlich entwickeln, wie man das, was gut ist, verteidigen, und wie man das, was schief läuft, auf eine andere bessere Bahn bringen kann.

Aber wir haben nicht nur diskutiert – wir haben vieles gemeinsam begonnen und einiges gemeinsam geschafft. Manche Probleme haben sich erst in der gemeinsamen Arbeit und durch sie klären und lösen lassen. Eine Grundlage, ein stabiles Fundament aus Respekt, Übereinstimmung und Vertrauen entsteht ja niemals nur durch Debatten, sondern zuerst und zuletzt durch gemeinsames Erleben und Erleiden. Und genau deshalb weißt Du, dass ich auf Deiner Seite stehe, dass ich nicht zu denen gehöre, die die Ausländer und die neuen Deutschen aus Deutschland vertreiben wollen. Und ich weiß von Dir, dass Du nicht zu denen zu rechnen bist, die sich das mörderische (und zugleich selbstmörderische) Projekt einer Islamisierung, Orientalisierung und Türkisierung Deutschlands und Europas auf die Fahnen geschrieben haben.

Wie Du halte ich es für wünschenswert, dass diejenigen Ausländer, die bereit sind, sich in unsere Kultur und unsere Verfassungsordnung zu integrieren und die schon länger hier leben, die deutsche Staatsbürgerschaft behalten bzw. erhalten. Ich denke, es ist keine Überforderung, wenn man erwartet, dass deutsche Staatsbürger die deutsche Sprache verstehen und verständlich sprechen und dies bei der Einbürgerung in einer bundesweit einheitlichen mündlichen und schriftlichen Sprachprüfung nachweisen.

Das Gebiet der heutigen Türkei war einmal zu 98 Prozent christlich.

Heute sind dort 98 Prozent der Bevölkerung Muslime, obwohl am Anfang des zwanzigsten Jahrhunderts noch mindestens ein Drittel den christlichen Glauben hatten. Wir beide wissen, dass dies zum allerkleinsten Teil durch freiwillige Übertritte anders geworden ist. Nun kommen die türkischen Muslime in ein mehrheitlich von Christen bewohntes Land, in ein Land, das seit über tausend Jahren christlich ist und in dem es erst seit weniger als fünfzig Jahren eine nennenswerte muslimische Minderheit gibt. Was soll nun bei der Entscheidung über eine Einbürgerung dieser Muslime gelten? Alle zu vollwertigen Bürgern machen oder keinen? Wie Du weißt, habe ich einen differenzierten Standpunkt. Die Muslime, die Deutschland einbürgert, sollten zumindest in ihrer übergroßen Mehrheit entweder einem unpolitischen Islam des Volksglaubens oder der spirituellen Mystik anhängen oder einem reformorientierten Euro-Islam. Dass diese Richtungen des Islams für die orthodox-dogmatische Mehrheitsrichtung und den üblichen Staatsislam nicht zum »wahren Islam« zu rechnen sind, sondern von ihm als pure Ketzereien verurteilt werden, dass die genannten Strömungen im Weltislam leider gegenwärtig hoffnungslos in der Minderheit sind gegenüber dem Block der Dogmatiker und der Fundamentalisten, ist uns beiden durchaus bewusst und wird auch von Dir, schon weil Du selbst ein reformorientierter Muslim bist, nach Kräften bekämpft. Im Übrigen müssen ja diejenigen Muslime, die den mit der europäischen christlich-jüdischen Kultur und mit einer offenen demokratischen Gesellschaft zu vereinbarenden Richtungen des Islams nicht folgen wollen, sich nicht ausgerechnet in Deutschland ansiedeln und ausgerechnet die deutsche Staatsbürgerschaft beantragen. Wer den orthodoxen oder gar den fundamentalistischen Islam zur Maxime all seines Handelns macht, der kann und wird die Demokratie nur hassen und angreifen – selbst wenn er hundert Mal irgendwelche billigen und unverbindlichen Lippenbekenntnisse zum Grundgesetz abgibt. Solche Menschen sollten in einem islamischen Land bleiben und nicht in ein Land kommen, das niemals ein islamisches werden kann – es sei denn über zahllose Leichen und am Ende eines mit allen Mitteln geführten Bürgerkrieges. Als auf Zeit geduldete Gäste, als vor akuter Bedrohung zu uns geflohene Flüchtlinge mag eine kleinere Zahl von dogmatisch-traditionalistischen Muslimen und Islamisten weiterhin in Deutschland geduldet werden und sich der zu erwartenden Unterstützung seitens derer erfreuen, die als deutsche Muslime in das Lager der Ultras wechseln. Auf keinen Fall aber sollte der Islamismus vom deutschen Staat Schützenhilfe erhalten für eine mit allen Bürgerrechten ausgestattete Fünfte Kolonne, für einen unaufhaltsam anwachsenden Vortrupp der Eroberung Deutschlands durch den Weltislam.

Natürlich – und darin herrscht volle Übereinstimmung zwischen uns (wie überhaupt unter allen Menschen guten Willens) – ist es erforderlich, die mörderische Gewalt gegen Fremde auf Null oder nahe Null zu bringen und die vielfältigen Diskriminierungen zu beenden. Die friedliche Eingliederung der Zuwanderer in die deutsche Gesellschaft und Verfassungsordnung und die Abwehr demokratiefeindlicher Kräfte wird dann zu erreichen sein, wenn die Gewalt auf den Straßen ebenso ein Ende gefunden hat wie die Gewaltvorbereitung und Gewaltrechtfertigung durch Hetzpropaganda, Denk- und Diskussionsverbote. Bei all dem kann man sich auch als Deutscher nur wünschen, das Asylrecht so weit wie eben möglich zu erhalten und durch Reduzierung unnötiger bzw. unerwünschter Einwanderung politischen Spielraum zu behalten für die Aufnahme tatsächlich Verfolgter und Bedrohter. Es sollte sich dabei von selbst verstehen, dass auch die Asylbewerber und die anerkannten Asylanten bestimmte Spielregeln einhalten müssen (keine Gewaltanwendung bzw. -aufrufe hier bei uns, Rückkehr nach Ende der Gefährdung).

Als wir uns kennen lernten, hattest Du eine sehr einfache, eine zu einfache Sicht der Dinge: Für Dich gab es gute Deutsche (gut, weil sie den Ausländern Recht gaben und sich somit scheinbar als Ausländerfreunde bewiesen) und böse Deutsche (böse, weil sie aus unterschiedlichen Gründen unterschiedliche Vorbehalte, Befürchtungen und Abwehrreaktionen gegenüber allen oder einigen Ausländergruppen zeigten, weil sie Ausländerfeinde waren oder dies jedenfalls zu sein schienen). Das war jene Zeit, als du es für faschistisch oder zumindest faschistoid hieltest, wenn ein Deutscher von »unserem Land« sprach oder sogar von »Deutschland zuerst«, als Du es »rassistisch« nanntest, wenn jemand für einen Zuwanderungsstop plädierte oder für eine Auswahl der Zuwanderer auch nach ethnisch-kulturellen und religiösen Gesichtspunkten. Du hast gelernt, dass es nicht so ist und schon gar nicht so einfach. Ich bin Dir sehr dankbar, dass Du diesen Weg gegangen bist und freue mich, dass ich ein Stück auch dazu beigetragen habe, dass Du dieses Land und seine Menschen besser verstehst.

Ich muss Dir sagen: Es ging mir in den Gesprächen mit Dir nie darum, Dich in Bausch und Bogen zu meiner Sicht der Dinge zu bekehren. Ich wünschte mir immer, Du möchtest vor allem erst einmal erkennen und verstehen, was genau ich vertrete und warum ich zu einer bestimmten Überzeugung gelangt bin. Ich glaube, dass ich dabei zu-

mindest versucht habe, Deine Gedanken und Bedenken nachzuvollziehen und sie konstruktiv aufzunehmen.

Wir beide haben dazugelernt. Es gab eine Zeit, da hingen wir dem naiven Köhlerglauben an, es sei erstens möglich und zweitens wünschenswert, die Nationen abzuschaffen und eine einheitliche Weltgemeinschaft, eine Art demokratischen Weltsozialismus, rund um den Globus zu errichten. Inzwischen halten wir beide dies für extrem unwahrscheinlich bis nahezu unmöglich und für alles andere als wünschenswert. Inzwischen hat aber auch eine groteske Karikatur dieser einstmals weltbewegenden Idee Gestalt angenommen, nämlich die alles andere als ungefährliche und unrealistische Horrorvision einer eingeebneten, durchnormierten und mittels einer Marionetten-Weltregierung diktatorisch verwalteten »Neuen Weltordnung«, in der die Mächte einer transnationalen Herrschaft des großen Geldes und anonymer Zentralbürokratien die Früchte ihrer jahrelangen leidenschaftlichen Propaganda für das Modell der ONE WORLD ernten wollen. Insoweit ehemalige Linke und selbst ernannte »Avantgarden« für dieses Konzept der »Entnationalisierung«, der »Weltregierung«, der »Weltpolizei« usw. eintreten, sind sie nichts anderes als ferngesteuerte nützliche Laufburschen, die sich für die Großmeister der Globalmonopolisierung die Hacken ablaufen. »One world, no future« (»eine Welt, keine Zukunft«) – dieser ironisch-skeptische Slogan trifft den Nagel auf den Kopf: Entweder die Welt bleibt ein offener, vielgestaltiger Prozess oder aber sie erstarrt zum monolithischen Kasernenhof.

Der Gedanke, dass wir Menschen nur eine einzige Erde haben, dass wir brüderlich beziehungsweise geschwisterlich miteinander umgehen sollten, dass es weder überlegene noch minderwertige Rassen oder Völker gibt, ist eine große und großartige Idee. Aber gerade, weil das so ist oder so sein sollte, sind wir verpflichtet, den Reichtum und die Vielfalt der Völker, Sprachen, Kulturen und Glaubensformen zu erhalten. Das ist es, was wir beide erkannt haben. Und in diesem Prozess des Zu-denken-Beginnens, des Um- und Neudenkens haben wir beide begriffen, wer wir selbst sind: Du ein Türke, der nach Deutschland gekommen ist vor langer Zeit – damals nicht, um zu bleiben, und der doch geblieben ist; ich ein Deutscher, der hier geboren ist, aber dennoch nicht in seinem Deutschtum auf- und untergehen will.

Wir beide gehen davon aus, dass dieses Deutschland, wenn nicht Kriege und Bürgerkriege die Deutschen ausrotten sollten, in seiner Grundlinie deutsch bleiben wird – aber mit einer starken Beimengung durch Deutsche mit türkischen Vorfahren und mit einer gewissen Min-

derheit von in Deutschland lebenden Türken, die sich als nationale Minderheit sehen mögen. Man kann nur hoffen, dass sie in kluger Selbstbeschränkung darauf verzichten, Autonomieforderungen zu stellen, die unausweichlich in fatale Frontstellungen hineinführen würden. Was die Türkei betrifft, so wird sie nach der wohl unausweichlich irgendwann kommenden Verselbstständigung des kurdischen Südostens Gebiete verlieren, aber ein großes Land bleiben und an ethnischer Geschlossenheit und innerem Frieden gewinnen. So wenig wie Du es akzeptieren würdest, wenn aus der Unterdrückung der Kurden in der Türkei eines Tages eine Unterdrückung der Türken durch ein kurdisches Besatzungsregime würde, so wenig wäre es für mich oder für jeden anderen Deutschen, der sein Land liebt, hinzunehmen, wenn die türkische Minderheit in Deutschland versuchen sollte, über die Mehrheit zu herrschen oder durch schrankenlose weitere Zuwanderung der eigenen Landsleute die Mehrheitsverhältnisse in Deutschland zu ändern.

Seit wir uns über diese Dinge ausgesprochen haben und erkannt haben, dass es aus den uns gemeinsam drohenden Gefahren einen gemeinsamen Ausweg (und nur einen gemeinsamen!) gibt, ist aus unserer alten Freundschaft eine neue Verbundenheit in gleichen oder doch ähnlichen Zielen und konkreten Schritten geworden – in dem Bewusstsein, dass die vielen Brücken zwischen vielen Menschen, die Brücken zwischen den Einheimischen und den einstigen Fremden, immer beginnen mit dem Brückenschlag von einem Einzelnen zu einem anderen Einzelnen. Wir beide, so scheint es mir, haben inzwischen erkannt, dass wir mit Methoden und Zwischenschritten, die sich im Einzelnen unterscheiden, ein gemeinsames und im Kern gleiches Ziel anstreben: ein Deutschland, ein Europa und eine Welt, die zumindest auf dem Weg sind zu Freiheitlichkeit, Frieden und Solidarität.

Unsere gemeinsame Hoffnung ist, dass die Deutschen und die Türken in diesem Land (und alle, die irgendwo zwischen den Fronten dieser beiden größten Ethnien sich bewegen) erkennen, dass ein Kampf gegeneinander nur Zerstörung und Leid bringen kann und dass es die Chance eines dauerhaften Friedensschlusses gibt. Dieser wird schmerzliche Zugeständnisse verlangen (den Abschied von Allmachtsfantasien wie der einer rein deutschen und rein christlichen Gesellschaft, von Fiktionen wie der eines muslimischen Kanzlers oder gar der einstigen Errichtung eines islamischen Gottesstaates, den Abschied von Illusionen wie der, dass die Türken in Deutschland alle in die Türkei zurückgehen werden oder von Generation zu Generation samt und sonders oder auch nur in ihrer Mehrheit Türken bleiben werden). Das auf den Weg zu bringen, das – gemeinsam und jeder für sich, auf eigenes Risiko unter den eigenen Leuten – durchzusetzen zu versuchen, ist unsere Aufgabe und unsere Pflicht. Daran sollten wir uns messen lassen und uns selbst messen.

1

Es gibt Probleme, es gibt ein großes Problem – warum gibt es keine große Diskussion?

In dem halben Jahrhundert seit dem Ende des Zweiten Weltkrieges wurden weltweit schätzungsweise weit mehr als einhundert Millionen Flüchtlinge und Vertriebene gezählt (vor allem als Opfer von über zweihundert Kriegen und Bürgerkriegen sowie der stalinistisch-staatssozialistischen Diktaturen, von den über 15 Millionen nach Kriegsende vertriebenen Deutschen bis hin zu den Flüchtlingen in Asien; 2 Millionen aus Festland-China, 5 Millionen aus Nordkorea, 3 Millionen im Laufe mehrerer Jahrzehnte aus Indochina, 5 Millionen aus Afghanistan). Hinzu kommt, dass die Flüchtlingszahlen, die sich zwischen 1960 und 1975 nur minimal erhöht hatten, seit 1975 steil ansteigen. Gegenwärtig rechnet man weltweit mit 25 bis 30 Millionen Flüchtlingen. (Von 23 Millionen spricht UNHCR, das Flüchtlingshilfswerk der UNO, wobei 15 Millionen das eigene Land verlassen hätten.[14] Für 1980 nannte UNHCR 10 Millionen, für 1970 nur 5 Millionen: Das Problem nimmt also exponenziell zu.)

Das andauernde Flüchtlingselend in Zentralafrika, die sich im arabisch-türkischen Raum immer mehr verschärfende Konfrontation zwischen einem zunehmend machtvollen Islamismus, dem noch die Staatsgewalt ausübenden bzw. missbrauchenden militärisch-bürokratischen Establishment und der ohnmächtigen Minderheit laizistischer Demokraten, der arabisch-israelische Konflikt, die latente Kriegsgefahr zwischen Indien und Pakistan und das drohende Aufeinanderprallen von hinduistischer und islamischer Zivilisation (»Islam has bloody borders,« »der Islam hat blutige Grenzen«, sagt Samuel Huntington). All das verdeutlicht, wie weltbewegend und existenziell auch für uns Deutsche die Frage ist, ob es gelingt, in der gegebenen neuen Weltunordnung so genannte »ethnische Säuberungen« als völkerrechtswidrige Menschheitsverbrechen zu ächten, die Vertreiber hinter Gitter oder in Pension zu schicken und durch eine Politik friedlicher Koexistenz, des Gewaltverzichts, der Wiedergutmachung, der Selbstbestimmung und Gleichberechtigung aller Nationen zumindest die brisantesten Konstellationen zu entschärfen.

Es wäre ein moralischer Bankrott, es wäre der Verzicht auf eine gleichzeitig humanistischen Werten wie der Realität verpflichtete Politik, würden wir Deutsche weiterhin den aussichtslosen Versuch fortsetzen, in unserem kleinen Land alles Elend der Welt dadurch zu beheben, dass wir in einer Art von globalem Sozialhilfeprogramm die Mühseligen und Beladenen zu uns einladen – wobei im Übrigen es durch dieses willkommene Ventil all den machthabenden Menschenfeinden erleichtert wird, ihre Herrschaft zu befestigen. Von deutscher Selbstüberhöhung und Selbstüberschätzung, von Fantasien, dass am deutschen Wesen die Welt genesen müsse (diesmal nicht an deutscher Macht und militärischer Stärke, sondern an deutscher Selbstverneinung, Selbstgeißelung und Unterwerfungslust!), sollte die Geschichte uns eigentlich geheilt haben. (Man vergleiche etwa Deutschland und die USA: Von 1983 bis 1988 kamen im Jahresdurchschnitt auf 100 000 Amerikaner 245 Einwanderer, auf 100 000 Bundesbürger 1022. Mitte der Neunzigerjahre stieg diese Zahl sogar auf über 1500.)[15]

Klaus J. Bade und Rainer Münz, beide Einwanderungsbefürworter, weisen auf den qualitativen Betrachtungsaspekt hin, wenn sie schreiben: »Einwanderung aber ist kein Allheilmittel für Bevölkerungs- und Gesellschaftsprobleme. Auch Einwanderer werden älter, und ihre Geburtenraten pflegen sich denen der Aufnahmegesellschaften anzupassen. Außerdem können Einwanderer bei der Bewältigung wirtschaftlicher und gesellschaftlicher Probleme nur helfen, wenn sie vom Ertrag ihrer Arbeit und nicht von Sozialhilfe leben oder als Schwarzarbeiter keine Sozialversicherungsbeiträge zahlen. Es geht also weniger um den Umfang als um das Profil der erwünschten Einwanderung ... Die Schutzmechanismen des Sozialstaats erodieren, wenn bei struktureller Massenarbeitslosigkeit und zunehmender Alterung die Zahl derer wächst, die von Sozialtransfers leben, und die Zahl derer schrumpft, die solche Transfers über ihre Beiträge finanzieren. Verschärft wird das Dilemma, wenn zugleich höchstqualifizierte Deutsche und hier ausgebildete Ausländer abwandern, während auf Sozialhilfe und andere Transfers angewiesene Ausländer zuwandern.«[16]

Jörg Schönbohm ist in seiner wenig hoffnungsvollen Situationsbeschreibung des »zentralen innenpolitischen Diskussionsfeldes« der Ausländerpolitik zuzustimmen: »Wer sich als verantwortlicher Politiker ausländerpolitischen Fragen widmen muss, wird allerdings feststellen, dass eine rationale Diskussion schwer möglich ist. ... Die

Meinungsführer sind in der Regel einflussreiche Minoritäten in Gesellschaft, Medien und Politik. Eingefordert wird eine weitere Liberalisierung des Ausländerrechts. In kaum einem anderen Feld der Politik ist die Diskrepanz zwischen veröffentlichter Meinung und Mehrheitsmeinung der Bevölkerung größer.«[17] Wer im Hinblick auf die deutsche Ausländerpolitik weder alles als geklärt noch diese als ein Randproblem sieht, der muss sich von Heiner Geißler im ZDF sagen lassen, die Ausländerdiskussion im Wahlkampf lenke von den »wirklich wichtigen Fragen« ab.[18]

Aber die Meinungen sind nicht allein in vielem unerforscht, fraglich und schwankend – sie führen auch nicht gerade weiter. Beispielsweise antworteten in einer NFO-Infratest-Umfrage im Juni 2002[19] von 1000 Befragten rund 400, Johannes Rau solle das Zuwanderungsgesetz unterschreiben, 400 waren gegenteiliger Ansicht, 200 waren ohne Meinung oder verweigerten die Antwort. Wie sollte es auch ein eindeutiges Ergebnis geben bei einem Gesetz, dessen Befürworter teils behaupten, es begrenze den Zuzug, teils treuherzig versichern, jetzt könnten mehr Zuwanderer als bisher legal nach Deutschland kommen. Kennzeichnend war, dass in den neuen Bundesländern – also dort, wo der Problemdruck in dieser Frage deutlich geringer ist als im Westen der Republik – mehr Menschen als im Westen für die Unterschrift des Präsidenten unter das Noch-mehr-Zuwanderungsgesetz plädierten – also sich ans St. Florians-Prinzip hielten.

Allein die Angaben über die Zahl der Ausländer in Deutschland weisen eine große Schwankungsbreite auf: Alois Mitterer rechnet mit 10 bis 11 Millionen Ausländern in Deutschland.[20] Auch wenn hier unsinnigerweise alle Eingebürgerten und Kinder aus deutsch-ausländischen Mischehen mitgerechnet werden, weist der Autor auf einige gern verschwiegene Probleme hin: Erstens verstehen nicht alle, die in den Besitz eines deutschen Passes gelangen, sich selbst als Deutsche – und diese Menschen ziehen eben nicht die einzige logische und faire Konsequenz, nämlich diese ungeliebte bis verhasste Staatsangehörigkeit entweder gar nicht anzunehmen bzw. sie umgehend zurückzugeben. Sehr viele Zuwanderer verstehen sich als Türken, Russen usw., die einen deutschen Pass besitzen, ohne Deutsche zu sein, wobei die Haltung dieser Menschen zu unserem Land und seinem Staatsvolk von freundlicher Distanz über komplette Gleichgültigkeit bis zu vehementem Deutschenhass reicht. Zweitens sind auch die halbe Million Stationierungsausländer – fremde Soldaten mit ihren Angehörigen – Ausländer, obwohl sie in den üblichen Statistiken außen vor bleiben. Drittens müssen auch die Illegalen berücksichtigt werden, ob sie nun eine Million Menschen umfassen, wie viele Beobachter meinen, oder sogar mehrere Millionen, wie andere behaupten. Und viertens umfassen die »regulären« Ausländer mit etwas über 5 Millionen nur die eine Hälfte der Ausländerbevölkerung. Die andere Hälfte gliedert sich in so große Brocken wie die Asylbewerber (415 000), die Asylberechtigten (267 000 einschließlich Familienangehörigen), die De-facto-Flüchtlinge mit ausgesetzter Abschiebung (650 000), die Kriegs- und Bürgerkriegsflüchtlinge (350 000), aber auch in kleinere Gruppen wie Kontingentflüchtlinge (67 000), Konventionsflüchtlinge (10 000), Heimatlose (»displaced persons«, 21 000) und Staatenlose (20 000), die Stationierungsausländer, die Illegalen.

Was die CDU/CSU-Bundestagsfraktion 1989 feststellte – »Der weitaus größte Teil der verfügbaren Ressourcen wird heutzutage für eine komplizierte Feststellung der Asyl-Berechtigung anstatt auf die Förderung und Hilfeleistung für die tatsächlich verfolgten politischen Flüchtlinge verwendet«[21] –, gilt weiterhin und ganz generell für die deutsche Ausländerpolitik: zu viel Verwaltungsaufwand stehen zu wenig Eingliederungsmaßnahmen gegenüber. Und da zusätzlich der Missbrauch viel zu selten untersucht und aufgedeckt wird, da Hilfe oft am ungeeigneten Objekt praktiziert und dort vergeudet wird, verpuffen die allerbesten Absichten ergebnislos oder führen im Gegenteil zu Folgeschäden für Staat und Gesellschaft.

Und auch auf der europäischen Ebene kommt eine Politik, die den Missbrauch zumindest nicht belohnt, nicht voran: Eine Harmonisierung der Asylbedingungen in den EU-Staaten wird seit langem diskutiert, ist aber immer noch nicht verwirklicht, sodass ein »Asylhüpfen« von Land zu Land weiterhin lukrativ bleibt. Hinzu kommt, dass seit langem Asylbewerber in Bürgerkriegsgebiete nicht abgeschoben werden, von den Ausreisepflichtigen meist mehr als die Hälfte mit den verschiedensten Begründungen und Ausreden nicht ausreist und meist rund zwanzig Prozent als »verschwunden« gelten, sprich im Regelfall in Deutschland untergetaucht sind.

Der Anteil der EU-Ausländer, der 1999 immerhin noch 25 Prozent betrug, wird, wenn die Türkei nicht doch EU-Mitglied werden sollte, in den nächsten Jahren weiter sinken. Ohnehin waren 1999 bereits 28 Prozent der Ausländer in Deutschland Türken, 10 Prozent (Ex-)

Jugoslawen, und erst dann folgten Italiener mit 8 Prozent und Griechen mit 5 Prozent. Insgesamt sind von 1954 bis 1999 fast 30 Millionen Ausländer nach Deutschland gekommen. Wären sie alle geblieben, wären die Deutschen heute schon kurz davor, eine Minderheit im eigenen Land zu werden – zumal in der gleichen Zeit auch fast eine Million Deutsche das Land verließen.

Eine Minderheitssituation für die Deutschen, die heute schon in bestimmten Stadtteilen besteht, wird schon bald in manchen Großstädten gegeben sein. In Frankfurt am Main lag bereits 1995 der Ausländeranteil bei 29,2 Prozent – landesweit betrug er damals 8,8 Prozent. Bis 2030 wird er in der Mainmetropole unter dem gegebenen Ausländerrecht voraussichtlich auf 40 Prozent ansteigen. Für Städte wie Hamburg, Wiesbaden, Augsburg oder Köln dürfte er dann über 20 Prozent, für München und Stuttgart über 30 Prozent liegen. Damit wird es wahrscheinlich, dass – wenn in diesem Land keine grundsätzliche Kurskorrektur erfolgt – im Dickicht der Städte die Restgruppe der ethnischen Deutschen in die Zange kommt zwischen der Lobbyarbeit derer, die zwar einen deutschen Pass besitzen, aber keine deutsche Identität entwickelt haben, und dem zumindest außerparlamentarischen Druck derer, die als Ausländer unter Umständen mit dem kommunalen Ausländerwahlrecht sogar noch zusätzlich direkten Einfluss auf die Stadtregierung gewinnen. Hinzu kommt, dass die Ausländer gerade stark sind in den politisch und ökonomisch aktiven Jahrgängen. Schon 1998 betrug die Altersquote der Ausländer (das heißt das Verhältnis der Personen über 60 Jahre zu denen in der Altersgruppe zwischen 20 und 59 Jahren, bezogen auf hundert) 10,1 gegenüber einer Altersquote der Deutschen von 40,9. In einem mittleren Szenario steigt die Altersquote der Ausländer bis 2030 zwar auf 19,0, aber dafür erhöht sich die der Deutschen auf 69,4.[22]

Containerlager für Flüchtlinge wie das in Köln-Kalk, wo sich teilweise vier Personen einen 14,5 Quadratmeter großen Wohncontainer teilen müssen, sind inhuman und kontraproduktiv. Durch schnelle Entscheidungen im Asylverfahren und sofortige Abschiebung abgelehnter Bewerber, falls dem nicht wirklich unüberwindliche moralische, juristische oder praktische Hindernisse entgegenstehen, sollte das Wohnen in Heimen und Lagern nur für die allererste Anfangszeit erforderlich sein. Für diesen kurzen Zeitraum sollte weiterhin eine eindeutige (allerdings auch wirklich kontrollierte!) Beschränkung des Aufenthaltsrechts auf das jeweilige Stadt-

oder Gemeindegebiet gelten. In vier, höchstens in acht Wochen, sollten alle Fälle entschieden sein und danach sollte eine einzige Berufungsinstanz angerufen werden können, wobei der Asylbewerber im Regelfall vom Ausland aus – u. U. aus einem sicheren Drittland – seinen Prozess zu betreiben hätte. Und ohne Zweifel muss eines gelten: »Wer einwandern will, kann keinen Asylantrag stellen. Wer einen Asylantrag stellt, kann keinen Antrag auf Einwanderung stellen.«[23]

Bei einer solchen Vorgehensweise würde auch das dümmliche Gezeter weniger werden, mit dem die Unterstützerszene jeden Versuch der Verwaltung begleitet, ein Minimum an Rechtsaufsicht und Kontrolle über die häufig eng mit dem kriminellen Sektor verwobenen Asylbewerberlager zu behalten. Es muss viel vorgefallen sein, wenn in einer Stadt wie Köln, wo rheinisches Laisser-faire und stets eine eher gleichgültige Großzügigkeit vorgeherrscht haben, der Stadtrat am 25. 10. 2001 mit der Stimme des Oberbürgermeisters beschließt, »die Zahl der sich in Köln unerlaubt aufhaltenden Personen so gering wie möglich zu halten«, »sicherzustellen, dass Sozialhilfeleistungen nur noch als Sachleistungen und nicht mehr als Geldleistungen erfolgen« und »wenige zentrale Standorte mit größeren Aufnahmekapazitäten zur Verfügung gestellt werden« sowie zu Gemeinschaftsverpflegung und Gemeinschaftsbeschulung überzugehen.[24]

Gerade für Asylbewerber aus sehr fernen Ländern und aus der unseren sehr fremden Kulturen sollte gelten, dass in jedem Einzelfall zu prüfen und nachzuweisen ist, warum der Asylort ausgerechnet Deutschland sein muss. Bei Afrikanern und Asiaten, zumal wenn sie keine Christen sind und auch diese mögliche Brücke zur deutschen Kultur fehlt, sollte im Regelfall mit deutscher Hilfe ein Asyl in einem afrikanischen oder asiatischen Drittland gesucht werden bzw. es sollten zeitlich eindeutig begrenzte Aufenthalte – etwa zum Studium – angeboten werden, nach denen Deutschland auf jeden Fall wieder verlassen werden muss. Es kann nicht sein, dass das immer noch relativ reiche Deutschland den armen Ländern deren beste Köpfe abwirbt, um hier aus ihnen Profit zu schlagen. Es zeigt im Übrigen deutlich, wo die alte »neue Linke« in Deutschland, die nichts gelernt und alles vergessen hat und die den Begriff »Brain drain« komplett aus ihrem Vokabular gestrichen hat, heute steht – nur um jetzt per Green Card in aller Welt hoch qualifizierte Ausbeutungsobjekte anzuwerben.

Die Zuwanderung von Asylbewerbern hat seit Jahrzehnten die schleichende Islamisierung und Orientalisierung Deutschlands massiv gefördert. Betrachten wir die späten Siebziger- und die Achtzigerjahre, so waren schon damals islamische Länder wie die Türkei, der Iran, Pakistan, Bangladesh, Afghanistan und Ghana an der Spitze der Asylbewerberstatistiken. Lediglich 1981 rückte wegen der Verhängung des Kriegsrechts kurzfristig Polen auf den ersten Platz. Ab 1989 begannen die Asylbewerberzahlen, die sich vorher zwischen 19 737 (1983) und 107 818 (1980) bewegt hatten, deutlich zu steigen. 1991 hatten sie schon die Grenze von 250 000 Personen überschritten. Parallel zu dem zunehmenden »Asyltourismus«[25] der »Scheinasylanten«[26] sank die Anerkennungsquote von 57 Prozent im Jahre 1971 auf 12 Prozent 1980, um in den folgenden Jahren noch weiter zu sinken.

Nach dem Asylkompromiss sind die Asylbewerberzahlen gesunken, liegen aber trotzdem meist über den Werten der Achtzigerjahre. 2000 waren es 78 564 Personen, 2001 schon 88 287 Personen. Während die Zahlen bei den Asylbewerbern aus Jugoslawien zurückgingen, stiegen sie bei den Irakern und den Türken, wobei in beiden Fällen die Kurden eine entscheidende Rolle spielen. Unter den ersten zehn Ländern ist lediglich ein einziges, nämlich Vietnam, bei dem muslimische Flüchtlinge keine nennenswerte Bedeutung haben.[27] 1999 stieg auch der Anteil russischer Asylbewerber stark an – zu einem großen Teil Kaukasier.

Gerade die Türken haben sich bislang in kaum einem Land der Welt in großem Ausmaß assimiliert. Über Frankreich schreibt Roland Höhne, im jedenfalls im Hinblick auf Sprachgebrauch und binationale Ehen weit fortgeschrittenen Integrationsprozess bildeten Türken und Kurden eine Ausnahme: »Sie isolieren sich weitgehend von ihrer französischen Umwelt und verhindern so ihre Integration. In einigen Regionen, so im Elsass und in Lothringen, in denen starke türkische bzw. kurdische Gruppen leben, ergeben sich daraus erhebliche Probleme im Zusammenleben mit der französischen Bevölkerung.«[28] Hier wirken sich mentale Grundzüge aus, die stark mit der türkischen Geschichte und den nationalen Mythen zu tun haben: »Die Türken sind eine Nation, die im Verlauf ihrer Geschichte nie ihre Unabhängigkeit verloren hat. Außerdem sind sie Erben eines Imperiums …«[29]

Betrachtet man den Saldo der Zuwanderung langfristig, so ist schon Mitte der Fünfzigerjahre ein Überschuss der zugezogenen

Ausländer zu beobachten, der aber erst 1958 die 50 000 überschreitet, sich 1960 dramatisch auf 193 244 erhöht (gegenüber lediglich 65 289 im Vorjahr) und nach dem krisenbedingten Einbruch des Jahres 1968 (zum ersten Mal ein Minussaldo von 197 596) sich schon im Folgejahr wieder auf 256 937 erhöht und im nächsten Jahr dann 540 902 erreicht. Zwischen 1969 und 1973 wandern netto über 2 Millionen Ausländer zu, während – u. a. als Folge des Anwerbeverbots – von 1974 bis 1977 netto rund eine halbe Million das Land verlassen und 1982 bis 1984 in einer ähnlichen Größenordnung Ausländer abwandern.

Ab der zweiten Hälfte der Achtzigerjahre setzt dann eine deutliche Nettozuwanderung ein, wobei immer zu berücksichtigen ist, dass nicht erfasste Personen – vor allem die Illegalen – noch hinzuzurechnen sind. Zur Gesamtbilanz gehört auch die in jeder Hinsicht fragwürdige deutsche Politik, dem Vertreibungsdruck nationalistischer Regime wie des rumänischen oder des polnischen Vorschub zu leisten durch eine direkte Förderung des Zustroms von Aussiedlern (4 Millionen Menschen seit 1950) – geleitet von den kurzsichtig-egoistischen ökonomischen und politischen Nutzenkalkulationen der Regierungen und der Wirtschaftskapitäne. Handelte es sich hierbei bis Mitte der Achtzigerjahre um Größenordnungen von zwischen 20 000 und 60 000 zuziehenden Aussiedlern, so stiegen die Zahlen danach auf Werte von 200 000 bis fast 400 000. Während die Übersiedler aus der DDR bis 1989 lediglich zwischen 10 000 und 40 000 jährlich betrugen, mussten ab 1989 zeitweise deutlich über 300 000 Übersiedler aus der damaligen DDR im Jahr im westlichen Deutschland Arbeit und Wohnung finden. Vom Kriegsende bis 1990 kamen über 4,7 Millionen Menschen aus SBZ und DDR in den Westen.

In diesem Prozess von Völkerwanderung und Völkerverschiebung spielt auch eine Rolle, dass Deutsche aus Deutschland auswandern. Die Auswanderung, die prozentual in den Fünfzigerjahren mit 2,87 Auswanderern je 1000 Einwohner nur halb so hoch lag wie am Anfang des zwanzigsten Jahrhunderts, verdoppelte sich in der Folgezeit, ja verdreifachte sich nahezu auf Werte zwischen 7,26 und 8,84. War in den Fünfzigerjahren die Zahl der Einwanderer und Auswanderer noch in etwa gleich, so sind in allen Jahrzehnten danach deutlich mehr Menschen nach Deutschland eingewandert als ausgewandert. Von 1991 bis 1997 etwa zogen 715 000 Menschen fort und kamen 1 136 800 neu ins Land.[30]

An diesem grundsätzlichen Trend ändert es wenig, dass auch Ausländer in großer Zahl wegziehen, denn der Saldo zeigt ein Plus an Zuzügen: »Im Jahr 2000 sind 649 000 Ausländer nach Deutschland zugezogen (1999: 674 000), darunter 79 000 Asylbewerber (1999: 95 000), 562 000 Ausländer haben im Jahr 2000 Deutschland verlassen. Das bedeutet, dass 2000 wieder mehr Ausländer zu- als weggezogen sind (86 000). 1999 gab es einen Zuwanderungsüberschuss von 118 000 Personen (1998: 33 000).«[31] Mit anderen Worten: Die Einwanderer nahmen nicht nur die Plätze der Fortgezogenen ein, sondern stets auch weitere darüber hinaus. Wobei übrigens zum Teil für deutsche Auswanderer Prozesse, die sie als »Überfremdung« erlebten, mitentscheidend waren für den Entschluss, die alte Heimat zu verlassen.

»Wir sind in Europa« hieß es vor einigen Jahren auf einem Flugblatt der Kölner SPD-Ortsvereine Sülz, Klettenberg und Lindenthal, auf dem zu einer Veranstaltung mit so illustren Persönlichkeiten wie Dieter Schinzel (damals SPD-MdEP und noch ohne Falschgeldaffäre) und Wilhelm Vollmann (damals noch unentdeckter »Informeller Mitarbeiter«, SPD-Stadtratsmitglied und Sozialausschussvorsitzender) eingeladen wurde. Zwar fehlte der Hinweis, dass das Rheinland eine Nachbarprovinz von Sizilien sei, aber dafür wurde tiefsinnigerweise unter dem Motto »Alle Europäer sind Ausländer – fast überall« beklagt, dass Europa »offen für uns«, aber »verschlossen für Ausländer« sei. Seltsam nur, dass die Ausländer in hellen Scharen in dieses angeblich verschlossene Europa einreisen und auch in den Fällen in aller Regel bleiben, wo sie als Besucher längst schon ausreisen oder als Bürgerkriegsflüchtlinge nach dem Ende der Kampfhandlungen wieder in ihr Heimatland zurückkehren müssten. Was viele Chile-Flüchtlinge ohne nennenswerte öffentliche Diskussion auch nach dem Ende der Pinochet-Diktatur vorexerzierten, wiederholen nun etliche Bürgerkriegsflüchtlinge aus Ex-Jugoslawien (darunter auch Flüchtlinge aus dem Kosovo, deren Duldung eigentlich nur bis zum 31. 3. 2000 lief),[32] obwohl es nach dem Ende des Milosevic-Regimes keinerlei Begründung mehr dafür gibt, noch in Deutschland zu bleiben. Denn selbst für diejenigen, die noch nicht in ihren Heimatort zurückkehren können, ergeben sich genügend Aufenthaltsalternativen in andern Teilen des Landes.

Das noch reiche, aber trotz allem kleine Deutschland ist das Land mit den meisten Asylbewerbern in Europa und wird unter den westlichen Ländern nur von den ungleich größeren USA übertroffen. Dass heute selbst nach allervorsichtigsten Rechnungen weit über 7 Millionen Menschen ohne deutschen Pass (darunter weniger als 2 Millionen Flüchtlinge!) legal in Deutschland leben,[33] dass einschließlich der Illegalen der Ausländeranteil längst die Zehn-Prozent-Marke erreicht oder sogar überschritten haben dürfte, dass Großstädte ein Viertel bis ein knappes Drittel Ausländerbevölkerung aufweisen (1994: Frankfurt a. M. 29,2 Prozent, Stuttgart 24 Prozent, München 23 Prozent), dass viele, die den deutschen Pass besitzen, sich dezidiert nicht als Deutsche fühlen und so mancher von ihnen nicht einmal die deutsche Sprache in nennenswertem Umfang spricht, dass die Mehrheit der juristischen Ausländer und ein großer Teil der faktischen Noch-nicht-Inländer nicht aus dem europäischen Kulturkreis stammen – all dies nicht als Problem zu begreifen, setzt schon ein exorbitantes Maß an Unsensibilität und Tatsachenverleugnung voraus.

Ein weiteres Dilemma kommt hinzu: Die Diskussion über Ausländerpolitik ist über Jahrzehnte hinweg unter der falschen Flagge der »Gastarbeiterfrage«, also der zeitlich begrenzten Einreise gesellschaftlich nützlicher Ausländer, deren Aufenthaltserlaubnis an das Bestehen eines Beschäftigungsverhältnisses gekoppelt ist, geführt worden, ohne dass seitens des Staates der tatsächliche Wille bestand, durch Rotation von Arbeitskräften, Rückkehrförderung bzw. Zurückführung Illegaler eine dauerhafte Ansiedlung von Millionen Ausländern in Deutschland zu verhindern (vgl. dazu Gerhard Pfreundschuh »Ausländer, Staatsbürgerrecht und Integration – Erfolg oder Politikversagen?«).[34] Dass Rotation nicht unmöglich ist, beweist die Tatsache, dass von den zwischen 1962 und 1972 eingereisten fünf Millionen Arbeitskräften drei Millionen wieder zurückkehrten.

Vier Fünftel der in Deutschland lebenden Türken, so schätzte Franz Müntefering 1993, werden bleiben.[35] Der im Schweizer Baden lebende türkische Professor Azmi Güran schrieb dazu 1994: »Als in den Sechzigerjahren in Europa, respektive Deutschland, die Hochkonjunktur herrschte, wollten die Europäer keine Schwerarbeit mehr leisten. Besonders in Deutschland wollte man nur zwei gesunde Hände haben, unberücksichtigt auf ihre Eigenschaften. Die Anatolier hat man scharenweise mit Kind und Kegel kommen lassen, ohne an die Konsequenzen zu denken, was typisch deutsch ist. Der Erste und der Zweite Weltkrieg sind solche Beweise, deren Ausgang unberücksichtigt wurde. Man wollte sich gar nicht kümmern, man war froh, dass man keine ›Dreck‹-Arbeit mehr leistete. Dieser Anatolier, der seine Familie mitschleppte, hat ebenfalls seine Eigenschaften, seine Kultur, sein Denken mitgebracht. Man hat ihm die Freiheit angeboten, seinen Fanatismus, der in seiner Heimat verboten ist, in Deutschland großzügig auszuüben. In erster Linie standen nicht die Gefahren des Fanatismus, sondern die materiellen Interessen.«[36]

Es ist allerdings mehr als fraglich, ob diese Entwicklung wirklich von niemandem in Deutschland vorhergesehen wurde und von niemandem unter den Machthabenden gewollt wurde. Heute, wo über die Hälfte der Ausländer schon mehr als zehn Jahre in Deutschland lebt, wo zwei Drittel der Ausländerkinder hier geboren sind, ist das Scheitern dieser Politik offenkundig bzw. drängt sich der Verdacht auf, dass viele politische Protagonisten seit langem wissentlich und willentlich einer solchen Entwicklung Vorschub geleistet haben. Aber der fanatischste Befürworter einer Massenzuwanderung, der es gerechtfertigt findet, die seiner Meinung nach tumben Eingeborenen mit leeren Versprechungen einer lediglich zeitweisen Ausländerpräsenz (als Lückenbüßer auf einem angeblich leergefegten Arbeitsmarkt) zu beschwindeln, kommt nicht an der Tatsache vorbei, dass eine solche Politik nicht einfach nur demokratietheoretisch fragwürdig ist, sondern dass sie auch rein machtpolitisch betrachtet sehr riskant ist – fehlt ihr doch neben der bewussten Zustimmung des Volkes die Verankerung in dessen Langzeitbewusstsein.

Kennzeichnend für die Problemverdrängung, für die Kurzsichtigkeit bis Blindheit der Politiker wie der Politikwissenschaftler in Deutschland ist, welchen grotesken Datenschrott die Vorausberechnungen zum Ausländeranteil aufweisen. Bei Vorausberechnungen des Ausländeranteils durch 5 Autorengruppen bzw. Institute, die zwischen 1984 und 1988 publiziert wurden, sagte man für das Jahr 2000 eine Ausländerbevölkerung in Westdeutschland von 4,7 bis 5,8 Millionen voraus.[37] In Wirklichkeit waren es dann zwischen rund 8 bis 9 Millionen allein in der Alt-BRD. Unsinnigerweise steigt die Zahl der Ausländer in den erwähnten Prognosen auch für 2030 nicht über 4,3 bis 6,9 Millionen – vielleicht in der Annahme, die meisten Ausländer bekämen irgendwann gleich an der Grenze den deutschen Pass. Heidemarie Wieczorek-Zeul, Entwicklungsministerin und stellvertretende SPD-Vorsitzende, spricht von »knapp zehn Millionen neuen Inländern ... in unserem Land, davon 7,3 Millionen mit ausländischem Pass, weit über zwei Millionen Spätaussiedler und mehrere hunderttausend Eingebürgerte mit deutschem Pass.«[38] Sie ernennt also flugs alle Ausländer hier, auch die, die gerade eben hereingekommen sind, zu »neuen Inländern«. Es gibt damit per Definitionswillkür gar keine Ausländer mehr – oder nur noch jene, die sich als Touristen oder als durchreisende Kriminelle nicht mehr als ein paar Wochen in Deutschland aufhalten und denen man SPD-seitig deshalb nicht vorschmeichelt, neue Inländer zu sein, weil sie weder jetzt noch später die zentrale Qualifikation mitbringen, mit einem deutschen Pass als Stimmvieh und politische Manövriermasse zur Verfügung zu stehen.

Eine besondere Frechheit ist es, wie Frau Wieczorek-Zeul Siebenbürger Sachsen, die Jahrhunderte lang ihre deutsche Kultur gepflegt haben, oder deutsche Oberschlesier, die über Jahrzehnte von polnischen Chauvinisten drangsaliert wurden, einfach mit Asiaten und Afrikanern in den großen Eintopf der »neuen Inländer« wirft, obwohl den Aussiedlern ein grundgesetzlich geschützter Sonderstatus verbürgt ist. Aber sie sind unglücklicherweise nicht die typischen SPD-Wähler und ohnehin für die Regierenden eine lästige Randgruppe. Während die Regierungen für ihre Ausländerbeauftragten seit Mitte der Achtzigerjahre eher die zweite Garnitur als die erste nehmen, verwenden sie für die Aussiedlerbeauftragten eher die dritte oder vierte Garnitur.

Allein in den Jahren zwischen 1970 und 1987, dem Jahr der Volkszählung, nahm die Zahl der Ausländer in Westdeutschland von 2,4 auf 4,2 Millionen, also um rund 70 Prozent zu, während die Zahl der Deutschen von 58,2 auf 56,9 Millionen zurückging. Dass 1997 zum ersten Mal seit 1985 die Zahl der wegziehenden Ausländer die der Neuankömmlinge übertraf (637 000 Fortzüge gegenüber 615 000 Zuzügen), brachte nur wenig Entlastung. Besonders bedenklich ist, dass relativ wenige der zugezogenen Ausländer Asylbewerber waren (1997 waren es 104 000 von 615 000 gegenüber 116 000 von 708 000 im Jahr 1996). Dies zeigt das geringe Gewicht humanitärer Gesichtspunkte gegenüber Profitaspekten (billige, zudem noch kostenlos ausgebildete Arbeitskräfte) und einem Familiennachzug, der zu einem großen Teil eine wenig produktive und schwer integrierbare Getto-Bevölkerung anwachsen lässt.

Auch wenn inzwischen mehr (Auslands-)Deutsche nach Deutschland ziehen, als das Land verlassen (225 000 gegenüber 110 000), sind mehr als die Hälfte der zugezogenen Deutschen (nämlich 134 000) Aussiedler, d. h. Menschen, die in aller Regel vor einem schwierigen

Prozess der (Re-)Integration, der Qualifizierung, oft auch des Erlernens der deutschen Sprache, stehen. Hinzu kommt, dass sich junge Aussiedler immer wieder in Gewaltaktionen verwickeln bzw. dazu provozieren lassen, wie bei dem Rachefeldzug von 60 Aussiedlern gegen Kosovo-Albaner in einem Warendorfer Asylbewerberheim 1996, als Mobiliar mit Eisenstangen und Baseballschlägern zertrümmert wurde und zwei Albaner mit Schüssen verletzt wurden.[39] Hinzu kommen Konfrontationen zwischen Russlanddeutschen und Rechtsradikalen wie in Wittstock, wo im Mai 2002 ein junger Aussiedler von einheimischen Neonazis ermordet wurde.

Trotz aller vollmundigen Bekundungen, Deutschland sei »kein Einwanderungsland«, haben Maßnahmen wie der Anwerbestopp von 1973 lediglich eine zeitweise Reduzierung des Zustroms gebracht (von 870 000 im Jahr 1973 auf 367 000 im Jahr 1975). Dazu hat die Bundesregierung spätestens mit dem Ausländergesetz von 1991 die Rechtsstellung der »dauerhaft« hier lebenden Ausländer der des deutschen Staatsvolks angenähert. Statt einen tatsächlichen Interessen- und Lastenausgleich zwischen ausländischen und deutschen Mitmenschen zu betreiben und ohne dass die Ausländer schon wirklich »Mitbürger« geworden wären, denn dies würde ja die völlige Gleichberechtigung und Gleichstellung voraussetzen, wird von der herrschenden Politik gedankenlos von »ausländischen Mitbürgern« geredet.

Weiterhin gilt die Feststellung in der Denkschrift des Arbeitsministeriums von Baden-Württemberg von 1975: »In der bisherigen Ausländerpolitik fehlten klare Zielvorstellungen über die Dauer des Aufenthalts der praktisch ungebremst einreisenden Ausländer.« Hatte man damals an etwa fünf Jahre Regel-Aufenthaltsdauer der Gastarbeiter gedacht, wird heute im Zeichen der multikulturellen Vision schon der Gedanke daran, dass man bestimmten Gästen auch nahe legen könnte, wieder zu gehen, als verwerflich bis undenkbar hingestellt – selbst in Extremfällen, wo das Gastrecht massivst missbraucht wurde. Während 1992 die durchschnittliche Aufenthaltsdauer 12 Jahre betrug, hatte sich diese bis 1997 schon auf 13,5 Jahre erhöht und steigt weiter an.[40] 1984 hatte sich erst weniger als ein Drittel der Migranten aus dem Mittelmeerraum für das Bleiben in Deutschland entschieden, 1997 war es bereits die Hälfte, bei der zweiten Generation sogar mehr als zwei Drittel. Was erfreulich ist, der Anteil derjenigen, die sich selbst als Deutsche fühlten, stieg von 10 Prozent 1984 bis 1997 auf 17 Prozent (bei den Türken 18 Prozent) an, während es bei der zweiten Generation in dieser Zeit einen noch deutlicheren Zuwachs von 15 auf 32 Prozent gab.[41]

Wenn Safter Cinar, der Sprecher des Türkischen Bundes Berlin-Brandenburg, über die Zahl seiner Landsleute in der deutschen Hauptstadt sagt: »Die kritische Masse ist erreicht«,[42] dann sollten wir Deutsche seine Warnung ernst nehmen und es gar nicht erst zur Explosion kommen lassen. Und uns eben nicht selbst beschwindeln mit der gerade bei Propagandisten offener Grenzen wie der grünen Politikerin Claudia Roth beliebten Sehnsucht nach »Aktionsplänen, nicht zur Abwehr, sondern zur Aufnahme von Flüchtlingen«.[43] Es kann doch nicht wahr sein, dass eine Partei, deren essenzielle Prinzipien bei der Gründung Ökologie, Basisdemokratie, soziale Solidarität, Friedensliebe und Gewaltfreiheit waren, sich nicht mehr schert um die Grenzen der ökologischen Belastbarkeit des ohnehin übervölkerten Deutschlands, um den Willen der Bevölkerungsmehrheit, um die Solidarität mit den deutschen Unterschichten und mit den schon lange hier lebenden Zuwanderern, um den inneren Frieden. Es kann doch nicht wahr sein, dass Kerstin Müller, Fraktionssprecherin der GRÜNEN im Bundestag, Weisheiten verkündet wie »Kein Mensch ist illegal, wenn er nicht dazu gemacht wird« und behauptet, in Deutschland würden Asylanten vom Staat »in die Kriminalität getrieben«.[44] Zu den in die Kriminalität getriebenen Asylanten gehört dann beispielsweise ein 21-jähriger Bosnier, der 1994 Asyl beantragt und 1995 in Augsburg wegen Eigentumsdelikten, Nötigung, vorsätzlicher Körperverletzung, Mietbetrug usw. zu vier Jahren Jugendstrafe verurteilt und 1996 nach Sarajewo abgeschoben wurde.

Die »sozialpartizipatorische Wanderung« in die westlichen Wohlfahrtsstaaten führt in ihren Auswirkungen nicht allein zu Sozialdumping, sondern zur (Selbst-)Zerstörung des Wohlfahrtsstaats. Auch der Rückgang der Asylsuchenden in der Europäischen Union im Jahr 1996 auf 246 000 Menschen, was in etwa dem Stand von 1988 entspricht,[45] ist kein Anlass zur Entwarnung, denn erstens liegt auch diese Zahl noch sehr hoch und zweitens vollzieht sich ein großer Teil der Zuwanderung illegal bzw. unter Vorzeichen wie »Familienzusammenführung«. Wie die Bundestagsdrucksache 12/2520 von 1995 fest hielt, nahm Deutschland von 1985 bis 1994 zwischen 54,36 Prozent und 78,76 Prozent aller Asylbewerber in der EU auf. Allein 1992 kamen 438 200 Asylbewerber (64,19 Prozent) zu uns, 26 800 nach Frankreich, 28 500 nach England, 2 500 nach Italien. Insgesamt wanderten 1992 brutto rund 1 200 000 Menschen nach Deutschland ein.

»Als klassische Einwanderungsländer verzeichneten 1992 die USA 129 594, Kanada 37 700, Australien 4114 Asylsuchende – im fünften Kontinent pro Jahr nur halb so viele wie bei uns in einer Woche.«[46]

Man sollte sich erinnern, wie die Vertreter des demokratischen Deutschland sich über diese Dinge äußerten, als noch nicht der Tugendterror der Political-Correctness-Hysteriker jedes offene und freie Wort zu ersticken versuchte und als man noch Tatsachen zur Kenntnis nahm, wie die, dass in Deutschland 223 Menschen auf dem Quadratkilometer leben, in den USA dagegen nur 24:

- Bundeskanzler Willy Brandt im Januar 1973 in einer Regierungserklärung: »Es ist aber notwendig geworden, dass wir sehr sorgsam überlegen, wo die Aufnahmefähigkeit unserer Gesellschaft erschöpft ist und wo soziale Vernunft und Verantwortung Halt gebieten.« (Damals gab es rund 3$^1/_2$ Millionen Ausländer in Westdeutschland.)
- Heinz Kühn, ehemaliger SPD-Ministerpräsident von NRW, 1980 als Ausländerbeauftragter der Bundesregierung: »Wenn die Zahl der Ausländer, die als Minderheit in einer Nation leben, eine bestimmte Grenze überschreitet, gibt es überall in der Welt Strömungen des Fremdheitsgefühls und der Ablehnung, die sich bis zur Feindseligkeit steigern. … Allzu viel Humanität ermordet die Humanität.«[47] »Unsere Möglichkeiten, Ausländer aufzunehmen, sind erschöpft. … Übersteigt der Ausländeranteil die Zehn-Prozent-Marke, dann wird jedes Volk rebellisch.«[48] (Heinz Kühn sah die Aufgabe des Ausländerbeauftragten noch darin, deutsche Staatsziele durchzusetzen und den Ausländern die Grundanliegen der deutschen Mehrheitsgesellschaft zu vermitteln. Seine Nachfolger reduzierten das Verständnis ihrer Aufgabe darauf, Lobbyarbeit für ihre Klienten zu betreiben und einseitig die Machtstellung der Minderheiten zu stärken.)
- Außenminister Hans-Dietrich Genscher 1984: »Wir sind kein Einwanderungsland. Wir können es nach unserer Größe und wegen unserer dichten Besiedlung nicht sein.«

  Alle Zahlenakrobatik und Schönrechnerei führt nicht an folgenden unangenehmen Tatsachen vorbei: Der Ausländeranteil in Deutschland stieg zwischen 1989 und 1997 von 6,4 Prozent auf 9,0 Prozent und nähert sich den 10 Prozent oder übertrifft sie bereits – ein hoher Wert im internationalen wie im europäischen Vergleich. Deutschland weist – bezogen auf die Bevölkerungszahl – weltweit die höchsten Zuwachsraten auf. Nur in ganz wenigen

Ländern der Welt (wie dem Iran, Zaire und Pakistan) liegt die absolute Zahl der aufgenommenen Flüchtlinge höher.[49] Obwohl die Zahl der Asylanträge in Deutschland 1997 um 10 Prozent zurückging, blieb unser Land innerhalb der EU in diesem Bereich Spitzenreiter. Über 60 Prozent der bosnischen Flüchtlinge hat Deutschland aufgenommen – dafür und für das SFOR-Engagement wurden über 25 Milliarden Mark vom deutschen Volk aufgebracht, nicht gerechnet die privaten Hilfsleistungen.

Zu den Asylbewerbern kommen verschiedene Arten von Kontingent-Flüchtlingen, Bürgerkriegsflüchtlingen, Menschen mit angeblich oder tatsächlich im öffentlichen Interesse liegenden Aufenthaltserlaubnissen. Während Deutschland 1997 42 Prozent der 251 000 Asylbewerber in der EU aufnahm, folgen auf den nächsten Plätzen mit weitem Abstand Großbritannien (mit 16 Prozent) und die Niederlande (mit 14 Prozent) – ganz zu schweigen von Frankreich und Italien, deren Meinungsführer sich dennoch immer wieder einmal über die angebliche deutsche Ausländerfeindlichkeit empörten. Anerkannt wurden nach einem UNHCR-Bericht 1994 in Deutschland über 25 000 Bewerber, in Belgien 1500, in Dänemark 500, in Finnland 20, in Großbritannien 1400, in Spanien 600 und in Portugal 10 Asylbewerber. Bis April 1996 waren von insgesamt 686 533 erfassten Bosnien-Flüchtlingen rund 330 000 nach Deutschland gegangen, 122 119 nach Schweden, 80 000 nach Österreich, jeweils etwas über 20 000 nach Holland, Dänemark und in die Schweiz und lediglich minimale Kontingente in jene Länder, aus denen so häufig Klagen über die deutsche Ausländerpolitik ertönen (Frankreich 15 000, Großbritannien 13 000, Italien 8200, Türkei 8000).[50]

Obwohl Alia Izetbegovic, der Führer der bosnischen Muslime, erklärte, jeder werde für den Wiederaufbau gebraucht, weigerten sich viele Bosnier, dieser Pflicht ihrem Land gegenüber nachzukommen und zogen es vor, im immer noch reichen und unproblematischen Deutschland zu bleiben. (Wobei nicht vergessen werden sollte, dass Izetbegovic als bekennender Islamist zwar unter ausländischem Druck sich eine gewisse politische Zurückhaltung auferlegt hat, aber gleichzeitig immer wieder Ultras wie seinen alten Vertrauten Hasan Cengic, der federführend das Einschmuggeln iranischer Waffen verantwortete, förderte.) Klaus Kinkel, damals Außenminister, warnte 1996 die Bosnier in Deutschland davor, den Bogen zu überspannen: »Die Rückführung der in Deutschland lebenden Flüchtlinge darf nicht dadurch unterlaufen werden, dass neuerdings eine wachsende Anzahl von ihnen bei uns Asyl beantragt – und das aus vermutlich asylfremden Gründen. Solche Asylanträge haben in der Praxis keine Aussicht auf Erfolg. Hinzu kommt, dass auch der eindrucksvolle Goodwill der deutschen Bevölkerung gegenüber den Bürgerkriegsflüchtlingen unter einer solchen Entwicklung leiden müsste.«[51]

Wir werden nicht um die Entscheidung herumkommen, ob wir alle Asylbewerber und alle Illegalen in Deutschland bleiben lassen oder nicht, ob wir das Asylrecht dem normalen europäischen Standard anpassen (institutionalisiertes begrenztes Recht statt generelles Individualrecht) oder ob wir es in seiner ursprünglichen bzw. seiner reformierten Form beibehalten werden, was aber erforderlich machen würde, Zuwanderer ohne Asylgründe nur in Ausnahmefällen ins Land zu lassen und für Rückwanderung Sorge zu tragen. Wichtig sind in diesem Zusammenhang auch Rückführungsabkommen wie das mit Marokko 1998 geschlossene, um die damals knapp 10 000 den Behörden bekannten marokkanischen Illegalen in ihr Heimatland zurückzubringen oder das mit Algerien vom Februar 1997, das unter Beteiligung algerischer Polizisten an der Rückführung seit Mai 1999 umgesetzt wird.

1992 und 1993 kamen doppelt so viele Ausländer nach Deutschland wie fortzogen (insgesamt 2 Millionen). Bei der Asylrechtsänderung 1992 war das Ziel verfolgt worden, die Dauer der Asylverfahren von zum Teil mehreren Jahren auf 6 Wochen zu reduzieren. Dieses Ziel ist in vielen Fällen auch nicht annähernd erreicht worden, obwohl ab Ende 1992 auch die Altfälle nach dem neuen Gesetz bearbeitet wurden. Immerhin konnte 1992 die Zahl der pro Monat bearbeiteten Asylfälle auf 17 400 gesteigert werden gegenüber 14 000 im Jahr 1991.[52] Während die auf Flughäfen festgehaltenen Flüchtlinge innerhalb von zwei Wochen eine Entscheidung erhalten sollten, wobei ihnen vier Tage zur Formulierung ihres Antrages eingeräumt werden, schaffen es immer wieder Wirtschaftsflüchtlinge (zum Teil sogar verurteilte Kriminelle!), durch Folgeanträge ihr Verfahren in die Länge zu ziehen. Etwa 80 Prozent der abgelehnten Asylbewerber erheben Anfechtungsklage, etwa 40 Prozent der rechtskräftig abgelehnten Asylbewerber stellen einen neuen Asylfolgeantrag – zusätzlich beflügelt von der Hoffnung, dass sie, wenn die Gerichte nicht innerhalb von drei Jahren entschieden haben, nach § 3 Asylbewerberleistungsgesetz Sozialhilfe erhalten statt der um 20 Prozent niedrigeren Leistungen nach dem Asylbewerberleistungsgesetz.

Zwar gelang es 1997, die Zahl der Asylbewerber von 116 367 im Jahr 1996 um 10,6 Prozent auf 104 353 abzusenken (ein Trend, der sich auch in der ersten Hälfte 1998 fortsetzte), aber gleichzeitig nahmen bestimmte nicht-europäische Flüchtlingsgruppen wie die Iraker (um rund 30 Prozent auf 14 088) deutlich zu.

1997 wurden bei 170 801 Entscheidungen des Bundesamtes für die Anerkennung ausländischer Flüchtlinge nur 4,9 Prozent als Asylberechtigte anerkannt. 1996 waren es 7,4 Prozent gewesen.[53] Selbst wenn man die Zahl der Anerkennungen durch weniger strenge Vorschriften verfünffachen würde, was wohl gerechter (auch realitätsgerechter) wäre als die jetzige Quote, blieben immer noch zwei Drittel bis drei Viertel der Flüchtlinge übrig, die definitiv keine akzeptablen Asylgründe haben, dafür zahllose (durchaus nachvollziehbare) private Wünsche, in Deutschland besser als daheim zu leben. Von daher sind unter den Flüchtlingen in der Bundesrepublik die anerkannten Asylbewerber mit rund hunderttausend Personen eine kleine Minderheit gegenüber dreihunderttausend Menschen mit Abschiebungsschutz und über zweihunderttausend, über deren Antrag noch nicht endgültig entschieden ist.

Bereits 1992 waren sich die etablierten Parteien zumindest auf dem Papier einig, dass »bei schweren Straftaten und Verweigerung von Mitwirkung im Verfahren« von »offensichtlich unbegründeten Asylanträgen« auszugehen sei.[54] Als Ergebnis der Verhandlungen um den Asylrechtskompromiss hatten die Parteien CDU/CSU, SPD und FDP in einer gemeinsamen Erklärung festgehalten:

»1. Die Fraktionen stimmten überein, dass die Zuwanderung nach Deutschland begrenzt und gesteuert werden muss, der Missbrauch des Asylrechtes verhindert und der Schutz tatsächlich politisch Verfolgter gewährleistet werden muss.

2. Damit soll zugleich ein versöhnendes Signal gesetzt werden, denn Deutschland ist ein weltoffenes, tolerantes Land und das soll so bleiben.

3. Wie jeder andere Staat muss auch Deutschland Zuwanderung steuern und begrenzen können. Ohne eine solche Möglichkeit werden Ängste und Unsicherheiten verstärkt, die für den inneren Frieden schädlich sind.«[55]

In Verdrehung der Tatsachen behauptete damals der Bundesvorstand der GRÜNEN, der Asylrechtskompromiss verweigere allen politisch Verfolgten das Asylrecht und Deutschland sei hinfort von einem undurchdringlichen Palisadenzaun von Dritt-Ländern umgeben. Wenn dies zuträfe, dann hätten in den letzten 10 Jahren kaum noch Flüchtlinge Deutschland erreichen dürfen bzw. keiner von ihnen mehr anerkannt werden dürfen.

An dem Zustand, dass wenige Asylbewerber anerkannt werden (seit langem stets deutlich unter 10 Prozent), wenige freiwillig ausreisen (1990: 15 380) und wenige ausgewiesen werden (1990: 5583), hat sich auch nach 1992 nur graduell etwas geändert.[56] Immerhin gelang es 1992, dass etwa 20 Prozent der abgelehnten Asylbewerber das Land freiwillig oder unfreiwillig verließen. Andererseits bedeutet dies, dass die große Mehrheit unberechtigt in Deutschland verbleibt – und Zuzug erhält von jenen, die nach einer Schamfrist illegal wieder einreisen. Wolfgang Mischnick, damals Vorsitzender der FDP-Fraktion im Bundestag, sprach in diesem Zusammenhang davon, dass ungefähr 60 Prozent der Abgelehnten nicht in ihre Heimat zurückgeschickt würden, und forderte als notwendige Maßnahmen u. a.: »Vorrangige Erledigung der offensichtlich unbegründeten Fälle und deren Abschiebung; Schwerkriminelle (Rauschgift-Händler, Gewalttäter) haben ihr Asylrecht verwirkt und sollen nach gerichtlicher Verurteilung sofort abgeschoben werden; (…) Entscheidung nach Lage der Akten durch das Bundesamt bei eindeutigen Fällen.«[57]

Wenn eine solche Politik praktiziert wird, dann dürfen sich verantwortungsbewusste und zurechnungsfähige Politiker nicht zu Ausbrüchen hinreißen lassen wie Hans Koschnick, der bei der Abschiebung von 74 Bosniern aus Berlin von einem »Akt der Unmenschlichkeit« redete, der »wie zu Gestapo-Zeiten« abgelaufen sei.[58] In Wirklichkeit waren alle Abgeschobenen längst schon dutzendfach gebeten worden waren, freiwillig zurückzukehren. Vor diesem Hintergrund ist es auch nachvollziehbar, dass immer wieder Gerichte Abschiebungen in Länder wie Algerien für zulässig erklärt haben. Auch wenn dort in den letzten Jahren über hunderttausend Menschen ermordet wurden – nicht jeder einzelne Bürger ist akut an Leib und Leben gefährdet, wie das Oberverwaltungsgericht Rheinland-Pfalz in Koblenz feststellte.[59] Die 6. Kammer des Verwaltungsgerichts München entschied 1996, dass es etwa in Bosnien hinreichend befriedete »inländische Niederlassungsalternativen« gäbe.[60] Leider werden häufig aus solchen zutreffenden Erkenntnissen nicht die nötigen praktischen Konsequenzen gezogen.

So wie viele Diskussionen über Möglichkeiten, der Vergreisung des deutschen Volkes entgegenzuwirken, abgeblockt werden mit völlig unsinnigen Verweisen auf die faschistische Fruchtbarkeitsideologie, auf »Mutterkreuze« und nordisches Großfamilien-Ideal, so wird die unerlässliche Diskussion über Bevölkerungsverminderung als Grundlage eines Respektierens ökologischer Belastbarkeitsgrenzen ängstlich vermieden und zum Tabu erklärt. Während in den USA die Initiative »Negative Population Growth« (NPG, Negatives Bevölkerungswachstum) öffentlich über das Ziel der langfristigen Rückkehr zu einer Größenordnung von 150 Millionen US-Amerikanern debattieren kann, was dem Stand von 1950 entspräche und durchaus bis Anfang des 22. Jahrhunderts erreichbar wäre, während NPG dafür plädiert, die Einwanderung auf 100 000 Menschen pro Jahr abzusenken,[61] werden vergleichbare Ansätze in Deutschland teils als weltfremde Spinnerei von Öko-Extremisten, teils als gemeingefährlicher Angriff auf das hehre Ziel exponenziell wachsender Profite gesehen.

Man kann diese beiden Diskussionen – die über mehr Kinder und junge Menschen in unserem Volk, und die über nicht noch mehr Menschen in unserem Land – bis in alle Zukunft weiter unterbinden mit den Mitteln der Denkverbote, der Selbstverpflichtung zu geistiger Impotenz und mit politisch ultrakorrektem Wiederkäuen von Leerformeln. Aber man wird einen allzu hohen Preis dafür bezahlen, nämlich den Verlust der Zukunft für dieses Volk und dieses Land. Ein vergreistes Volk ist auf die Dauer nicht lebensfähig und wird aussterben oder verdrängt werden von vitaleren Konkurrenten. Ein übervölkertes, ökologisch ausgeplündertes Land ist auf mittlere Sicht genauso wenig lebensfähig. Daher kann ein Ausweg nur darin liegen, die faktische Freiheit des Gedankens, der Meinung, des Wortes wiederherzustellen und im Ergebnis einer Klärung der Fronten und der Handlungsalternativen einen gesellschaftlichen Konsens herzustellen:

- über bessere Lebensbedingungen für Kinder, Jugendliche und Familien und eine größtmögliche Vereinbarkeit von Mutterschaft und Berufstätigkeit bzw. beruflichem Fortkommen,
- über eine Erhöhung der individuellen Bereitschaft, Opfer zu bringen, Rücksicht zu nehmen, zurückzustehen für andere, bis die Geburtenrate wieder jenen Durchschnittswert von etwas über 2 Kindern pro Frau erreicht, der für eine langfristige Reproduktion der Gesellschaft erforderlich ist, wobei angesichts der Altlasten (Fehlen potenzieller Eltern) dies für einige Jahrzehnte eine Orientierung auf 3 bis 4 Kinder je Familie bedeutet,

- über eine rigorose materielle Umverteilung zu Gunsten der einheimischen Familien und zu Ungunsten der Einzelpersonen und kinderlosen Paare,
- über eine Reduzierung der Zuwanderung auf ein gesellschaftlich akzeptables Ausmaß von langfristig gesehen nicht mehr als 100 000 oder 200 000 Menschen pro Jahr.

Geschieht dies nicht, wird schon im Jahr 2030 ein Viertel der Bevölkerung älter als 65 Jahre sein (gegenüber heute 20 Prozent), und nur noch ein Zehntel jünger als 15 Jahre (gegenüber heute 15 Prozent). 1970 gab es in Westdeutschland noch 8,3 Millionen Kinder zwischen 6 und 15 Jahren, 1987 (im Jahr der Volkszählung) nur noch 5,3 Millionen. Die Zahl der Kinder unter 6 Jahren verringerte sich im gleichen Zeitraum von 5,7 Millionen auf 3,4 Millionen. Die Sozial-Lastquote, die angibt, wie viele Personen im noch nicht bzw. nicht mehr erwerbsfähigen Alter auf die erwerbsfähige Bevölkerung kommen, wird von heute unter 50 Prozent bis zum Jahr 2030 auf 62 Prozent ansteigen. Soll der relative Lebensstandard der Rentner gehalten werden, muss der an sie übertragene Anteil des Bruttosozialprodukts sich künftig auf rund 25 Prozent verdoppeln.[62]

Betrachtet man heute die Bevölkerungspyramide, die ja um 1900 noch die klassische Form mit vielen Kindern und wenigen Greisen hatte, so zeigen 1999 die ausladenden Ausbuchtungen in der Gruppe der 60- bis 64-Jährigen und in der Gruppe der 30- bis 39-Jährigen, dass neben den kurzfristigen Problemen der Alterssicherung es ein sehr viel gravierenderes Problem geben wird, wenn die heutigen Dreißiger in 20 bis 30 Jahren ins Rentenalter kommen und gleichzeitig die heutigen Kleinkinder, also die längst schon erodierte und gegenüber 1900 nur noch halb so breite heutige Basis der Bevölkerungspyramide, dann auf einmal einen gewaltigen »Rentnerberg« schultern sollen.[63]

Ganz abgesehen davon, dass in einer Weltbevölkerung, deren Durchschnittsalter bei nur 27 Jahren liegt, sich in nachvollziehbarer Weise das Gefühl einstellt, die Deutschen wollten nicht mehr in ihren Kindern überleben, sondern hätten wie einst die Shaker-Sekte ihre Reproduktion weitgehend eingestellt und ihr Land damit freigegeben für den ungefragten Zuzug fremder Erben. Josef Schmid schreibt über diesen »Aufbruch – oder besser Abbruch ins Unbekannte und in ein unabschätzbares Konfliktpotenzial«, dass das Heilmittel »Verjüngung, d. h. mehr Geburten« »nicht ohne Anstrengung und Geduld zu haben ist« und auch erst in zwanzig Jahren seine Wirkungen entfaltet, während das »Heilmittel Einwanderung« »in so verstärkter Dosis« eingesetzt werden müsse, »dass das zu Erhaltende, nämlich das Stammvolk als Träger des demokratischen Volkswillens und des leistungsbezogenen Wirtschaftsstils, unter der Last seiner Nebenwirkungen zusammenbrechen würde«.[64]

Trotz vielem Gerede der Ankündigungsminister und Versprechungskanzler geschieht nicht das für die Familien, was bevölkerungspolitisch im Sinne einer Priorität für die Zukunftssicherung erforderlich ist. Es sind ja gerade deutsche allein erziehende Mütter, denen, wie es so schön in einem Flugblatt des NRW-Finanzministers Peer Steinbrück vom Frühjahr 2002 heißt, der Haushaltsfreibetrag »sozialverträglich abgeschmolzen«, sprich bis zum Jahr 2005 auf Null gebracht wird. Das ist sozialdemagogische Steuerpolitik, von der es in ebendiesem Flugblatt heißt »Steuerpolitik der Bundesregierung ist gezielte Familienförderung« und »Politisches Leitbild: Familie ist Anker der Gesellschaft«. Das Kaputtsparen auf dem Rücken der Einfachverdiener und doppelt bis dreifach Belasteten, diese gezielte Förderung der Null-Bock-Gesellschaft und der Null-Kind-Zukunftslosigkeit ruiniert unser Land.

In den knapp anderthalb Jahrzehnten seit 1984 stieg die Zahl der legalen Ausländer in Deutschland von 4 auf über 7 Millionen. Im gleichen Zweitraum wuchs der Anteil der Muslime unter ihnen von 36 auf fast 50 Prozent. 13 Prozent der Neugeborenen in Deutschland sind Ausländerkinder; 90 000 beträgt der jährliche Geburtenüberschuss der Ausländer. Hinzu kommen die Kinder der ethnischen Ausländer mit deutschem Pass und diejenigen ausländischen Kinder, die auf Grund des Familiennachzuges (zum Teil auch missbräuchlich mit gefälschten Papieren) einreisen und die in vielen Kindergärten und Schulen der Großstädte als Seiteneinsteiger dazu beitragen, die deutschen Kinder zu einer manchmal nicht einmal mehr allzu großen Minderheit zu machen oder die sogar in Schulen wie der Kreuzberger Nürtingen-Grundschule völlig unter ihresgleichen sind.[65]

Dies führt dazu, dass die türkischen Schulkinder der zweiten oder dritten Generation schlechter Deutsch sprechen als ihre hier geborenen Eltern, die in ihrer Schulzeit noch in einer Minderheitenrolle waren. Auch für die zweite Generation gilt, dass ihr schulischer Erfolg »hinter dem einer vergleichbaren deutschen Alterskohorte zurückbleibt« und dass sich der Übergang in den Beruf schwierig gestaltet und »häufig von Arbeitslosigkeit begleitet«[66] ist. Ohne zu sagen, wie sehr sie und die GRÜNEN Mitschuld für diese Misere tragen (etwa durch die Weigerung, das Nachzugsalter schrittweise auf sechs Jahre zu senken, wobei sie sich allerdings mit der CDU-Ausländerbeauftragten Funcke in schlechtester Gesellschaft befanden) spricht Marieluise Beck, den GRÜNEN entstammende Ausländerbeauftragte, von den Grundschulen mit über 70 Prozent Anteil an Migrantenkindern und empfiehlt in aller Unschuld ein neues Allheilmittel, nämlich »Deutsch als Zweitsprache«. Gleichzeitig sieht sie – selbstverständlich, möchte man fast sagen – in der »Botschaft von der deutschen Leitkultur« eine »Absage an kulturelle Vielfalt.«[67] Ach so! Von 1780 bis 1930, als in Deutschland unzweifelhaft die deutsche Leitkultur dominierte, gab es also keine kulturelle Vielfalt? Danke schön, dass uns die Augen geöffnet wurden über das »deutsche Spießertum«, diese »miefigen Kräfte«, die uns aus der »offenen Gesellschaft«[68] zurückverscheuchen wollen in die dunklen Fünfzigerjahre.

Allein der Familiennachzug bringt Jahr für Jahr netto zwischen 150 000 und 250 000 Ausländer mehr ins Land, was in der Größenordnung dem Kontingent für Aussiedler entspricht bzw. es noch übersteigt. Zwar stieg 1997 die Zahl der Neugeborenen mit deutscher Staatsangehörigkeit um 2,2 Prozent, die der ausländischen nur um 0,9 Prozent, aber dies war zum Teil auf Neubürger und »Deutsche im Werden« zurückzuführen, darüber hinaus stand einem Sterbeüberschuss von 141 700 bei den deutschen Staatsbürgern ein Geburtenüberschuss bei den Ausländern von 93 500 gegenüber.[69] Lediglich ein kleiner Teil der rund hunderttausend jährlich in Deutschland geborenen ausländischen Kinder – maximal ein Drittel – sind Europäer (Ex-Jugoslawen 10 Prozent, Italiener 6 Prozent, Griechen 4 Prozent, Spanier 1 Prozent, Portugiesen 1 Prozent). Allein 44 Prozent sind Türken bzw. türkische Kurden.[70] Wenn in Nordrhein-Westfalen jeder siebte Schüler einen ausländischen Pass hat (370 900 von 2,8 Millionen), was einem Zuwachs von 30 Prozent an ausländischen Schülern innerhalb von 10 Jahren entspricht,[71] wenn dann noch ein Anteil von Aussiedlerkindern in Höhe von rund 6 Prozent dazukommt (fünf Mal soviel als vor zehn Jahren) und man berücksichtigt, dass es auch unter den Kindern dieser Neubürger einen großen Eingliederungsbedarf gibt, dann werden die Dimensionen deutlich.

Es stellt sich die Frage, ob hier nicht zumindest in den Massenschulen der Ballungszentren die Kinder des deutschen Staatsvolkes es sind, die an den Rand gedrängt werden oder günstigstenfalls als

Minderheit integriert werden in das große diffuse Multi-Kulti-Kollektiv. Will man etwa nur dem deutschen Staat oder gar den Deutschen insgesamt die Schuld dafür zuschieben, wenn zahllose hier geborene Ausländerkinder, vor allem türkische und russische, kaum ein Wort Deutsch sprechen und wenn dann, wie Semiran Kaya es in der *taz* dokumentierte,[72] in einer fünften Klasse der Realschule Lassallestraße in Köln erst einmal mühsam geklärt werden muss, ob es *der*, *die* oder *das* Sprache heißt? Semiran Kaya weist völlig zu Recht darauf hin, dass gerade viele türkische Eltern selbst zu diesem Elend beigetragen haben, indem sie die »subkulturellen Strukturen« eines komplett türkischen Umfeldes gebildet haben. Professor Ali Ucar von der Schulpsychologischen Beratungsstelle Berlin sagt dazu: »Der Medienalltag, insbesondere TV-Sendungen in türkischer Sprache, haben den Effekt, die Isolation der Kinder von ihrem Umfeld zu verstärken. Hinzu kommt, dass die Geschwisterkinder unter sich bleiben. Die Möglichkeit, Deutsch zu lernen, bleibt unter diesen Umständen sehr eingeschränkt.«

Eine Berliner Studie zeigte, dass an einer Schule mit einem Anteil von 83 Prozent Migrantenkindern, 63 Prozent der Schüler beim Eintritt in die Vorschule kein oder fast kein Deutsch konnten. Vier Fünftel von ihnen waren türkischer Herkunft. Von daher ist es wenig angemessen, wenn das Statistische Bundesamt sich allein an der Selbsteinschätzung, die die Ausländer von ihren Deutschkenntnissen abgeben, orientiert und dadurch etwa zu folgender Beurteilung kommt, deren Unrichtigkeit jeder leicht feststellen kann, der über einen Großstadtschulhof promeniert: »Bei der zweiten Generation bestehen kaum noch Sprachbarrieren. 97 Prozent der in Deutschland geborenen Ausländer beherrschten die deutsche Sprache gut.«[73] Die deutsche Sprache ist nun einmal doch etwas anderes als jenes Pidgin-Deutsch, das zum U-Bahn-Fahren und zum Konsum der Null-Niveau-Sendungen von VIVA und MTV allemal ausreicht, aber keinen Zugang zur Kultur und zu anspruchsvollen Berufstätigkeiten ermöglicht.

All dies wäre weniger problematisch, ginge es um ein Lern- und Vokabularproblem und wäre zumindest die große Mehrheit der seit langem hier lebenden Ausländer und der hier geborenen ausländischen Kinder und Jugendlichen innerlich schon in Deutschland angekommen. All dies wäre weniger gefährlich, wenn eine selbstbewusste Eingliederung in die deutsche Gesellschaft sicherstellen würde, dass die Zuwanderer sich mit diesem Land identifizieren und von den Deutschen als neu Hinzugekommene akzeptiert werden. Leider ist all dies nicht der Fall. Zwar wollen sich nach Befragungen gut zwei Drittel der jungen Ausländer einbürgern lassen, aber nicht allein das restliche Drittel zeigt einen Mangel an Eingliederungsbereitschaft, sondern auch viele der Einbürgerungswilligen wollen – möglichst als Doppelstaatler – mehr Rechte, ohne sich Deutschland und den Deutschen verpflichtet zu fühlen. Dies liegt nicht zuletzt an einem deutschen Staat, der die Verhöhnung seiner Aufgaben und seiner Symbole zulässt und der, statt das Bürgerrecht in einer würdigen Feier zu verleihen, für die sich etwa der Einheitsfeiertag des 3. Oktober oder ein neu belebter 17. Juni anbieten würden, die Einbürgerung als lästige bürokratische Pflichtübung zwischen Tür und Angel abwickelt.

Sicher, es gibt jene hier aufgewachsenen Ausländerkinder, die »nur noch formal Ausländer«[74] sind (Roman Herzog), aber es gibt ebenso – und in weit größerer Zahl – hier lebende Ausländer mit deutschem Pass und ohne, die sich durch nichts mit Deutschland verbunden fühlen. Sehr oft werden sie in ihrer Haltung zusätzlich von jenen negativ geprägt, die wie der »AK MigrantInnen« der Kölner GRÜNEN unter der Titelzeile: »AK MigrantInnen pusht massenhafte Einbürgerung« frohgemut verkünden: »Ziel ist es, mit möglichst vielen, vor allem jugendlichen MigrantInnen, die Einbürgerung zu beantragen.« Dabei wird auf Bielefeld verwiesen, wo der grüne Bürgermeister Mehmet Kilicgedik dafür sorgte, »dass sich auch die Stadtverwaltung unterstützend in die Kampagne einklinkte«.[75] Unbewusst und ungewollt arbeiten diese zwanghaften Masseneinbürgerer Hand in Hand mit jenen türkischen Islamisten und Chauvinisten, die wie Milli Görus nach der Maxime »Die türkische Jugend gehört uns und muss reinrassig türkisch und hundertprozentig islamisch bleiben« ständig lamentieren, man wolle die jungen Türken ihrer Identität berauben und ihrer Gemeinschaft entfremden und die gleichzeitig nach dem Vorbild von Mohammeds Hidschra, seiner teils erzwungenen, teils freiwilligen zeitweisen Auswanderung nach Medina, die Mission für den Islam (Dawa) mit den Mitteln der Masseneinwanderung und des gewaltfrei-gewalttätigen Dschihad nach Europa zu tragen versuchen.

Bassam Tibi hat diesen Prozess, der durch ein doppeltes Defizit gekennzeichnet ist, durch ein Defizit an Selbst-Bewusstsein und Selbst-Gefühl vor allem bei den Deutschen und ein Defizit an Selbst-Kritik und Selbst-Beschränkung vor allem bei den zugewanderten Muslimen, so beschrieben: »Mit der gesetzlichen Regelung einer doppelten Staatsangehörigkeit gehen demokratisch gewählte deutsche Politiker zum Gegenextrem der quasi freien und beliebigen Verteilung von Pässen auch an Islamisten über. Man überwindet den Rassismus nicht, wenn man ausreichende Deutschkenntnisse als Kriterium für die Einbürgerung ablehnt – ganz im Gegenteil: Die latente Fremdenfeindlichkeit nimmt zu. Ich verstehe etwas anderes unter Aufgeschlossenheit. Naivität und eine korrekte Gesinnung sind kein Ersatz für fehlende Integrationspolitik. Diese erfordert eine doppelte Kritik: Am Hidschra-Verständnis der Muslime und an der schwachen deutschen Identität, die den Migranten keine Identifikationsmuster bietet.«[76] Der Züricher Philosoph Hermann Lübbe hat Recht mit seiner Empfehlung, den Fundamentalisten die Kosten ihres Handelns aufzuerlegen, sie also gerade nicht zu schonen, zu hegen und zu pflegen, sondern sie unmittelbar mit den für sie selbst negativen Folgen ihres gesellschaftlich negativen Handelns zu konfrontieren.[77]

In der öffentlichen Debatte sollte, wie von Roman Herzog 1998 gefordert, zunächst einmal geklärt werden, was jeweils mit dem schwammigen Begriff »Integration« politisch gemeint und gewollt ist.[78] Schon 1995 hatte Professor Josef Schmid geschrieben: »Die Mischung aus Güte und Überheblichkeit, die hinter einer unbesehenen Einbürgerung steckt, verkennt, dass damit beide Lager in eine Identitätskrise geraten, bei deren Heilungsversuchen sie sich verfeinden werden. Dann würden unsere Straßen wieder Aufmarschgebiet wie zur Weimarer Zeit, nur mit veränderten Gestalten und Themen. Eine Ethnifizierung der Parteienlandschaft und der Entscheidungsinstanzen in Politik und Recht ist der Weg in eine dauernde Friedlosigkeit.«[79] Die Friedlosigkeit hat längst begonnen – und sie wird nicht zuletzt gefördert durch jene, die wie Udo Steinbach, Leiter des deutschen Orient-Instituts in Hamburg, Organisationen wie Milli Görüs laufend Persilscheine ausstellen. Im Fall von Steinbach ist besonders pikant, dass er vor fünf Jahren noch vor Milli Görüs gewarnt hat. Wer oder was mag diesen seltsamen Sinneswandel herbeigeführt haben, wo doch Milli Görüs, wie Eberhart Seidel in der *taz* schrieb, »die deutsche Öffentlichkeit seit Jahren systematisch belügt – über ihre Organisationsstruktur, ihre Ideologie, ihre Finanzquellen, ihre Verbindungen zu Scientology und ihre Abhängigkeit vom türkischen Islamistenführer Necmettin Erbakan«.[80] Eberhart Seidel berichtete detailliert, wie deutsche Politiker, Parteien und Institutionen – darunter die Heinrich-Böll-Stiftung der GRÜNEN oder von der CDU-Seite die Berliner Ausländerbeauftragte John und der außenpolitische Sprecher der CDU-Bundestagsfraktion Karl Lamers, der sogar 1999 als Ehrengast an der Jahresversammlung von Milli Görüs in Köln teilnahm, sich als Steigbügelhalter für Erbakans deutsche Truppe verdingen.

Provokativ stellt der Journalist die Frage, warum man die Erbakan-Organisation anders behandele als die ihr doch strukturell und ideologisch so ähnliche DVU, warum man mit den türkischen Ultrarechten die von Steinbach beschworene »Offenheit im Dialog« pflege und mit den deutschen Ultrarechten nicht. Anscheinend ist der wichtigste Aktivposten für den Islamismus jene unter deutschen Machthabern und Meinungsprägern so verbreitete Mischung aus Naivität, Dummheit, als Liberalität maskierter Charakterlosigkeit und Offenheit für Spenden und Geschenke.

Haben solche Eigenschaften auch im Jahr 2000 eine Rolle gespielt, als das BKA über Mamduh Mahmud Salim, den 1998 bei München verhafteten mutmaßlichen Finanzchef Osama Bin Ladens, umfangreiche Dossiers gesammelt hatte, der Generalbundesanwalt Kay Nehm aber dennoch mit der Begründung, ein ausreichender Anfangsverdacht fehle, die Einleitung eines Ermittlungsverfahrens ablehnte?[81] Nehm behauptete, er habe das BKA-Material »sorgfältig und intensiv geprüft«.[82] Aschot Manutscharjan hat im Januar 2002 in seinem ausgezeichnet recherchierten Aufsatz *Taliban in Deutschland* im Detail nachgewiesen, wie die Banken – darunter die Deutsche Bank – und das Außenministerium schützend ihre Hand über die Taliban gehalten und nach der Methode »business as usual« mit diesen mörderischen Ultras kleine schäbige Geschäfte abgewickelt haben, in deren Windschatten die bärtigen »Religionsschüler« ungestört Rauschgift und Waffen schmuggeln konnten.[83] Dietrich Bonhoeffer schreibt in *Widerstand und Ergebung*, dass Dummheit »ein gefährlicherer Feind des Guten als Bosheit« ist und dass »nicht ein Akt der Belehrung, sondern allein ein Akt der Befreiung die Dummheit überwinden könnte«, und in den allermeisten Fällen die äußere Befreiung der inneren vorangehen müsse.

Der Anteil der jungen Ausländer, die die Schule ohne jeden Abschluss verlassen, ist gut drei Mal so hoch wie der ihrer deutschen Mitschüler. Der Anteil der deutschen Jugendlichen mit einem Abschluss der zwölften oder dreizehnten Klasse liegt fast drei Mal so hoch wie bei den Ausländern. Weniger als die Hälfte der Ausländerkinder macht eine Berufsausbildung – gegenüber mehr als zwei Drittel der gleichaltrigen Deutschen. Andererseits ist der Anteil von Ausländern an der allgemeinen Kriminalität erschreckend hoch: 1995 waren 28,5 Prozent der Tatverdächtigen Ausländer. Auch wenn man die Reisekriminalität herausrechnet und jene Straftaten aus dem Bereich des Ausländerrechts, die Deutsche nicht begehen können, entspricht dieser Anteil nicht entfernt dem Bevölkerungsanteil der Ausländer.

Dazu kommt, dass gerade in gesellschaftlich besonders schädlichen und bedrohlichen Kriminalitätsbereichen (wie Raub und schwerer Einbruch oder Organisierte Kriminalität, wo Nicht-Deutsche knapp zwei Drittel der Täter stellen) Ausländer überproportional vertreten sind und zwar in erster Linie Illegale, Touristen und Neuzuwanderer,[84] aber eben auch bestimmte Nachkommen der Gastarbeitergeneration (vor allem im Rahmen von türkischen, kurdischen und arabischen Banden) und junge Aussiedler bzw. Russen. Ferner wirkt sich aus, dass die Wanderungsbewegungen eine international verzweigte Wachstumsbranche geschaffen haben, die alles tut, damit sie immer reichlich Kunden bzw. Opfer findet: Das Schleuser- und Schlepperunwesen, zu dem auch bestimmte Winkeladvokaten gehören, die clevere Anwälte ihrer Kunden sein mögen, aber alles andere sind als Anwälte des Rechts. Mit diesem harten Big Business ist der »weiche«, »idealistische« Sektor der Berufsunterstützer und Freizeitlobbyisten durch vielerlei Fäden verknüpft. Wenn einerseits 40 000 Vietnamesen auf deutschen Abschiebelisten stehen, andererseits immer mehr ihrer Landsleute (vor allem aus dem Norden Vietnams) illegal gegen Zahlung von 6000 Dollar und mehr an Schlepperorganisationen über Polen usw. nach Deutschland einreisen, so stellt sich allerdings die Frage, inwieweit hier die allerbesten Absichten nichtkommerzieller Fluchthelfer nicht objektiv einen sozialkriminellen und gesellschaftszerstörenden Charakter annehmen.

Hinzu kommen die Auswirkungen der allgemeinen Wirtschaftsrezession, die die Eingliederungschancen für die Ausländer ebenso beschneiden wie die Mittel für spezielle Förderprogramme und die die Konkurrenz der Arbeitswilligen um die Arbeitsplätze – ein konstituierendes Element des Kapitalismus – ebenso verstärken wie die Versuche, die verschiedenen Gruppen der Lohnabhängigen gegeneinander auszuspielen und dadurch das Lohnniveau zu senken. Längst sind die Zeiten vorbei, wo Sondereinflüsse wie der Vereinigungsboom der Jahre 1990 bis 1992 gleich einem Geschenk des Himmels ganz von selbst die strukturellen Defizite eine Zeit lang gnädig verdeckten.

Der Anteil der Arbeitslosen unter den Ausländern ist fast doppelt so hoch wie unter den Deutschen. Mehr Zuwanderung bedeutet in Krisenzeiten stets eine Mehrbelastung des Staatshaushalts und der sozialen Sicherungssysteme. Darüber hinaus fehlen zwei Millionen bezahlbare Wohnungen. (Im Übrigen gehört zum Zurückbleiben Deutschlands neben der Massenarbeitslosigkeit mit einem hohen Sockel von Dauerarbeitslosen auch, dass eine große Zahl von Menschen unterbeschäftigt sind – nach Zahlen des Statistischen Bundesamtes und Berechnungen des IWH waren dies im Jahr 2001 in Westdeutschland 3 149 000, im Osten weitere 1 696 000 Personen. Diese Zahl übertrifft die der Arbeitslosen um eine knappe Million!)

Angesichts dieser Gegebenheiten ist es verheerend, wenn jeder, der auch nur in groben Zügen die tatsächlichen Probleme zu benennen wagt, sofort von den Verbalterroristen der »Politischen Korrektheit« verbellt und ausgegrenzt wird. Als etwa der damalige Bundesentwicklungsminister Spranger (CSU) 1994 in einem Interview feststellte, es gäbe auch nach dem Asylkompromiss noch zu viele, die offensichtlich unberechtigt Asyl verlangten oder illegal einwanderten und damit würden internationale organisierte Kriminalität, Missbrauch sozialer Leistungen, illegale Beschäftigung, eine Zunahme der Gewalt sowie der Wohnungsnot und der Arbeitslosigkeit nach Deutschland importiert. Als er gar noch verlangte, die Antworten auf diese Probleme nicht den extremistischen Parteien zu überlassen, da giftete – sekundiert von der einschlägig bekannten Vereinigung »Germanwatch« – der SPD-Entwicklungsexperte Hauchler in einem offenen Brief, der Minister habe »unserem Land innenpolitisch und außenpolitisch schweren Schaden zugefügt« und Schwierigkeiten, deren Ursachen in Deutschland lägen, auf die Ausländer abgewälzt.[85]

Das monotone schrille Getrommel für den Multikulturalismus in Zeitungen wie der *taz* oder der *Frankfurter Rundschau* dürfte weniger aus einem Gefühl der eigenen Stärke gespeist sein, als aus der durchaus zutreffenden Vermutung, man gerate zunehmend in Gefahr, die Meinungsführerschaft und den bisherigen Einfluss auf die Mehrheit zu verlieren. In der Tat ist die Multi-Kulti-Gesellschaft zusammen mit jener Ideologie, die sie einst ins Leben rufen half und die heute nur noch mühsam ihr Dahinsiechen verhüllt, zum Sterben verurteilt. Es kann nur noch bitteren Hohn hervorrufen, wie 1964 der CDU-Arbeitsminister Theodor Blank schwadronierte, durch die

Gastarbeiter werde die »Verschmelzung Europas und die Annäherung von Menschen verschiedenster Herkunft und Gesittung in Freundschaft eine Realität«.

Die Realitäten haben die Träumereien und Schwätzereien der Politiker widerlegt. Die Zahl der arbeitslosen Ausländer hat sich seit 1991 mehr als verdoppelt – auf eine Quote von über 20 Prozent in den alten Bundesländern. Während 1973 noch 91 Prozent der Türken in Deutschland eine versicherungspflichtige Tätigkeit ausübten, waren es 20 Jahre später gerade noch 29 Prozent, was sowohl den rapiden Familiennachzug verdeutlicht, als auch die – teils freiwillige, teils unfreiwillige – Zunahme der Menschen, die auf Kosten der Gesellschaft leben. Gleichzeitig wächst der Anteil derjenigen, die wahrscheinlich oder auf jeden Fall in Deutschland bleiben wollen, wobei auch viele, die »eigentlich« zurückzukehren beabsichtigten, schließlich doch hier geblieben sind. (1972 waren es laut »Gastarbeiter-Report« lediglich 13 Prozent – damals rund 300 000 Menschen – die in Deutschland bleiben wollten.) Seit Anfang der Achtzigerjahre hat sich die Zahl der ausländischen Eigenheimbesitzer fast verdreifacht auf 6,5 Prozent – auch dies ein Indiz für ein dauerhaftes Sich-Einrichten.[86]

Rudolf Augstein schrieb 1994 über den an den Realitäten zerplatzten Traum der »multikulturellen Gesellschaft«: »Wo es sie gibt, funktioniert sie nicht. In Kalifornien nicht, in New York nicht; im Frankreich des Charles Pasqua schon lange nicht, und auch im Frankfurt des multikulturellen Stadtrats Cohn-Bendit ist sie schwach und atmet kaum.«[87] Am Beispiel Berlin-Kreuzberg notiert Eberhard Seidel-Pielen, einer der Alt-Ideologen der Berliner Altlinken: »Die bunten Multi-Kulti-Jahre sind vorüber.« Bei den im immer stärker türkisierten Kiez Zurückgebliebenen konstatiert er »zunehmend Gefühle der Fremdheit und Heimatlosigkeit ..., die häufig in Kulturpessimismus münden.«[88] Letztlich geht es hier um das Scheitern nicht allein des Laisser-faire-Liberalismus, sondern auch jenes pseudo-internationalistischen Mehrheitsflügels der Linken, der – wie Bassam Tibi schrieb – die Ausländer auf der Suche nach einem Ersatzproletariat »zum Objekt der Politisierung« machen will.[89] Diese meist subjektiv ehrlichen, aber objektiv (auch für sich selbst) gefährlichen Irgendwie-Linken haben mit dem Verb »linken« viel, mit den Traditionen und Werten der historischen Linken wenig zu tun.

Das zentrale Glaubensbekenntnis dieser Richtung ist die »multikulturelle Gesellschaft« – ein offenkundiger Widerspruch in sich.

Denn in jedem Land der Welt hat es zu jeder Zeit nur eine einzige dominierende Leitkultur gegeben – und neben ihr bzw. gegen sie gerichtet sowohl einerseits die nachtschwarze kulturlose Barbarei (teils als unbewusst-ungewollter Kulturmangel bei den zurückgebliebensten und deklassiertesten Elementen der Bevölkerung, teils als bewusste Kulturverneinung gewisser antiintellektueller Intelligenzler) als auch andererseits die verschiedenen Minderheits- und Subkulturen, von denen einige sogar den – gelegentlich erfolgreichen – Versuch unternahmen, aus einer Sekundärkultur die herrschende Primärkultur zu machen.

Was übrigens die Barbarei anbelangt, so feiert die deutsch-amerikanistische Medienwelt immer neue exzessive Höhe- und Tiefpunkte wie etwa mit der Fernsehsendung *Jackass* – sehr beliebt unter Jugendlichen, die dann wie jener deutsche Jungmann, der sich nach dem Fernsehvorbild mit Brennspiritus übergießen und anzünden ließ,[90] gleich mitspielen wollen. Wenn die Stuntmen in dieser Sendung in Fäkaliengräben tauchen, dann weiß man, womit man es zu tun hat – mit den tiefbraunen Exkrementen am Ende des kulturellen und geistigen Niedergangs. Einen besonders traurigen Anblick bietet in dieser historischen Krisensituation jene Partei in Deutschland, die die längste und in manchem auch beeindruckendste Tradition hat, die SPD. 1998 gewann sie die Bundestagswahl mit dem Slogan »Wir sind bereit«. In vier Jahren konnte sie nicht im Mindesten beantworten, *zu was* – und auf die Frage »aber auch fähig?« kann man im Rückblick nur antworten: Gewollt haben sie schon.

In der Politik wie in der Kunst ist das Gute das Gegenteil des gut Gemeinten. Und eine besondere Leerstelle bildet in der Politik der SPD die fehlende gedankliche Durchdringung der Zuwanderungsfrage. In den knapp über dreißig Halbzeilen ihres 98er Bundestagswahlprogramms »Arbeit, Innovation und Gerechtigkeit« zum Thema »Zuwanderung sozialverträglich steuern«[91] fällt das Wort Kultur nur einmal – bei der Phrase, die »ausländischen Mitbürgerinnen und Mitbürger … bereichern unsere Gesellschaft sozial und kulturell«. Soziale und kulturelle Konflikte, Getto-Desintegration, Islamisierung und Islamismus, kritische Bevölkerungsentwicklung, Fremdheits- und Überfremdungsgefühle und so fort – alles Fehlanzeige. Das ist eher das Programm eines »Vereins zur Wahl Gerhard Schröders«, als die Handlungsanleitung für eine zukunftsfähige Politik.

Die eigenartige, spezifisch deutsche Sprachlosigkeit im Hinblick auf alles, was kritisch und problematisch ist an der Massenzuwanderung, ihren Begleit- und Folgeerscheinungen, hat viele Ursachen. Um nur die drei wichtigsten zu nennen:

- Der aus dem Chauvinismus in den Selbsthass umgekippte Nationalnarzissmus vieler Deutscher, gerade aus der allzu oft altklugstrohdummen Intelligentia, blockiert jedes selbstkritische Untersuchen der Motive für die selbstzerstörerische Unterwerfung unter fremde Interessen und für die Verweigerung von Selbstbewusstsein, Selbstverteidigung und Selbsterhaltung. Gleichzeitig sichert die Vorstellung, besser als alle auf dieser Welt auf das Eigene zu verzichten, eine bis zur Hybris gesteigerte selbstverliebte Gutmenschen-Arroganz.
- Einwanderung ist zu einem guten und großen Geschäft geworden – nicht zuletzt für jene Bereiche von Industrie, Handel und Dienstleistungssektor, die mit billig-willigen Arbeitskräften und einem unbegrenzten Zuwachs an staatlich alimentierten Käufern kalkulieren und die die Verarmung der Gesellschaft ebenso wie deren Barbarisierung als Grundlage ihres privaten Reichtums ansehen. Aber auch im wissenschaftlichen und publizistischen Bereich leben ganze Heerscharen von Auftragsforschern, Lohnschreibern und Lobrednern von den Ausländern – ob es nun um Projekte geht, die Mitwirkung in einschlägigen Institutionen oder um den politischen Lobbyismus.
- Die meisten Parteipolitiker betreiben, statt nach den Ursachen für Politikmüdigkeit und Parteienverdrossenheit zu fragen, traditionelle Klientel- und Stimmensammelpolitik, wobei im deutschen Mehrparteiensystem homogene und in etwa organisiert auftretende Gruppen wie die Türken mit deutschem Pass (schon jetzt über 200 000 Wahlberechtigte) einen überproportional starken Einfluss gewinnen. Den Wunsch, die Ausländer und die Neubürger für ihre Zwecke zu instrumentalisieren und zu manipulieren, teilen die Politiker im Übrigen mit denen, die als mehr oder weniger professionelle Unterstützer und Sympathisanten die Ausländer dazu benutzen wollen, um ihre vielfach geplatzten Utopieträume doch noch zu verwirklichen. Gerade die PDS-Dogmatiker versuchen die Ausländer und die Ausländerpolitik dazu zu benutzen, um – gehüllt in das Lügenmäntelchen des kosmopolitischen Menschenfreunds – ihre Machtposition auszubauen. Wenn man sieht, mit welcher Dreistigkeit inzwischen Stasi-Leute und ihre wendegewitzten Seilschaften sich in der Politik zurückmelden, Legenden über die gute alte DDR verbreiten, die den Nachkriegslügen der al-

ten Nazis in Diktion und perfider Absicht aufs Haar gleichen, und sich bedenkenlos mit Islam-Terroristen und Zuwanderungsprofiteuren verbünden, dann sollten die Demokraten endlich aufwachen und sich wehren. Gerade diejenigen in der PDS, die einen demokratischen Sozialismus und einen wirklichen politischen Neuanfang wollen, sollten definitiv einen Trennungsstrich zwischen sich und solchen »Parteifreunden« ziehen, die Feinde der Freiheit und Feinde des Volkes geblieben sind. Und was den praktischen Internationalismus angeht, so muss gerade von der Linken eine deutliche Abgrenzung von islamistischen Terrororganisationen wie Hamas und Hisbollah verlangt werden. Es ist ein Unding, dass die Hisbollah, die in Deutschland immerhin fast tausend Anhänger hat, in Berlin völlig ungestört den Kauf ihres neuen Hauptquartiers vorbereiten kann.[92]

2

Notwendige Verhaltenstabus – gefährliche Diskussionstabus

Immer wieder wird versucht, die öffentliche Diskussion über Probleme zwischen Deutschen und Ausländern zu unterbinden bzw. sie zu kanalisieren in Rituale, in denen nur Gesundbeter, Prediger unbegrenzter Zuwanderung und diejenigen zu Wort kommen, die als Gutmenschen im armen Ausländer alles Gute auf Erden vermuten und im bösen Deutschen den personifizierten Spießer und KZ-Wächter dingfest machen. Es fördert letztlich nur die Rechtsradikalen mit ihren Hauruck-Sprüchen und ihren maßlosen Übertreibungen, wenn Gesetzesverstöße und Sozialmissbrauch durch Ausländer totgeschwiegen oder bagatellisiert werden, wenn man aus den Gesamtkosten der gewollten wie der unerwünschten Einwanderung ein Staatsgeheimnis oder eine Art Mysterium macht, statt exakt offen zu legen, ob die Vermutungen von Bundestagsabgeordneten, es handele sich dabei um Größenordnungen zwischen 15 und 20 Milliarden Euro jährlich, übertrieben, untertrieben oder in etwa zutreffend sind.

Während einst noch ein Heinz Kühn, Sozialdemokrat und ehemaliger Ministerpräsident von NRW, die Aufgabe des Ausländerbeauftragten der Bundesregierung in der Wahrung gesamtstaatlicher Interessen und im Warnen vor Fehlentwicklungen sah, sind seit längerem die Ausländerbeauftragten lediglich Lautsprecher vermuteter Ausländerinteressen – ohne jeden Begriff davon, dass der Missbrauch ebenso wie die übermäßige, unkontrollierte Zuwanderung die Eingliederung der hier seit längerem legal lebenden Ausländer gefährden und die bisher lediglich bei Randgruppen ausgeprägte Fremdenfeindlichkeit in die Mitte der Gesellschaft und breite Schichten der Bevölkerung tragen könnten. Eine solche Entwicklung droht nicht zuletzt durch die permanenten Versuche vieler Medienleute, die Mehrheit unseres Volkes als dumpf, borniert und ausländerfeindlich hinzustellen.

Interessant ist, dass nach einer im Auftrag der Nationalen Kommission für Menschenrechte in Paris durchgeführten Umfrage in europäischen Ländern 40 Prozent der Franzosen die Auffassung vertraten, in ihrem Land gäbe es zu viele Schwarze und Araber, was sich mit den »Eurobarometer«-Zahlen aus dem Frühjahr 1997 deckte, laut denen sich 38 Prozent unserer gallischen Nachbarn als Rassisten bezeichneten, während nur 23 Prozent der Deutschen dies erklärten.[93] Bei einer Erhebung von Eurostat 1997 lagen die Werte für »Rassismus-Sympathien« am höchsten in Belgien, Frankreich und Österreich, während sie in Deutschland in etwa dem EU-Durchschnitt entsprachen.

Trotz permanenter medialer Berieselung mit Zuwanderungsenthusiasmus zeigen die Meinungsumfragen immer wieder, dass eine deutliche Mehrheit der Deutschen – nicht ganz ohne gute und handfeste Gründe – in Skepsis und Ablehnung verharrt: Nach einer Allensbach-Umfrage aus dem Juni 2002 lehnte jeder zweite Deutsche Zuwanderung generell ab. Nur 22 Prozent hatten eine grundsätzlich positive Einstellung zur Zuwanderung; nur 17 Prozent hielten das Zuwanderungsgesetz der Schröder-Regierung für eine gute Sache.[94] So denkt das Volk, davon sollten vernünftige und realistische Politiker, die sich an ihren dem deutschen Volk gegebenen Eid halten, ausgehen. Selbst wenn jene ein wenig fragwürdige Umfrage der EU zutreffen sollte, dass 61 Prozent der EU-Bürger in Einwanderern eine Bereicherung sehen,[95] so spiegelt dies erstens nicht unbedingt die deutsche Situation wider und zweitens kann man durchaus in den vorhandenen Minderheiten ein Positivum sehen, gleichzeitig aber für eine Begrenzung der Zuwanderung oder sogar für einen zeitweisen Zuwanderungsstopp plädieren, um zunächst einmal die zu integrieren, die physisch drinnen sind in Europa, kulturell und häufig auch sozial aber immer noch eher »draußen vor der Tür« stehen.

Wir Deutschen können durchaus, wie Helmut Kohl dies 1997 tat, mit einem gewissen Selbstbewusstsein dem Ausland sagen: »Wir haben uns in den vergangenen Jahren um mehr Probleme anderer Menschen gekümmert als alle anderen Länder Europas.«[96] Aber gerade deshalb ist es jetzt an der Zeit, für einige Jahre innezuhalten, nach innen hin die vielen aufgelaufenen Probleme zu lösen, die Neuankömmlinge einzubeziehen ins deutsche Leben und sie nach Möglichkeit einzudeutschen.

Jeder Versuch, den herrschenden Nonsens-Konsens in der Ausländerfrage zu durchbrechen, führt zu einem wütenden Schwingen der »Faschismuskeule«. Versucht eine demokratische Partei wie die CSU 1998, die Ausländerpolitik jenseits der ausgetretenen Pfade multikultureller Selbstbeschwindelung zu thematisieren, wird ihr postwendend nachgesagt, dies sei geeignet, »die Stimmung in Deutschland nachhaltig zu vergiften«[97] und Ausländerfeindlichkeit zu schüren (Burkhard Hirsch von der FDP) oder es handele sich um »ausländerfeindliches Gedankengut«[98] (Kerstin Müller von den GRÜNEN). Cornelia Schmalz-Jacobsen (FDP) sieht die CSU in gefährlicher Nähe zu den »Parolen der Herren Frey und Schönhuber« und hält ihr vor, sie verbreite »Stammtischparolen ohne realen Hintergrund«. Guido Westerwelle grenzt die CSU aus dem Kreis demokratischer Parteien aus, wirft ihr gleichzeitig »Ausgrenzungspolitik« vor und beklagt im Übrigen, die CSU sei »unzeitgemäß und provinziell.«[99]

Andererseits gibt es auch in der CSU Beispiele für ein opportunistisches Herumtaktieren. So erklärte der Vorsitzende der Bonner CSU-Landesgruppe, Michael Glos, die Forderung des CSU-Generalsekretärs Bernd Protzner nach einem verstärkten Erlernen der deutschen Sprache durch Ausländer sei nur ein Appell, bei Nichtbeachtung drohten keine Folgen.[100] Dies zeugt von einer ähnlichen Feigheit vor dem Feind und einer ähnlichen Wirklichkeitsverdrängung wie der Satz von Heiner Geißler: »Die Diskussion (über die Zuwanderung) heizt unnötig die Stimmung auf und lenkt nur von den wichtigen Themen ab.«

In Wirklichkeit ist kaum ein Thema für die Deutschen wie für die Ausländer so wichtig wie die Frage, ob Deutschland seinen deutschen Charakter behalten oder verlieren wird, ob dieses Land zerbrechen und untergehen wird oder nicht. Sehr bedenkenswert ist, was Bassam Tibi über die Denkblockaden und Denkverbote in der Zuwanderungsdiskussion schreibt: »Tabus sind hier schädlich für ein friedliches Zusammenleben. Wird dieser Gegenstand tabuisiert, kann es weder eine Integration der Einwanderer noch inneren Frieden in Deutschland geben. Es geht darum, die Religion des Islams nur im Rahmen eines religiösen Pluralismus in Europa zuzulassen.«[101]

Der Berliner *Tagesspiegel* erklärte am 9. 7. 1998, Ignatz Bubis habe »völlig Recht, wenn er in dieser Stimmungsmache ... Göring'sche Töne heraushört« und konstatierte weiter, die Union lasse sich »mit offenkundig steigender Wollust« von der DVU »in die rechtsextreme Ecke peitschen«.[102] Der EKD-Ratsvorsitzende mahnte, die Asyldiskussion nicht mit Argumenten von der Straße zu führen – ganz so, als ob automatisch falsch sein muss, was das Volk denkt. Oskar Lafontaine postulierte, die Bundesrepublik dürfe nicht »Verfolgerstaat« bleiben – was immer diese Phrase auch konkret bedeuten soll: Der deutsche Staat als Polizeistaat à la Türkei oder gar als

Terrorstaat wie der Iran heute oder wie Deutschland unter dem Hakenkreuz?

Hier kann man nur mit Thomas Schmid sagen: »Bessere Debatten braucht das Land«[103] oder Eduard Kraus zitieren, der 1997 schrieb: »Die Maßnahmen unserer Nachbarn gegen illegale Erschleichung des Asylrechts sind die gleichen, die Kanther von seinen Amtskollegen einfordert. Aber bei uns ist jeder, der solches bejaht, im Wortumdrehn ein ›alter Nazi‹ oder ›Ausländerfeind‹. Da schlägt die ›Arroganz der Guten‹, wie die *Neue Zürcher Zeitung* die ›Schreibtisch- und Maulguten‹ der Political Correctness schon 1988 identifizierte, erbarmungslos zu; soll doch nicht mehr Wahres, sondern ›politisch Korrektes‹ öffentlich gedacht werden.«[104]

Geradezu infam angesichts der Brandanschläge mit teils neofaschistischem, teils psychopathisch-kriminellem Hintergrund war es, dass sowohl Kerstin Müller von den GRÜNEN als auch Cornelie Sonntag-Wolgast von der SPD in diesem Zusammenhang der CSU ein »Zündeln« gegen Minderheiten vorwarfen.[105] Im Übrigen ergehen sich die Multi-Kulti-Förderer in den üblichen inhaltsleeren Politformeln, wenn etwa Wilfried Maier, damals grüner Senator für Bundesangelegenheiten in Hamburg, sich gegen den bayrischen Vorstoß wendete, jugendliche Serienstraftäter mit ihren Eltern abzuschieben, und seine Position damit »begründete«, dass Nachwuchskriminelle wie der zu trauriger Berühmtheit gelangte »Mehmet« »unser aller Problem« und »das Produkt dieses Landes« seien.

Besonders weit preschten der DGB und die türkischen Interessenvertreter vor – Leo Monz, Leiter der Abteilung Ausländische Arbeitnehmer, bescheinigte der CSU Infamie, und Hakki Keskin, Vorsitzender der Türkischen Gemeinde in Deutschland, legte noch einen Zahn zu: »Die CSU versucht auf diese Weise, den rechtsradikalen Parteien wie DVU und NPD Stimmen abzujagen. Das ist abartig und einer christlich-demokratischen Partei unwürdig. Die CSU legitimiert damit die rechtsradikalen Parteien.«[106] Es hat schon einen speziellen Nachgeschmack, wie sich hier türkische Pseudo-Antifaschisten des Nazijargons bedienen (»abartig«).

Wenn Ausländerämter, um lange Wartezeiten für Besucher mit einfach zu regelnden Anliegen vermeiden, wie in Augsburg, Würzburg oder Erlangen kompliziertere Asylangelegenheiten an speziellen Schaltern erledigen lassen, führt dies sofort zu öffentlicher Entrüstung über eine angebliche »Zwei-Klassen-Behandlung«. Ein anderes Beispiel: Der Caritasverband behauptet, das novellierte Asylbewerberleistungsgesetz sei »grundsätzlich verfassungswidrig, da es die Menschenwürde missachte«.[107] Hier drängt sich der Eindruck auf, dass eine Sozialhelferlobby mehr die eigenen Spezialinteressen im Auge hat als das langfristige Wohl aller Flüchtlinge – ähnlich der Motive von Ulrich Montgomery, »Menschenrechtsbeauftragter« der Bundesärztekammer, der mit seiner Warnung, die medizinische Versorgung der Flüchtlinge sei nicht mehr gewährleistet, finanzielle Standesinteressen einkleidet in wohlfeile Menschenrechtsforderungen.

In einem Aufsatz *Wir sind alle Afrikaner* schreibt Reinhard Mohr, die Thesen von Frank Böckelmann (»Die Gelben, die Schwarzen, die Weißen«)[108] paraphrasierend: »Schon auf der schlichten Beschreibung äußerer Unterschiede und sozialer Gewohnheiten lastet der Generalverdacht des Rassismus, den die scheinheiligen Philanthropen nur allzu gern erheben. Wenn andere Menschen sich über Hautfarbe, Sprechweise, Gerüche oder landestypische Gewohnheiten äußern oder gar mokieren, und sei es das Schächten eines leckeren Hammels in der heimischen Badewanne, dann kann das nur ›reaktionäres Stammtischgerede‹ sein. Das politische Verbot, über befremdliche, gar kritikwürdige Zustände offen zu reden, beruht auf der Unterstellung, von dort sei der Weg zur rassistischen Mordbrennerei kurz und direkt. Doch wer Konflikte negiert, schwächt das Bewusstsein über die Wirklichkeit, untergräbt Realismus wie Vernunft. Wenn der Fremde stets der arme gute Mensch sein muss, wird er zur unberührten Ikone, zum abstrakten Prinzip – zum Un-Menschen.«[109]

Selbst der grüne Multi-Kulti-Prophet Daniel Cohn-Bendit kritisierte 1989 das grüne Wahn-Weltbild der Ausländerverklärung,[110] das sich damals bei der Bundesversammlung in Münster niederschlug in Beschlüssen wie dem »freien Zugang für alle Flüchtlinge«, dem »allgemeinen Bleiberecht«, der Abschaffung aller Asylverfahren, dem allgemeinen Wahlrecht nach 5 Jahren Aufenthalt und anderem höheren Blödsinn. Deutschland, so Verena Krieger, damals Vorstandssprecherin der GRÜNEN, habe »nicht das moralische Recht, die Grenzen zu verschließen«.[111] Gerd Nowakowski konstatierte damals: »Die ›multikulturelle Gesellschaft‹ dient in Wirklichkeit nur als Kampfbegriff der guten Deutschen, der moralisch Integren gegen die Rechten im Lande. Außer Acht bleibt, dass die Vision einer multikulturellen Gesellschaft nicht *für* die Ausländer, sondern nur *mit* den Deutschen verwirklicht werden kann. … Wer dieser Gesellschaft Maximalforderungen überstülpt, verstärkt nur die Abwehr und sorgt dafür, dass die AusländerInnen selbst die Leidtragenden sind.«[112]

In der Tat stellt die fixe Idee, jedem Menschen, der sich wie und warum auch immer in Deutschland aufhält, Wahlrechte zuzusprechen, die demokratischen Bürgerrechte des deutschen Volkes prinzipiell in Frage und löst diese auf in ein diffuses Quodlibet-Allerlei. Zu Recht erklärte das Bundesverfassungsgericht in seiner einstimmigen Entscheidung vom 26.6.1990 und vom 31. 10. 1990, dass Ausländer zwar zur Bevölkerung, aber nicht zum Staatsvolk gehören, von dem allein nach Artikel 20 Absatz 2 Satz 1 Grundgesetz die Staatsgewalt ausgeht: »Wahlen, bei denen auch Ausländer wahlberechtigt sind, können demokratische Legitimation nicht beanspruchen.«

Von daher ist auch völlig klar, dass Ausländer stets Mitmenschen sind und (hoffentlich gute) Nachbarn sein können, aber erst dann zum Mitbürger werden, wenn sie nach vollzogener Einbürgerung zum deutschen Volk gehören. Und genau diese Einbürgerung darf weder verschenkt noch willkürlich verweigert werden, wie in jenem grotesken Fall, wo ein Pole, wohnhaft in Düsseldorf und dort lange Jahre Bordellbetreiber, ohne Probleme die deutsche Staatsbürgerschaft erhielt, während diese gleichzeitig einer Krankenschwester, die von diesem ebenso reichen wie kranken alten Herrn in Polen per Stellenanzeige angeworben worden war, um ihn als seine Angestellte zu pflegen, verweigert wurde – unter diversen Vorwänden, faktisch aber wegen des Verdachtes, sie käme nur deshalb nach Deutschland, um sich in einem der Etablissements ihres anrüchigen Arbeitgebers anzubieten. Diese integre Frau jenseits der 40, aus einer unzweifelhaft deutschen Familie stammend und in Polen als Deutsche diskriminiert, mit hoher Arbeitsmotivation, mit guten Sprachkenntnissen und einer hier sehr gesuchten Berufsausbildung, mit zwei Kindern, die studieren und gut Deutsch sprechen, wurde gezwungen, nach Polen zurückzukehren. Und Deutschland bürgert stattdessen auch solche Araber, Türken oder Iraner ein, die teils kein Wort Deutsch sprechen, teils die Deutschen und die Demokratie wie die Pest hassen, teils beide Pferdefüße miteinander verbinden – und dies auch dann, wenn sie als Ultrafundamentalisten polizeibekannt sind wie der Nachwuchs des Kölner »Kalifen« Metin Kaplan.

Aus taktischen Gründen beginnen deutsche Ausländerbeglücker und nicht-deutsche Macht-Aspiranten ihren langen Marsch beim kommunalen Wahlrecht, das die GRÜNEN »für alle EinwohnerInnen, die längere Zeit in der Kommune wohnen«, verlangen – also offenbar auch für Angehörige des amerikanischen Militärs, in denen viele Deutsche das Vollstreckungspersonal einer Besatzungsmacht sehen, oder für Ausländer, die lediglich für einige Jahre hier arbeiten und anschließend in ihr Heimatland zurückkehren. Nur auf der Grundlage einer permissiven Duldung von Parallelgesellschaften kann die ideologische Sumpfblüte des Multikulturalismus gedeihen und ihre künstlichen Paradiese ankündigen, die wie Seifenblasen zerplatzen, sobald in Krisensituationen und angesichts einer Konkurrenz um begrenzte Reserven die Mehrheit es nicht mehr hinnimmt, dass die Minderheit ihr nur Pflichten auferlegen will und unter der wohlfeilen Floskel »Minderheitenschutz« nur den Schutz ihres Eigeninteresses betreibt.

Als bei der Fußballweltmeisterschaft 2002 Deutschland und die Türkei davorstanden, im Finale aufeinander zu stoßen, reagierten nicht allein viele Menschen auf der Straße mit großen Befürchtungen (und mit Erleichterung, als dieser Ernstfall nicht eintrat). Auch die deutsche Polizei traf umfangreiche Vorbereitungen und rief präventiv im Internet in türkischer Sprache die türkischen Fans dazu auf, friedlich zu feiern oder zu trauern. Im Übrigen zeigte auch dieses sportliche Großereignis noch einmal mit aller Deutlichkeit, wie wenig sich die allermeisten Türken in Deutschland – auch die mit deutscher Papier-Staatsangehörigkeit – mit diesem Land identifizieren. Türken, die in Deutschland geboren sind und als deutsche Staatsbürger weiterhin türkische Fahnen schwingen wollen, können wohl kaum erwarten, dass die Deutschen Bravo rufen und in ihnen neue Inländer sehen.

Völlig deplatziert sind pseudopsychologische Erklärungsmuster, mit denen reale Probleme umgedeutet werden in Einbildungen. So schwafelt etwa Christian Pfeiffer, Direktor des Kriminologischen Forschungsinstituts der Universität Hannover: »Im Seelenhaushalt der Deutschen gibt es ein Bedürfnis nach Bösem, nach einem direkten Feind, den man benennen kann. Als der Feind im Osten besiegt war, entstand ein Vakuum, das nun angefüllt wird mit der Kriminalität als Ersatz für das untergegangene Böse.«[113] Dies ist ebenso pure Fantasterei wie die geniale Erkenntnis einer Ursula Pieper: »Es ist nicht erstaunlich, dass … ein Teil der (wegen des Arbeitsverbots – Anm. R. S.) notgedrungen brach liegenden Fähigkeiten der Asylanten in die Kriminalstatistik eingeht.«[114]

Zu Recht kennzeichnete der damalige Bundesinnenminister Manfred Kanther die von der SPD nach 1990 verfochtene Ausländerpolitik, die sich diametral von der unter Brandt und Schmidt unterscheidet, als ein »sachlich unvertretbares Zuzugsprogramm«, während es im Gegenteil darum gehe, die »tausendfache illegale Zuwanderung zurückzudrängen«.[115]

Andererseits war schon unter Kohls Kanzlerschaft schwer auszumachen, welchen Rückhalt eine Position wie die Kanthers, Deutschland sei »kein Einwanderungsland« und es werde »mit der Union auch keines werden«,[116] in der Basis und in den Führungsgruppen seiner eigenen Partei hatte und wie ernst es der Partei mit dem eigenen Programm war. Bereits 1982 verteilte die hessische CDU – Manfred Kanther war ihr Spitzenkandidat im Landtagswahlkampf – ein Flugblatt, in dem es hieß: »Mit 4,7 Millionen im Bundesgebiet ist die Ausländerzahl in unserem Land zu hoch. Die CDU zieht daraus die Konsequenzen: Keine weitere Zureise von ausländischen Familienangehörigen außerhalb der Europäischen Gemeinschaft, Verhinderung der missbräuchlichen Ausnutzung des deutschen Sozialsystems, Ausweisung und Abschiebung straffälliger Ausländer in ihre Heimatländer. Die CDU will erreichen, dass in ca. 5 Jahren die Zahl der Ausländer in Deutschland um etwa eine Million abnimmt. Andernfalls entstehen Probleme, mit denen die nächste Generation kaum noch fertigwerden kann.«[117] Verwirklicht worden ist diese Ankündigung nie – auch nicht auf der Bundesebene, wo man 16 Jahre lang die Macht dazu hatte.

In allen Parteien, auch in der SPD, gibt es einzelne mutige Querköpfe und Querdenker wie Hans-Ulrich Klose, die ausscheren aus der staatsoffiziellen Selbstberuhigung. Klose erklärte 1997: »Die deutsche Einwanderungspolitik ist weitgehend gescheitert.« Er gewann die Einsicht, dass »die Ethnien unverändert konfliktträchtig« seien und konstatierte »lebensgefährliche Fehler« der deutschen Politik. Er verwies in diesem Zusammenhang auf die Straßenschlachten zwischen türkischen und russlanddeutschen Jugendlichen und darauf, dass »in zehn Jahren die jugendlichen Türken in manchen großstädtischen Quartieren in Deutschland die Mehrheit bilden« werden. Mit türkischem Satellitenfernsehen, türkischen Zeitungen, türkischen Moscheen, türkischen Kultur- und Sportvereinen sei eine Getto-Welt entstanden, in der militant antiwestliches Gedankengut gepredigt werde. »Geprägt von schlechtem Gewissen, über das, was einmal war, und unfähig, die eigenen Interessen rational zu definieren« werde nicht berücksichtigt, welche Integrationsfähigkeit der deutschen Bevölkerung zuzutrauen sei und welche Integrationsleistung von den Einwanderern erbracht werden müsse.[118]

Auch Helmut Schmidt und Friedhelm Farthmann gehörten zu denen, die gegen den Strom der gemachten und veröffentlichten Meinung schwammen:

- »Nach Ansicht von Altbundeskanzler Helmut Schmidt ist in nächster Zeit mit einer Explosion von Kriegsflüchtlingen und Asylbewerbern zu rechnen. Kriege, Konflikte im Balkan auf dem Gebiet der Ex-Sowjetunion oder in Schwarz-Afrika sowie das drastisch ansteigende Bevölkerungswachstum würden eine ›unglaubliche‹ Völkerwanderung in Richtung USA, Kanada und Westeuropa auslösen. Völlig abwegig sei es, bei einer Zahl von de facto 6 Millionen Arbeitslosen in Deutschland, zusätzlich noch jemanden einzuladen und sei es durch Quoten.«[119] – »Wir können nicht mehr Ausländer verdauen, das gibt Mord und Totschlag.«[120] – »Mir kommt kein Türke mehr über die Grenze.«[121]
- Friedhelm Farthmann: »Wer sagt, dass wir Zuzug brauchen, der muss sich darüber klar sein, dass wir schon heute eines der dicht besiedeltsten Gebiete der Erde sind. Jede Zuwanderung bedeutet also noch mehr Energieverbrauch, mehr Wohnungsbedarf, mehr Autos, mehr Abfall. Das kann doch wohl vernünftigerweise niemand wollen.«[122]

Professor Klaus Hornung weist darauf hin, wie ungut, ja geradezu mörderisch das gut Gemeinte sich auswirken kann: »In der Welt der Realitäten wird Hypermoral leicht zum Spiel mit dem Feuer, besonders wenn sie, wie bei uns häufig, eher nationalem Selbsthass entspringt als wahrer Fremdenliebe. Nicht wenige Gutmeinende in unserem Land vermögen nicht zu erkennen, wie sehr sie von Drahtziehern missbraucht werden, die frei nach Bert Brecht jenes »andere Volk« wollen als eine multikulturelle plastische Masse, die sie nach ihrem Willen kneten zu können hoffen. Die Konflikte im einstigen multikulturellen Zwangsstaat Jugoslawien stehen als Menetekel an der Wand.«[123]

Bassam Tibi hebt hervor, wie wichtig es ist, als Ausländerfreundlichkeit getarnte Machtambitionen der deutschen (Pseudo-)Linken zu entlarven und zu bekämpfen: »Viele der ehemaligen gescheiterten Linken sitzen heute jedoch in einflussreichen Stellen des Systems. Die erneute Suche nach einem Ersatzproletariat trägt neue Früchte, diesmal sind es wir Ausländer. Durch unbegrenzte Öffnung der Grenzen für eine Massenzuwanderung glauben die Linken, nicht integrierte soziale Kräfte ins Land zu bringen. Diese sollen nun schaffen, was bislang fehlschlug: das System zu stürzen. Wer es wagt, etwas gegen diese Vorstellungen zu sagen, wird mit den für diese Zwecke missbrauchten Begriffen ›Rassismus‹ und ›Rechtsradikalismus‹ mundtot gemacht.«[124] Besonders explosiv wird die Massenzuwanderung dadurch, dass, wie es in internen Berichten der Geheimdienste heißt, Zuwanderer eingeschleust werden, »die von ihren Regierungen ermutigt würden, in der EU Unruhe zu stiften, um die ›Festung Europa zu erschüttern‹«.[125]

Der Bevölkerungswissenschaftler Josef Schmid betont, dass ein großer Teil der sich auf das Asylrecht Berufenden im Sinne eines »Wanderns zum besseren Wirt« handelt, da sich die deutsche Asylpraxis »global herumgesprochen hat« und mit ihrer stillschweigenden Duldung offensichtlichen Missbrauchs (man denke nur an die, die ihre Pässe vernichtet haben und falsche oder gar keine Angaben über ihre Identität machen), mit der großzügigen Förderung des Verwandtennachzugs weitere Zuwanderung angeheizt wird. Schmid stellt zu Recht die Frage, was eigentlich die Deutschen dazu bewegt, »mitten im größten Finanztransfer der neueren Geschichte« (man könnte hier ergänzen: in einem Moment, wo zu den Wiedervereinigungskosten die Maastricht-Lasten kommen) sich mehr Zuwanderer aufzubürden als der gesamte nordamerikanische Subkontinent. Sein bitteres Fazit ist: »Man muss wirklich die Deutschen erst zur Liebe zu sich und ihrem Land führen, wenn sie für die Nachbarn erträglich sein sollen.«[126] Besonders selbstzerstörerisch agiert beispielsweise das Landgericht Schweinfurt, das zwei polnischen Autodieben strafmildernd (!) zugute hielt, sie seien als Ausländer in einem deutschen Gefängnis »erhöht strafempfindlich«. Immerhin hob der Bundesgerichtshof diese rabulistische Ausländerprivilegierung wieder auf.[127]

Wenig hilfreich sind jene von Werbefirmen nicht nur stilistisch unter jedes Niveau abgesenkten Kampagnen, die zu »Fairständnis« aufrufen oder ein Filmchen präsentieren, in dem Harald Schmidt als Pole ein älteres deutsches Ehepaar vom Autoklau abhält.[128] Von ähnlichem Kaliber sind Angriffe auf die Bremer Polizei, die unter dem guten Namen von »amnesty international« vom Bremer »Antirassismusbüro« (ARAB) gestartet wurden. Der Vorwurf, Polizisten hätten afrikanische Drogenhändler misshandelt, wurde in allen Ermittlungsverfahren widerlegt. Das ARAB, das sich selbst als »Speerspitze eines Widerstandes gegen dieses verfluchte System« sieht und etwa an den autonomen Krawallen am 3.10.1994 beteiligt war, behauptet in kaum zu überbietender Perfidie, ausgerechnet in Deutschland würde eine »Politik der ethnischen Säuberung« betrieben, in der man »die Inhalte der Nürnberger Rassengesetze« wiederfinden könne.

Solchem Wahnwitz erklärt dann auch noch Hulle Hartwich, niedersächsische SPD-Landtagsabgeordnete und Vorsitzende der Ausländerkommission des Landtages, ihre Solidarität, indem sie die heutigen Behördenvertreter mit den Nazischergen in einen Topf wirft: »Was unterscheidet denn diese Menschen an den Verwaltungsschreibtischen tatsächlich von jenen, die damals an ihren Schreibtischen willig, gedankenlos oder auch widerstrebend hilfsbedürftige Menschen zu ›Asozialen‹ gemacht und entrechtet haben, die Obdachlose in Arbeitshäuser, Sammellager und KZs überstellt haben?«[129] Ähnlich eine Kölner Leserbriefschreiberin namens A. Schickentanz, die in der CSU-Ausländerpolitik nur »Hetze«, »riesige Bierkrüge, hässliche Männer« und »übelste Polemik« entdeckte und sich bemüßigt fühlte, auf 1933 zu verweisen.[130] Vera Gaserow, ehemalige *taz*-Redakteurin, und Ariel Hauptmeier bemerken über dieses Milieu in ihrer Analyse der kirchlich-autonom-gewerkschaftlichen Kampagne »Kein Mensch ist illegal«: »Wie die Folgen einer massenhaften Zuwanderung politisch und sozial zu bewältigen wären, dafür haben auch sie kein Konzept. Was bleibt, ist die schöne Utopie von einer gerechten Welt und die aufreibende Hilfe im Einzelfall.«[131]

Mittelfristig besteht die Gefahr, dass in Deutschland und Europa Getto- und Rassenkonflikte ähnlich wie in Nordamerika heraufziehen könnten. In den Vereinigten Staaten ist es trotz der beträchtlichen Einkommenssteigerung bei vielen Schwarzen in den Neunzigerjahren weiterhin so, dass das durchschnittliche Einkommen der Schwarzen nur zwei Drittel von dem der Weißen beträgt und dass die durch Armut, Arbeitslosigkeit und Drogen geprägte Lebenswelt der schwarzen Gettos immer wieder blutige Krawalle erzeugt wie 1992 in Los Angeles oder 1996 in St. Petersburg in Florida. Einen Vorgeschmack auf solche Entwicklungen bekamen die Bürger Solingens nach dem mörderischen Brandanschlag auf das Wohnhaus einer türkischen Familie. Obwohl bis heute noch zahllose Fragen offen blieben – etwa die nach der von der PKK behaupteten Täterschaft des türkischen Geheimdienstes oder die nach der Verwicklung bundesdeutscher Geheimdienste in die Vorgeschichte des Anschlages – erfolgte eine Art türkischer »Sturm auf Solingen«, der mit chauvinistischer Stoßrichtung statt auf ein demokratisches Zusammenstehen gegen Hass und Mord abzielte auf Hass gegen Deutschland und Gewalt »gegen rechts«.

Weit weg von allen harten Fakten spielen die frommen Märchen aus Tausendundeiner Nacht, die Rahim Öztürker, Vorsitzender des Ausländerbeirates der Stadt Bonn und Leiter des DAAG-Bildungswerkes, den Deutschen eintrichtern will: Da haben alle jungen Ausländer in Deutschland »keinen Bezug zu ihren Heimatländern«, alle wollen »gern mit ihren deutschen Nachbarn etwas unternehmen«, da ist an der Gettoisierung nur die falsche Wohnpolitik der Kommunen schuld, sind alle Ausländereltern »nicht in der Lage, sich mit jemandem in Deutsch zu unterhalten«.[132] Wem sollen solche Pauschalisierungen nützen?

Auf ökonomischem Gebiet operiert Öztürker mit Taschenspielertricks und Milchmädchenrechnungen: So behauptet er, unter Verweis auf das RWI, für die Zuwanderer würden jährlich 8 Mrd. Euro ausgegeben, während sie 23 Mrd. Euro an Steuern und Sozialabgaben bezahlten. Daraus errechnet er mit Hilfe der höheren Mathematik (1+1=3) einen jährlichen Gewinn für den Fiskus in Höhe von 20 Mrd. Euro![133] Natürlich überwiegen in Wirklichkeit die Kosten und fließt über Rentenanwartschaften usw. ein großer Anteil an die Ausländer zu einem späteren Zeitpunkt zurück. Ähnlich fragwürdig ist es, die Zahl von 150 000 ausländischen Unternehmern in den Raum zu stellen, ohne abzuklären, wie viele von ihnen tatsächlich im engeren Sinne Unternehmer sind, wie viel Arbeitsplätze für Nicht-Familien-Angehörige und für Deutsche sie bereitstellen und inwieweit sie in zukunftsträchtigen Branchen tätig sind. (Als »Unternehmer« treten ja auch Zeitgenossen auf wie Murat und Ali Küçüklen, Besitzer der Firma *Procare*, die in Holland unter Ausnutzen des niederländischen Extremliberalismus und gewisser Gesetzeslücken Drogenpilze züchten und vertreiben.)[134]

Ute Knight und Wolfgang Kowalsky, die beide der gewerkschaftsnahen unabhängigen Linken angehören, haben schon vor Jahren sehr deutlich dafür plädiert, dass sich die Linke in der Zuwanderungsfrage auf alte gute Traditionen des Aussprechens unbequemer Wahrheiten besinnt: »Gerade die Linke ist es sich schuldig, die Wahrheit zu sagen und rigoros zu sein. Sie muss vermeiden, Undurchdachtes vorzubringen und Versprechungen zu machen, die nicht gehalten werden können. Nicht nur von Rechten, auch von Pflichten muss gesprochen werden. Jede Gesellschaft basiert auf eigenen Regeln der Ausgrenzung und Einbeziehung ... Eine Quotierung ist nötig und klare Regeln, wer bleiben darf und wer nicht. Jedes Land hat das Recht, selbst demokratisch zu bestimmen, wie viele Immigranten aufgenommen werden sollen. Ein Anspruch jedes Ausländers auf Einwanderung ist bloße Fiktion.«[135]

Der realen, authentischen Linken steht eine Pseudolinke gegenüber, die in einer diffusen Mischung aus Liberalismus, Bohème-Verbalradikalismus, lumpenproletarischer Randale und nihilistischer Lust am Liquidieren alles Deutschen ein paradiesisches Asylistan schaffen will und sich mit dieser Utopie als Deutscher die schwierige deutsche Vergangenheit und als Ausländer die schwierigen Verständigungsversuche mit den Deutschen vom Hals schafft. Aus der Zeitschrift *Die Brücke*, inzwischen eine Art Zentralorgan deutscher Selbsthasser und ausländischer Ultra-Lobbyisten, lässt sich destillieren, was Programm und politische Perspektiven dieser Richtung sind, die langfristig zum Einsatz aller Mittel entschlossen ist, um dieses Land in ihre Gewalt zu bringen. Die Ziele, die in der *Brücke* verfochten werden, sind:

- Die Verwirklichung des »Vielvölkerstaats Bundesrepublik Deutschland«, »Schluss mit den Integrationsvorhaben«[136]
- Öffnung der Grenzen
- Anspruch der Einwanderer auf die deutsche Staatsangehörigkeit unter der Voraussetzung einer doppelten Staatsangehörigkeit
- Anerkennung der Muttersprachen der Einwanderer als Amts- und Unterrichtssprachen
- Anerkennung und Institutionalisierung des Islams sowie seine Gleichstellung in allen Bereichen
- paritätische Besetzung der öffentlichen Medien
- eigenständige öffentliche Fernseh- und Rundfunkprogramme für die Immigranten[137].

Natürlich ist dies alles illusionär, übertrieben, sektiererisch. Aber es zeigt doch in zugespitzter Form, was in den Köpfen vieler Ausländer und etlicher auf Selbstzerstörung fixierter deutscher Zeitgenossen vor sich geht. Jeder Deutsche, der sein Land liebt, und jeder Ausländer, der nicht alles aufs Spiel setzen will, kann diesen Wahnwitz nur ablehnen.

3

»Mit Zuwanderern leben«: Was sagt das Volk?

Auch wenn Rita Süssmuth erklärt, die Ausländer seien »auf unseren Wunsch hin« nach Deutschland gekommen (und damit nicht den Wunsch vieler Politiker, sondern den des deutschen Volkes meint) – das Volk ist nie gefragt worden, ob es die Zuwanderung will bzw. unter welchen Modalitäten und Rahmenbedingungen es sie wünscht. Es handelte sich ausschließlich um eine politische Entscheidung auf den höchsten Ebenen, in den Chefetagen und Hinterzimmern, als, vor die Wahl zwischen Investitionen in qualitative Rationalisierung oder in quantitative Steigerung des Arbeitskräfteangebots gestellt, man sich für das letztere – und damit für die kurzfristig billigere, langfristig aber vor allem gesellschaftlich ungleich teurere Alternative entschied.

Völlig zu Recht stellte Helmut Schmidt fest, es sei »schon ein großer Fehler« gewesen, dass Ludwig Erhard die Gastarbeiter ins Land geholt und so das Entstehen einer »sehr heterogenen, de facto multikulturellen Gesellschaft«, verschuldet habe, mit der Staat und Gesellschaft nicht fertig werden: »Wir Deutschen sind unfähig, die sieben Millionen alle zu assimilieren. Die Deutschen wollen das auch gar nicht, sie sind innerlich weitgehend fremdenfeindlich.«[138] (An dieser Stelle ist anzumerken, dass Ludwig Erhard 1965 als Bundeskanzler – damals gab es knapp 1,2 Millionen Ausländer in Deutschland – feststellte: »Die Heranziehung von noch mehr ausländischen Arbeitskräften stößt auf Grenzen. Nicht zuletzt führt sie zu weiteren Kostensteigerungen und zusätzlicher Belastung unserer Zahlenbilanz.«)[139]

Peter Krüger schreibt über das *Gemeinsame Wort der Kirchen zu den Herausforderungen durch Migration und Flucht*: »Bis zum Juli 1993 war es ohne weiteres möglich, bei verschiedenen Ausländerbehörden Asyl zu beantragen, um auf diese Weise Geld und Neueinkleidung mehrfach in Anspruch zu nehmen. Erst nachdem der massenhafte Missbrauch offenbar geworden war, wurden die Asylbewerber erkennungsdienstlich behandelt. Wenn in der Bevölkerung Unwille verbreitet ist, dann liegt die Ursache einzig und allein in dem skandalösen Missbrauch der immer noch großzügigen Asylgesetzgebung, die freilich wegen ihrer Großzügigkeit auch den Anreiz zum Missbrauch liefert. Der Geistlichkeit erlaube ich mir den Rat zu geben, uns nicht zu überfordern, denn wir zahlen etwa 30 Milliarden DM jährlich für die »Fremden in unseren Toren«, die in ihrer übergroßen Mehrzahl hierher gekommen sind, weil ihnen soziale und rechtliche Bedingungen winken, die in der Welt ihresgleichen suchen.«[140] (Das reicht bis hin zu Absurditäten wie der, dass ein Sozialamt einer Karibik-Schönen über 200 DM für eine Rasta-Frisur bewilligte, weil diese zu ihrer »kulturellen Identität« gehöre.)

Zutreffend stellten die in Tel Aviv erscheinenden *Israel-Nachrichten* fest: »Die Deutschen sind nicht gegen Ausländer. Sie sind nur gegen zu viele Ausländer.«[141] In der Tat: Sollen die Deutschen jene 4,6 Milliarden DM jährlich an Kosten für Ausländerkriminalität plus rund 4 Milliarden DM an volkswirtschaftlichem Schaden, die Heinrich Lummer Anfang der Neunzigerjahre ausrechnete, ohne dass jemand ernsthaft seinen Zahlen widersprechen konnte, als *quantité négliable* behandeln und für ihre großzügig unfähigen Regierenden bluten? Und das in einem Land, wo trotz desolater Finanzlage und einer gigantischen Staatsverschuldung weiterhin das Geld zum Fenster hinausgeworfen wird.

Fragt man die Bevölkerung, so wird sehr schnell deutlich, dass die Akzeptanz für eine weitere Zuwanderung sich in einem ähnlichen Größenbereich bewegt wie der Wunsch nach Wiedereinführung der Monarchie: 3 Prozent in den neuen Ländern und 6 Prozent im Westen antworten auf die Frage »Leben in Deutschland zu viele Ausländer?« mit »Nein, es könnten noch mehr sein«. Neun Zehntel der Menschen sind anderer Ansicht.[142] Bei Umfragen in einer Großstadt in NRW stieg der Anteil derjenigen, die glauben, dass »sich die Deutschen im eigenen Land gegen die vielen Ausländer wehren müssen« zwischen 1995 und 1997 von einem Viertel auf über 40 Prozent.[143] Bei einer *Emnid*-Umfrage erklärten 63 Prozent der Befragten, in Deutschland lebten zu viele Ausländer.[144] Nur fanatische Wirklichkeitsverneiner können wie Harald Schumacher 1994 im *Vorwärts* der SPD schon in der Artikelüberschrift ebenso plakativ wie platt dekretieren »Ausländer schaffen Arbeitsplätze und sichern Renten«,[145] ohne im Folgenden auch nur andeutungsweise zu fragen, ob nicht auch manche dieser Arbeitsplätze weder volkswirtschaftlich noch gesellschaftspolitisch sinnvoll sind und ob nicht auch die bürokratisch bevormundende Wohlfahrtsalimentierung derjenigen Ausländer, die weder verfolgt sind noch in Deutschland als Arbeitskräfte nachgefragt werden noch sich hier integrieren wollen, in ihren Konsequenzen zahllose Arbeitsplätze kostet. Ganz zu schweigen von dem Zurückbleiben in Technologie und Organisationsmethoden, das verursacht wird durch ein Überangebot an allzu billigen und allzu unqualifizierten Arbeitskräften mit der unausweichlichen Folgeerscheinung, dass sich viele Investitionen in Rationalisierungsfortschritte und Arbeitseinsparung, die volkswirtschaftlich zum Bestehen des globalen Wettbewerbes unerlässlich sind, betriebswirtschaftlich nicht rechnen und deshalb unterbleiben.

Genau dies vollzog sich schon in den Sechzigerjahren, als die Gastarbeiterwelle den großen Entwicklungsschub der Nachkriegszeit unter sich begrub und so dafür sorgte, dass im Zeichen von »Keine Experimente« und »Weiter so Deutschland« die Fundamente gelegt wurden für das in den Neunzigerjahren offenbar werdende Zurückbleiben Deutschlands. Dieses Zurückbleiben hatte sich schon seit Jahrzehnten angekündigt: Von 88 großen technisch-naturwissenschaftlichen Entdeckungen des 20. Jahrhunderts stammen lediglich fünf aus dem deutschen Raum und diese fünf datieren zwischen 1900 und 1938 (Dieselmotor 1900, spezielle Relativitätstheorie 1905, allgemeine Relativitätstheorie 1915, elektromechanischer Computer 1936, Kernspaltung 1938.)[146]

Direkt wirksam in Richtung Entwicklungsblockade und Stillstandsgarantie ist die an Ausplünderung grenzende Besteuerung in Deutschland. Wo das vielgescholtene, angeblich wilhelminisch-pompöse Kaiserreich sich mit einer Steuerquote von knapp über 4 Prozent des Bruttosozialprodukts begnügte, trieben in den Zwanziger und Dreißigerjahren Arbeitslosenalimentierung und Aufrüstungspolitik die Steuerquote bis auf 22,7 Prozent im Jahre 1937. Nach dem Krieg begann man 1950 mit 19,1 Prozent, bewegt sich aber seit Mitte der Fünfzigerjahre im Bereich von Werten zwischen 23 und fast 25 Prozent.[147] Trotz reichlicher Steuersenkungspläne ist hier keinerlei Besserung in Sicht, da im Regelfall der Staat lediglich mit der einen Hand so viel weniger nimmt, wie er mit der anderen hinterrücks dem Bürger aus der Tasche zieht. Hinzu kommt eine Verschuldung der öffentlichen Haushalte, die 1999 bei 60,8 Prozent des Bruttosozialprodukts lag – höher als je zuvor seit 1913, dem vorläufig letzten Vorkriegsjahr, in dem Deutschland mit fieberhafter Hochrüstung versuchte, die militärische Stärke der sich abzeichnenden Allianz seiner Feinde einzuholen. Die heutige öffentliche Verschuldung beträgt prozentual das Dreifache der Werte aus den Fünfzigerjahren, als Männer wie der Finanzminister Schäffer eine kluge Politik der Konsolidierung und Vorsorge betrieben, während es das bleibende »Verdienst« aller Kanzler nach Kiesinger ist, die Staatsverschuldung (1970 nur 18,4 Prozent!) in solch herrliche Höhen geführt zu haben – allen Sparappell-Sonntagsreden und geistig-moralischen Wenden zum Trotz.[148] Auch wenn die Staatsverschuldung inzwischen nur noch moderat zunimmt – 1999 um 1,4 Prozent des Bruttoinlandsproduktes (BIP), 1995 waren es noch 9,6 Prozent – so haben sich doch die Staatsschulden in gigantische Höhen aufsummiert. Betrugen sie 1950 lediglich 20 Prozent des BIP, so überschritten sie 1980 die 30 Prozent-Marke, 1983 die 40 Prozent-Marke, erreichten 1994 fast die 50 Prozent-Marke und lagen ab 1997 bei über 60 Prozent des BIP. Im Jahr 1999 betrugen sie 60,2 Prozent – geringförmig weniger als 1997.[149]

Das Zurückbleiben Deutschlands zeigt sich deutlich im Länder-Rating: Stand Westdeutschland 1990 hier noch an zweiter Stelle hinter der Schweiz, so rutschte es bis 1999 auf den zehnten Platz ab und musste den skandinavischen Ländern, den USA und Japan den Vortritt lassen[150] – übrigens alles Staaten, die entweder nur wenige Ausländer aufgenommen haben oder aber eine Zuwanderungspolitik verfolgen, die sich strikt am Eigeninteresse des aufnehmenden Landes orientiert und denen, die kommen, klare und harte Vorgaben macht. Allerdings, auch eine solche Politik ist nicht zum Nulltarif zu haben. Eseleien wie die Kürzung der Staatszuschüsse für kompensatorische Sprachkurse in den Neunzigerjahren unter der Kanzlerschaft Helmut Kohls dürfen sich nicht wiederholen – ganz zu schweigen davon, dass den Zuwanderern immer noch nicht staatlicherseits ausreichende Lernmöglichkeiten im Sinne des von Cem Özdemir vorgeschlagenen und unbedingt sinnvollen »Grundkurs Deutsche Gesellschaft« angeboten werden.

Im Übrigen ist festzuhalten, dass die Deutschen sich allzu lange den Verzicht auf eine bewusst gestaltende und rational planende Zuwanderungspolitik geleistet haben. Während alle möglichen Belanglosigkeiten reglementiert wurden, wurde erst 1965 – 10 Jahre nach dem ersten Anwerbeabkommen mit Italien vom 29. 12. 1955, 4 Jahre nach dem Anwerbeabkommen mit der Türkei – das erste Ausländergesetz vom Bundestag beschlossen. Obwohl Helmut Kohl bereits 1982 Ausländerpolitik als einen seiner vier Arbeitsschwerpunkte proklamiert hatte, wurde es erst 1990 grundlegend überarbeitet und trat in dieser Form zum 1.1.1991 in Kraft. Neben den unzureichenden gesetzlichen Grundlagen wirkt es sich bis heute fatal aus, dass über viele wichtige Problemkomplexe – so über die direkten und indirekten Zuwanderungskosten oder über den Familiennachzug – keine umfassenden und aktuellen Zahlen und Fakten vorliegen.

Viele Menschen sind durchaus bereit, anderen zu helfen, stellen sich aber die Frage, ob nicht den Ausländern in vielen Fällen mit der Hilfe im Heimatland oder in einem ähnlich strukturierten Nachbarland besser geholfen wäre, zumal dort die eingesetzten Mittel in aller Regel eine wesentliche höhere Kaufkraft und Effizienz besitzen und Probleme der Entwurzelung, Entfremdung, Heimatlosmachung sehr viel leichter zu vermeiden sind. Was Heinrich Lummer feststellt, dürfte bei über 80 Prozent der Deutschen auf Zustimmung stoßen – auch unter denen, die weder ihn noch seine Partei noch die Zeitung sonderlich mögen, in der er zu Worte kam: »Es ist nicht hinnehmbar, dass auf der einen Seite für die eigene Bevölkerung unter größten innenpolitischen Schwierigkeiten härteste Sparmaßnahmen durchgesetzt werden, jedoch andererseits Asylbewerber und Bürgerkriegsflüchtlinge weiterhin jährlich zweistellige Milliarden-Beträge erhalten. Wer sich nicht scheut, bei deutschen Rentnern und Arbeitslosen zu sparen, der muss auch den Mut haben, die Leistungen für Asylbewerber zu kürzen. Dies hat nichts mit Ausländerfeindlichkeit zu tun, sondern ist ein Akt der sozialen Gerechtigkeit.«[151]

Auch Helmut Kohl wies 1997 darauf hin, welche Belastungen sich aus der springflutartigen Zuwanderung der Neunzigerjahre ergeben haben: »Wenn wir über die Probleme des Arbeitsmarktes reden, dann ist es nur fair, auch einmal die Veränderung der Bevölkerung in Deutschland in diesen Jahren zu betrachten. Wir hatten in den vergangenen Jahren eine Zuwanderung nach Deutschland, die höher war als in das klassische Einwanderungsland USA. Im Jahr 1995 zum Beispiel wanderten 720 000 Personen in die USA ein, nach Deutschland kamen 1,1 Millionen Menschen.«[152]

Die Restgröße realer Ausländerfeindlichkeit – also nicht die fiktive Blase, die lediglich in der blühenden Fantasie der politischen Kaste und sensationshungriger Medienleute existiert bzw. durch Prämien für gestellte Szenen fabriziert wird – entsteht zu einem großen Teil, wie 60 Wissenschaftler 1994 in ihrem *Manifest der 60: Deutschland und die Einwanderung* darlegten, als »eine aggressive Antwort auf fehlende Konzepte in der Migrationspolitik«.[153] Im Übrigen, ob es nun den Anhängern maximaler Zuwanderung um jeden Preis passt oder nicht – das deutsche Volk ist »not amused« über seine Situation. Genau von diesem Faktum muss jede realistische Politik, die auf ein Überzeugen der Menschen und deren bewusste Zustimmung setzt, ausgehen.

Es ist nun einmal so, dass etwa im Frühjahr 2000 nach einer Umfrage des Instituts für Demoskopie Allensbach 71 Prozent der befragten Deutschen mit der Entwicklung zum Einwanderungsland nicht einverstanden waren und 77 Prozent äußerten, die Grenze der Aufnahmefähigkeit sei erreicht, also genau das unterstützten, was – zum deutlichen Missfallen der Meinungsaufseher – Otto Schily im November 1998 geäußert hatte,[154] so die bald enttäuschte Hoffnung nährend, er werde sich in der Bundesregierung und der SPD mit seinen Reformvorschlägen durchsetzen.

Es ist völlig legitim, wenn gefragt wird, ob wir nicht, ehe wir alle Kräfte für den *Fernsten* sprich für die Nachbarn irgendwo auf der Welt einsetzen, zuallererst die Verantwortung gegenüber unseren *Nächsten*, gegenüber den eigenen Landsleuten, wahrnehmen müssen.

- Ist es nicht ein Skandal, dass eine Million Deutsche obdachlos sind (auch dies ein Spitzenwert in der EU!) und diese Menschen nicht wie die Asylbewerber angemessen untergebracht und versorgt sind?
- Bleiben uns nicht große Aufgaben wie die Integration der über drei Millionen Spätaussiedler (mit all den Problemen z. B. ethnisch gemischter Ehen und der Schwierigkeit, Hunderttausende von Jugendlichen Schritt für Schritt einzudeutschen, die durch die sowjetische Politik der Unterdrückung und Verächtlichmachung alles Deutschen meist kein Deutsch sprechen und es in vielen Fällen zunächst einmal nicht lernen wollen)?
- Bleibt nicht angesichts der deutschen Geschichte uns die große moralische Verpflichtung, für eine dauerhafte und nicht mehr zerstörbare Eingliederung der jüdischen Gemeinschaft in unser Volk (auch der in den letzten Jahren vor allem aus Russland zu uns gekommenen Juden[155] und der Israelis, die entweder bereits über deutsche Pässe verfügen und oder die – und diese Zahl nimmt laufend zu – sie aus Sorge über die Entwicklung im Nahen Osten beantragen und auf Grund von Artikel 116 GG erhalten werden)[156] sowie von mit Deutschland verbundenen Sinti und Roma Sorge zu tragen – und allein diese Gruppen umfassen eine Viertelmillion Menschen?

- Ist es nicht dringend erforderlich, im Kampf gegen den Alltagsrassismus dafür zu sorgen, dass die zweihunderttausend farbigen Deutschen real gleichberechtigt am deutschen Leben teilnehmen können?

Anlässlich seines Besuches in Polen äußerte Gerhard Schröder: »Unsere Leute wollen den Stand, den sie erreicht haben, nicht verlieren, wenn Konkurrenz aus Polen kommt.«[157]

- Gilt diese selbstverständliche Verteidigung über Generationen erarbeiteter bzw. erkämpfter Rechte und Besitzstände nicht auch gegenüber anderen Ausländern?
- Ist es nicht selbstverständlich, dass uns die zwei Millionen Ost- und Südosteuropäer, die 850 000 Süd- und Westeuropäer, die eine Million Mittel- und Nordeuropäer in Deutschland (erst recht unter diesen die 180 000 Österreicher und die etwa 30 000 Deutschschweizer!), auf Grund von Geschichte und Kultur näher stehen als die hier lebenden Amerikaner, Afrikaner und Asiaten oder als die über zweieinhalb Millionen nichteuropäischen Muslime in unserem Land?
- Ist es nicht auch selbstverständlich, dass wir es für gerechtfertigt und notwendig halten, sie als jetzige oder künftige Bürger von EU-Staaten gegenüber den Nicht-Europäern zu bevorzugen? Dass wir uns mit Südamerikanern oder Kopten, die über ihre christlichen Traditionen fundamentale geistige Gemeinsamkeiten mit uns teilen, ob wir nun selbst gläubig sind oder nicht, stärker verbunden fühlen als mit arabischen Muslimen oder japanischen Shintoisten, dass uns im Ganzen katholische oder orthodoxe Albaner näher stehen als muslimische?[158]

Die Deutschen in Deutschland, immer noch das Staatsvolk, das unseren Nationalstaat trägt, umfassten 1995 laut Enquete-Kommission 72,5 Millionen Menschen. Angesichts einer Geburtenrate von 1,3 Kinder pro Frau wird unserem Volk für 2030 eine Schrumpfung auf 59 Millionen und für 2050 auf 48 Millionen Menschen vorausgesagt. Für 2010 prognostiziert die Enquete-Kommission rund 25 Prozent Ausländer, für 2050 bereits 38 Prozent. Spätestens dann wäre dieses Land nur noch dem Namen nach Deutschland und das Land der Deutschen. Spätestens dann wären die Deutschen dabei, zur vielleicht noch geduldeten Minderheit und zu Fremden im eigenen Land zu werden. Während heute bereits 22 Prozent der Münchener Bevölkerung (und 34 Prozent der Jugendlichen unter 18 Jahren!) Ausländer sind, sollen im Jahre 2005 laut Prognose des kommunalen Planungsreferates 30 Prozent der Münchener und 50 Prozent der Erwerbsfähigen der Stadt Ausländer sein.[159]

Schon heute sind 51 Prozent der Ausländer in Deutschland zwischen 14 und 40 Jahren alt, aber nur 36 Prozent der Deutschen. Soll es dazu kommen, dass die Deutschen nur noch in den Altersheimen und auf den Friedhöfen die Mehrheit stellen? Besonders problematisch ist, dass § 32 Satz 1 Ausländergesetz den obersten Landesbehörden die Befugnis gibt, auch großen, in die Tausende gehenden Ausländergruppen »aus völkerrechtlichen oder humanitären Gründen oder zur Wahrung politischer Interessen der Bundesrepublik Deutschland« eine Aufenthaltsbefugnis zu erteilen. Allerdings bedarf es dazu seit dem 1. 1. 1991 gemäß § 32 Satz 2 Ausländergesetz »zur Wahrung der Bundeseinheitlichkeit« des »Einvernehmens mit dem Bundesministerium des Innern«.[160]

Was aber geschieht, wenn dieses Ministerium von Kräften bestimmt wird, die wie Daniel Cohn-Bendit von einer besseren rassischen Zusammensetzung der Bevölkerung per Masseneinwanderung träumen oder die wie die SPD auf dem Umschlag ihrer Wahlkampfbroschüre von 1998 *Mit Zuwanderern leben* in übelster Weise süße Kindergesichter aus aller Welt dazu missbrauchen, um für eine bunte Katastrophen- und Bürgerkriegsgesellschaft zu werben? Wie Dieter E. Zimmer sagt: »Die ethnische Absorptionsfähigkeit darf nirgendwo überfordert werden, sonst handelt man sich genau jene Katastrophe ein, die man exorzieren will.«[161] (Andererseits wird eine Regelung für denkbare Fälle benötigt wie den einer Massenverfolgung von Aleviten in der Türkei oder von Kopten in Ägypten. Beide Gemeinschaften bauen mit großem materiellem Einsatz ihre Einrichtungen in Deutschland so aus, dass sie in diesem schlimmsten denkbaren Fall als Asylorte geeignet wären.)

Die neofaschistischen Bestrebungen gewinnen gegenwärtig vor allem jenseits der Elbe allzu viele Mittäter, Anhänger und klammheimliche Sympathisanten[162] – vor allem durch die Wirtschaftskrise, die vielen Ungerechtigkeiten und ungesühnten Weiße-Kragen-Gaunereien des letzten Jahrzehnts und durch die Unfähigkeit zu einer gesamtdeutschen Bewegung der inneren Einigung und deutschen Selbstverständigung. Staat und Gesellschaft sind gefordert, auf alle Formen von Terror und Gewalt(androhung) zu reagieren, und dies kann nur Erfolg haben, wenn entschlossene Gegenwehr sowohl die Neofaschisten wie die pseudolinken »Autonomen« wie auch die islamistischen Fanatiker trifft. Personen, wie die im April 2002 verhafteten acht Islam-Terroristen der Gruppe El Tawhid müssen nach den notwendigen Verhören unverzüglich entweder abgeurteilt oder abgeschoben werden. Leider ist es kennzeichnend für die Halbherzigkeit und mangelnde Effektivität der bundesdeutschen Terrorbekämpfung, wie Metin Kaplans »Kalifatsstaat« mehrere Monate nach seinem Verbot, gestützt auf das rechtzeitig nach Holland transferierte beträchtliche Privat- und Vereinsvermögen, im Untergrund munter weiterarbeiten kann – u. a. mit der neuen Zeitung *Beklenen Asr-I Saadet* und wie bislang nicht einer der über 1000 Kaplan-Anhänger in die Türkei abgeschoben wurde.

1997 erreichten rechtsextreme Straftaten den höchsten Stand seit der Wiedervereinigung: 11 720 Delikte, fast 3000 mehr als im Vorjahr.[163] Die Zahl der Straftaten gegen Ausländer stieg um 32,3 Prozent an, auf knapp 3000 Fälle.[164] Richard von Weizsäckers Mahnung von 1992 nach den Möllner Morden, dass »alle aufwachen« müssen, war nur zu berechtigt. Allerdings sollte seine damalige Äußerung, die »rechtsradikalen Zellen, die sich hier gebildet haben«, dürften »nicht länger am Leben bleiben«, und jeder müsse mithelfen, »auf seinen Nachbarn und in seiner Hausgemeinschaft aufzupassen«, nicht missdeutet werden als Aufruf zu gesetzlosem Vorgehen gegen die Feinde der Demokratie und zur Schaffung eines Spitzel- und Überwachungsstaats oder als Einladung an türkische Chauvinisten, islamische Dunkelmänner, kurdische Rollkommandos und die autonome »Antifa«, den Demokraten als willkommene Verbündete im Kampf gegen die neuen Nazis beizustehen.

Im Übrigen kann man an die Aufforderung des damaligen nordrhein-westfälischen Innenministers Herbert Schnoor (SPD) erinnern: »Nein, mit neuen gesetzlichen Vorschriften ist dieser Gewalt von rechts nicht beizukommen. Viel wichtiger ist es, den Ursachen dieser Welle von Fremdenfeindlichkeit und Ausländerhass auf den Grund zu gehen, dort muss Politik ansetzen.«[165] Von großer Bedeutung wird auch sein, gerecht, aber hart gegen jene vorzugehen, die als Ausländer Deutsche gewaltsam angreifen[166] oder die, wie verschiedene hier verbreitete und zum Teil auch hier gedruckte türkische Zeitungen mit ihren antideutschen Verleumdungen den Tatbestand der Volksverhetzung und des Aufrufs zu strafbaren Handlungen erfüllen. Ziel muss es sein, »in enger Abstimmung mit dem Bürger eine entschlossene Front gegen Alltags- und Massenkriminalität aufzubauen, damit kein Nährboden für schwerere Kriminalität entsteht«.[167]

Als jene Ausländer, die in Berlin vor einigen Jahren einen Funktionär der Republikaner ermordeten, statt mit »lebenslänglich« oder zumindest mit fünfzehn Jahren bestraft zu werden mit lächerlich geringer Kurzzeithaft davonkamen, konnte man darin nur eine implizite Aufforderung zum Deutschenmord sehen, wie es andererseits auch Schandurteile gibt, die den Mord an Ausländern nicht mit den nötigen Konsequenzen ahndeten und die vom braunen Mob als Einladung zu weiteren Verbrechen dankbar begrüßt wurden.

Besonders verheerend haben sich immer wieder die Sprech- und Denkverbote ausgewirkt, mit denen das herrschende Meinungskartell dem Volk das Denken, die freie Rede und erst recht ein praktisches Umsetzen gewonnener Erkenntnis verbieten und die Politik als inhaltsfreien und sinnbefreiten Leerraum konstituieren will. Zu Recht sagt Heinrich Lummer, der Recht hat, wo er Recht hat:

»Auf das, was die Bürger bewegt, müssen die Parteien eine Antwort haben. Und sie müssen gesprächsbereit sein. Das ist eine demokratische Grundforderung. Natürlich darf die Politik nicht jeder radikalen Stimmung in der Bevölkerung nachgeben. Sie hat auch die Verpflichtung, pädagogisch erklärend und mäßigend zu wirken. Aber sie darf weder verdrängen noch ignorieren. Eine solche Verdrängung von Problemen führt gerade in die Radikalität, die niemand wünscht.«[168]

4

Assimilation, Integration, Koexistenz: Die Zuwanderung als Chance

Zu den Merkwürdigkeiten der Diskussion über Ausländerpolitik gehört, dass vielfach Assimilation einerseits als politisch unkorrektes Unwort geradezu zwanghaft vermieden wird, wie z.B. auch von Jörg Schönbohm, andererseits als Horrorbegriff gleichgesetzt wird mit Zwangsgermanisierung und staatlichem Raub der eigenen Identität. Wer diese Fragen nüchtern und rational betrachtet, wird bald erkennen, dass Assimilation mit einer zwangsweisen Eindeutschung so viel oder, besser gesagt, so wenig zu tun hat wie eine Vergewaltigung mit der Liebe. Für Assimilation (also für allmähliche ethnische Integration) einzutreten, bedeutet nichts anderes, als staatlich und gesellschaftlich den Zuwandernden die freiwillige Annäherung an Deutschland, die Deutschen, die deutsche Kultur zu erleichtern. Allerdings wird überall dort die Chance auf Assimilation zerstört, wo Zwangsmaßnahmen um sich greifen und keine Möglichkeit mehr gelassen werden soll, als Zugewanderter sich ohne ethnisch-kulturelle Integration sozial zu integrieren und als respektierter Gast in der deutschen Mehrheitsgesellschaft zu leben.

Zu der unerlässlichen persönlichen Freiheit, zwischen Assimilation und Nicht-Assimilation zu wählen, gehört auch der Verzicht auf jeden einhundertfünfzigprozentigen Perfektionismus und damit die Bereitschaft, mit einer gewissen Rest- und Randgröße von Ausländern zu koexistieren, die sich zumindest gegenwärtig weder assimilieren noch sich sozial integrieren, sprich mit einer überschaubaren Zahl von Fanatikern, die unsere Gesellschaftsordnung ablehnen, wie mit anderen Unangepassten und Anpassungsverweigerern. Wollte man die bestehende Problematik zahlenmäßig verdeutlichen, so könnte man sagen, dass gesellschaftlich notwendige und verantwortbare Größenordnungen – etwa sechs Zehntel Assimilationsbereite, drei Zehntel Integrationsbereite, ein Zehntel weder zu Assimilation noch zu Integration Bereite unter den Zuwanderern – gegenwärtig nicht im Entferntesten gegeben sind, sondern vor allem unter den Muslimen eher von kaum mehr als einem Zehntel Assimilationsbereiten auszugehen ist.

Gerade die Türken werden von ihrer Regierung in jenem Chauvinismus bestärkt, der am Bosporus Generäle, Islamisten und Atatürk-Anhänger vereint. Sie werden zugleich ermuntert, sich immer stärker als Staat im Staate von den Deutschen abzuschließen. So erklärte der türkische Korrespondent Mehmet Canbolat über seine in Deutschland lebenden Landsleute: »Das Heimatgefühl der Türken war immer sehr stark, und deshalb haben sie immer mit dem Gedanken der Rückkehr gespielt. Jetzt ist das nicht mehr so, denn hier haben sie ja alle Möglichkeiten, ihre Identität zu behalten.«[169]

Heinrich Lummer macht hierzu einige bedenkenswerte Anmerkungen, auch wenn sein (resigniertes? opportunistisches? auf Konformität mit der CDU-Parteilinie schielendes?) Sich-Bescheiden mit einer »Integration« ohne jede Assimilation keine dauerhafte Lösung ist: »Man nenne es Konsens, Konvention oder Tabu – ein Mindestmaß an Homogenität ist für den inneren Frieden in einem Lande erforderlich. Deshalb bleibt das sinnvolle Ziel in Ländern, die Ausländer aufnehmen, die Integration. Diese ist zwischen Assimilierung und Segregation angesiedelt. … Heimat kann man auch verlieren durch Masseneinwanderung. Deshalb muss die Zahl der Zuwanderer begrenzt sein und am Ziel der Integration festgehalten werden.«[170]

Wolf Dieter Just und Annette Groth haben 1985 Assimilation definiert als Prozess, »in dem sich eine ethnische Minderheit an die dominierende Gesellschaft und ihre Kultur anpasst … Der Anpassungsprozess kann zwar auch beiderseitig sein, verläuft jedoch in der Regel nicht symmetrisch, sondern so, dass sich die Minderheit stärker an die Mehrheit anpasst.«[171] Genau dies entspricht dem demokratischen Mehrheitsprinzip wie dem uralten Prinzip menschlichen Umgangs, dass der Gastgeber die Regeln der Gastfreundschaft bestimmt und der Gast sie akzeptiert.

Festzuhalten bleibt, dass eine Beschränkung nur auf eine soziale Integration ohne schrittweise ethnische Integration (sprich Assimilierung) der Zuwanderermehrheit gerade nicht dem inneren Frieden dient, sondern jene multiethnischen Gesellschaften erzeugt, die nur in Ausnahmefällen und unter günstigen Bedingungen wie in der Schweiz annähernd friedlich sind. Man vergesse im Übrigen nicht, dass auch in der Schweiz das Verhältnis zwischen Deutschschweizern und Romands seit Jahrhunderten unterkühlt und gespannt ist und sich – wie der Konflikt um den Kanton Jura bewies – durchaus bis zu Gewaltakten zuspitzen kann (vgl. auch die Aussage von René Longet:

»Im Moment zeigen sich Romands und Deutschschweizer die kalte Schulter.«)[172]

Assimilation als permanente, prozesshafte und stufenweise Veränderung der vorhandenen (aus der alten Heimat mitgebrachten bzw. hier in Deutschland – oft in irrationalen Abwehrhaltungen und vorurteilsverhafteten Opferperspektiven – reaktiv modifizierten) kulturellen Muster und Werte und deren zunehmende Ausrichtung auf die deutsche Leitkultur kann und darf nicht erzwungen werden, aber sie kann und muss zu einem Ziel der deutschen Gesellschaft und ihres Staates werden.

Wenn das Referat für Stadtplanung und Bauordnung der Stadt München in seinen *Thesen zur Verbesserung des Zusammenlebens von Deutschen und Ausländern* ausdrücklich für eine Integrationspolitik plädiert, »die keine Assimilation zum Ziel hat, sondern das Zusammenleben im Mit- und Nebeneinander der verschiedenen Milieus fördern will«[173] – und dies mit dem Stichwort »Moschee im Stadtteil« illustriert! –, dann werden diese Illusionisten genau jenes Gegeneinander ernten, das alle auf Wertfreiheit und Wertlosigkeit pochenden Multi-Kulti-Gesellschaften auszeichnet. Noch dazu wird von den Münchner Luftschloss-Baumeistern jenen dummen, bösen Deutschen, die mit dem Möbelwagen abstimmen und die Ausländergettos verlassen, die Schuld am Scheitern der frommen Integrationspläne gegeben: »Der Wunsch nach Ungestörtheit und der Rückzug ins Private lässt abweichendes kulturelles Verhalten zum Problem werden.«[174] Umgekehrt wird ein Schuh daraus – die Politik müsste mit einer äußerst restriktiven Zuteilung von Sozialwohnungen an Ausländer und klaren Obergrenzen (1 nichtdeutsche Familie pro Wohnblock, maximal 5 in Hochhäusern) der Getto-Bildung vorbeugen und gesetzliche Regelungen – etwa durch finanzielle Umzugsanreize, notfalls auch durch Umzugsgebote – schaffen, damit diese vorhandenen Gettos wieder aufgelöst werden können.

Langfristig sollte man im Übrigen jene ruhige Zuversicht und Gewissheit teilen, die Dieter Oberndörfer und Uwe Berndt in »Einwanderungs- und Eingliederungspolitik als Gestaltungsaufgaben« ausdrücken: »Eine langfristige und weit gehende Assimilierung der Einwanderer ist unter den Bedingungen einer industrialisierten, säkularisierten und individualisierten Mehrheitsgesellschaft jedoch zwangsläufig. Eine Gesellschaft ohne gemeinsame Sprache, die auf Dauer große Unterschiede in der politischen Kultur, im Arbeitsethos und in der Stellung der Frauen zu ertragen hätte, ist daher wenig wahrscheinlich.«[175]

Assimilation hat nichts mit Nationalismus zu tun. Heiner Geißler, angesichts seiner unvergessenen kurzschlüssigen Geschichtsdeutung, der Pazifismus der Dreißigerjahre sei mitverantwortlich gewesen für Auschwitz, nicht gerade ausgewiesen als Historiker und Logiker, glaubt in *Der Irrweg des Nationalismus*, veröffentlicht sinnigerweise in den einst spätstalinistischen, nun ins PDS-Sozialistische gewendeten *Blättern für deutsche und internationale Politik* tatsächlich noch, die doch in ihrem Rassismus und ihrer Machtpolitik so offenkundig antinationalen Nazis seien »national« gewesen und die einzige vernünftige Konsequenz aus dem »Irrweg des Nationalismus« sei es, die Nationalstaaten zu überwinden und aufzuschmelzen zu Gunsten einer »offenen europäischen Republik«, einer »republikanischen Ordnung Europas und der Weltgesellschaft«.[176]

Geht man von solchen Positionen aus, die sich vom »Deutschland verrecke!« der Autonomen im Grunde nur durch die Wortwahl und die langsamere Gangart unterscheiden, so wird man natürlich die massenhafte Zuwanderung von Ausländern als geeignetes Instrument ansehen, um Deutschland zu entdeutschen, es zu europäisieren und zu internationalisieren. Nur wird mit höchster Wahrscheinlichkeit diese Offenheit für alle und jeden nicht in einer paradiesischen Weltgemeinschaft aller Guten und Edlen enden, sondern in einer rabiaten Gegen-Reaktion, in der deutscher Chauvinismus auf türkischen, russischen usw. Chauvinismus prallt.

Peter Beiers, des verstorbenen Präses der Rheinischen Landeskirche, Idee einer »Assimilation aller an alle« ist zwar zu schön, um wahr zu sein, und praktisch allenfalls im Sinne eines Fernzieles und eines Wunschtraumes zu realisieren (wobei festzuhalten wäre, dass ein Verwischen aller Verschiedenheiten und die totale Angleichung alles andere als wünschenswert ist), aber umso ernster sollte man seine Warnung nehmen, dass die multikulturelle Gesellschaft auf Grund ihrer unvermittelbaren Gegensätzlichkeiten explodieren wird. Von daher ist jede Hinnahme von Doppel- und Mehrstaatigkeit kontraproduktiv für die »Assimilation aller an alles«.

Wie Hans-Peter Uhl sagt, schafft Mehrstaatigkeit »die Gefahr der Rechtsunsicherheit und führt zum Widerstreit von Pflichten gegenüber verschiedenen Rechtsordnungen«.[177] Es ist insofern entweder blauäugig oder zynisch, wenn Roman Herzog über die Doppel-Staatsbürgerschaft urteilt: »Sehr groß können die Schwierigkeiten eigentlich nicht sein«[178] oder wenn Otto Schily im Februar 1999 locker daherplaudert, dass Mehrstaatigkeit da hingenommen werden solle, »wo diese der Erleichterung der Integration dient« – ganz so, als könne dieser manchmal tatsächlich vom Staat nicht unmittelbar zu ändernde und insofern erst einmal hinzunehmende Plus-Punkt für den Einzelmenschen, der stets ein Minus-Punkt für Nation und Volk ist, jemals ein Positivum sein. Hier spricht der Formaljurist, der alle politisch-psychologischen Implikationen und Konsequenzen ignoriert. Schilys Position ist unvereinbar mit dem Geist des Europarats-Abkommens von 1963 zur Vermeidung doppelter Staatsangehörigkeiten. Auf diesem Feld wäre nicht nur ein »Landgraf, bleibe hart!« erforderlich, sondern eine grundsätzliche Wende, die auch die eine bis zwei Millionen Altfälle von Doppelstaatlertum aufarbeitet (Kinder von Eltern mit unterschiedlicher Staatsangehörigkeit, Aussiedler usw.). Es ist sowohl politisch als auch juristisch mehr als fragwürdig, wenn laut Optionsmodell Kinder ausländischer Eltern demnächst die Aufgabe einer Staatsangehörigkeit nachweisen müssen, während alle Kinder, die seit 1974 die deutsche Staatsangehörigkeit von einem Elternteil und eine Zweite von dem anderen Elternteil erben, nach derzeitigem Recht beide Staatsangehörigkeiten behalten können.

Der Bonner Staatsrechtler Professor Hans Isensee hatte bereits 1973 die Verfassungswidrigkeit des Ausländerwahlrechts nachgewiesen. Er führte damals aus: »Demokratie empfängt ihre Identität aus dem Staats-Verband. Das ›Volk‹ als Träger der Staats-Gewalt wird durch die personale Dauer-Beziehung der Staats-Angehörigkeit, nicht durch fluktuierende Gebiets-Zugehörigkeit konstituiert. Die Teilhabe des Staats-Angehörigen an der Selbstbestimmung des Staats-Verbandes ist der Ausgleich für seine lebenslange, unentrinnbare Angewiesenheit auf den Verband. Die Angewiesenheit begründet wiederum die Erwartung, dass der Einzelne seine demokratische Freiheit im Dienst des Gemeinwesens ausüben werde, von dessen Zukunft sein eigenes Los abhängt.«[179]

Die Einbürgerung durch Zulassung der doppelten Staatsangehörigkeit öffnet auch dort, wo sie noch nicht der Regelfall, sondern »nur« der massenhafte »Ausnahmefall« und »Härtefall« ist, das Tor für einen »Geburtentourismus« (Helmut Kohl), auch wenn niemand vorhersagen kann, ob dies mehrere Hunderttausende oder sogar mehrere Millionen Türken zusätzlich nach Deutschland bringen wird. Auch in Nordafrika und auf dem Balkan warten Millionen auf die Chance, nach Deutschland zu gelangen. (Helmut Kohl selbst war es übrigens, der 1993 bei einem Türkei-Besuch die doppelte Staatsangehörigkeit ins Gespräch brachte und so den türkischen Politikern erst richtig Appetit machte. 1983 hatte er noch erklärt, »dass der Zuzugsstop für ausländische Arbeitnehmer nicht genüge. Darüber hinaus muss nach den Worten des Kanzlers ein erheblicher Teil der rund zwei Millionen in der Bundesrepublik lebenden Türken in ihre Heimat zurückkehren.«[180] Seit es eine türkische Schwiegertochter im Hause Kohl und eine dynastische Verbindung zum türkischen Geldadel gibt, gilt das alles nicht mehr.) Angesichts dieser Entwicklungen bleibt unsere Aufgabe das, was Herbert Bath (SPD), Landesschulrat von Berlin, 1982 so beschrieb: »Wir müssen dafür Sorge tragen, dass unsere Kinder und Kindeskinder als Deutsche in ihrem Vaterland friedlich und unangefochten leben können, und wir dürfen ihnen nicht ein Land mit unlösbaren Problemen hinterlassen.«[181]

Die Zahl der offiziell in Deutschland gemeldeten türkischen Staatsbürger hat sich, vor allem durch Einbürgerungsmaßnahmen, in den letzten Jahren leicht vermindert – von 2 015 000 im Jahr 1999 auf knapp zwei Millionen im Jahr 2000. Andererseits sind dies rund 220 000 Menschen mehr als im Jahr 1991, wobei hier ja die Illegalen noch gar nicht berücksichtigt sind und diejenigen, die zwar einen deutschen Pass haben, sich aber weiterhin unverbrüchlich als Türken verstehen. Gestiegen ist auch die Zahl der türkischen Schüler und Schülerinnen an allgemein bildenden Schulen von 360 912 im Jahr 1991 auf 408 712 im Jahr 1998.[182] Ebenso nimmt aber der Anteil der Arbeitslosen unter den türkischen Lohnabhängigen immer weiter zu – von 10 Prozent 1990 auf inzwischen 21,3 Prozent 2001.[183]

In durchaus fragwürdiger Weise werden Türken in Deutschland gegenüber anderen Ausländern bevorzugt. So haben sie infolge von Beschlüssen des Assoziationsrats EWG-Türkei aus dem Jahre 1980 Anspruch auf Fahrpreisvergünstigungen für kinderreiche Familien, Geburts- und Mutterschaftshilfe. Der Assoziationsrat, der nur einstimmig entscheiden kann, wurde 1963 geschaffen, um den wahnwitzigen Plan, die Türkei in die EWG hineinzubugsieren, voranzubringen. Das am 12. 9. 1963 geschlossene »Abkommen zur Gründung einer Assoziation zwischen der Europäischen Wirtschaftsgemeinschaft und der Türkei« und andere Beschlüsse (wie insbesondere der Beschluss I/80 vom 19. 9. 1980) sichern Türken das Recht, nach 4 Jahren ordnungsgemäßer Beschäftigung »im regulären Arbeitsmarkt« in einem EU-Land dort einen ungehinderten Arbeitsmarktzugang wie ein Inländer zu beanspruchen. Im Hinblick auf Arbeitserlaubnis und Schutz vor aufenthaltsbeendenden Maßnahmen sind sie EU-Bürgern gleichgestellt. Dass türkische Kriminelle bei schweren Straftaten trotz dieser Privilegierungen abgeschoben werden können, musste erst mit einer Entscheidung des Bundesverwaltungsgerichts gegen Leute erstritten werden, die anscheinend Deutschland schon als eine Art Vorhof Anatoliens sehen.[184]

Mit einer Dreistigkeit, die schon fast wieder Bewunderung abnötigt, hat Dr. Yasar Bilgin vom 1993 gegründeten und ca. 2000 Vereine umfassenden Rat der Türkischen Staatsbürger (RTS) am 11. 11. 1996 vor der Enquete-Kommission *Demografischer Wandel* des Deutschen Bundestages im Originalton erklärt: »Die Integration ist eine zeitlich funktionierende Bewegung, wo jeder Einzelne in der Gesellschaft gefordert ist, seinen Beitrag zu leisten für sich, für die Mitbürger und für ein friedliches Zusammenleben. Wenn zwischen den Bürgern kulturspezifische Unterschiede bestehen, sollten diese bei dem Integrationsprozess berücksichtigt werden. Der Verzicht oder die Beibehaltung dieser Eigenschaften ist jedem Einzelnen selbst überlassen – ohne gesellschaftlichen und staatlichen Zwang. Das Gegenteil wäre eine Assimilation, die im Endeffekt für uns nicht akzeptabel ist.«[185] Mit anderen Worten: Die Türken in Deutschland dürfen bzw. müssen Türken bleiben, die Deutschen müssen bzw. dürfen etwas türkischer werden. Im Sinne solcher Maximen fordert Bilgin:

- Ein institutionelles Mitspracherecht
- Eine Ausländerquote analog zur Frauenquote in den Führungsgremien der Parteien
- Mehr Ausländer in Polizei, Behörden, Ministerien
- Akzeptieren »kultur- und religionsspezifischer Gebäude« wie der Moscheen durch die deutsche Gesellschaft
- Internationale Kindergärten, Altersheime und ähnliche Einrichtungen.

In eine ähnliche Richtung argumentiert Mehmet Kilic, der der Mehrheitsgesellschaft mangelnde Integrationsfähigkeit vorhält, weil zu wenig Migranten oder deren Nachkommen in der Verwaltung, unter Beamten, bei der Polizei zu finden seien.[186]

Um die Konfliktlinien zu verdeutlichen, seien diesem Programm der Türkisierung Deutschlands die Anforderungen Jörg Schönbohms an die ausländischen Bevölkerungsgruppen in Deutschland gegenübergestellt:

- Der Verzicht auf ein »isoliertes Eigenleben« als »Fremdkörper«, auf eine »selbstisolierende Abschottung«
- das Einfügen in die »rechtlichen, sozialen, kulturellen und wirtschaftlichen Bedingungen unseres Landes«
- Toleranz und Achtung gegenüber den Deutschen
- das Respektieren der hiesigen politischen, sozialen und kulturellen Bedingungen
- die Anerkennung der Grundwerte unserer Verfassung wie der Gleichberechtigung von Mann und Frau, die Anerkennung der Trennung von Staat und Religion, das Achten unserer Rechtsordnung
- die Annahme eines Mindestmaßes an Grundüberzeugungen und Gewohnheiten der deutschen Bevölkerung
- der Verzicht auf das Austragen politischer Auseinandersetzungen des Heimatlandes auf deutschem Boden.[187]

Lothar Baier beschreibt zutreffend »das etwas bittere Ende« des Kulturrelativismus, »dass nämlich der Preis für das Zusammenleben von verschiedenen Kulturen mit allen lebenspraktischen Konsequenzen *innerhalb* einer Gesellschaft in ihrer totalen Gettoisierung besteht«, bei der dann hohe Mauern zwischen den abgekapselten Kulturgemeinschaften mühsam die Einhaltung gewisser Mindeststandards im Zusammenleben aufrechterhalten.[188] Dies kann kein erstrebenswertes Ziel deutscher Politik sein.

Bei der Eingliederung in die primäre, gastgebende Mehrheitskultur können Zuwanderer ihre ursprüngliche Kultur bewahren, aber sie müssen, wenn sie nicht in das gefährliche Abseits der Getto-Existenz geraten wollen, bereit sein, diese als sekundäre, nachgeordnete Gast- und Minderheitenkultur anzusehen, und sie müssen sich der deutschen Sprache als Währung und Existenzgrundlage unserer Kultur bedienen.[189] Da ein großer Teil der Zuwanderer diese Mindeststandards nicht akzeptiert und ihnen – bewusst oder unbewusst – diametral zuwiderhandelt, sind Mut, Überzeugungskraft, Geduld, Verständnis der deutschen Politik gefragt, aber auch Entschlossenheit und Durchsetzungsfähigkeit, um allen Ausländern, die guten Willens sind, zu jenen notwendigen Einsichten zu verhelfen, die langfristig für sie von größtem Nutzen sind. Wolfgang Schäuble stellt kurz und knapp fest: »Integration schafft man nicht dadurch, dass man Gettobildung zulässt.« Auch Roman Herzog hatte vor seiner Wahl zum Bundespräsidenten betont, die Ausländer stünden vor der Alternative, entweder zu bleiben und sich zu integrieren oder aber bei Beibehaltung der eigenen Kultur zurückzugehen.

Gerade bei älteren Ausländern zeigen sich verheerende Folgen, wenn Menschen sich über Jahrzehnte ausschließlich im Kreis der Landsleute bewegt haben, kaum Deutsch sprechen und nun feststellen müssen wie die Griechin Christa Doumouchtsis, dass man nach 30 Jahren in Deutschland »in Griechenland doch Ausländerin« ist und dass man mit den deutschen Nachbarn zwar »immer gut auskam«, aber dies allein die sprachlich-kulturell bedingte Isolation nicht aufheben kann.[190] Von daher ist die durch das neue hessische Schulgesetz fundierte Forderung des Ministerpräsidenten Roland Koch nach Deutschtests für Ausländerkinder vor Beginn der Grundschule ebenso berechtigt wie der ausgerechnet von der CDU/CSU – etwa von Frau Hohlmeier – attackierte Vorschlag des niedersächsischen Ministerpräsidenten Gabriel, Maximalquoten von Ausländern an den Schulen einzuführen. In der Tat führt kein Weg daran vorbei, die Ausländer- und Aussiedlerkinder (zur Not per Schulbus und zur Not auch zwangsweise) gleichmäßig auf die Schulen zu verteilen – und dies auch dann, wenn gewisse Besserverdiener mit Rolex am Arm oder Diamantcollier am Hals zetern sollten über kleine Türken, die ein wenig Realität und Gerechtigkeit in die Grundschulen der Villenvororte bringen.

In ihrer unendlichen Weisheit und ebenso unendlichen Willfährigkeit gegenüber dem Ruf der Wirtschaftsbosse nach billigen und politisch unbewussten Arbeitskräften haben die Regierungen der Sechziger- und Siebzigerjahre mit den meist aus den Dörfern Anatoliens stammenden Türken ausgerechnet jene Gruppe importiert, von der auch Zuwanderungsapologeten heute feststellen müssen: »Der niedrigste Bildungsgrad ist bei männlichen Erwerbstätigen aus der Türkei festzustellen.«[191] 71 Prozent von ihnen hatten 1999 keinen Bildungsabschluss oder nur einen Haupt- bzw. Realschulabschluss ohne Berufsausbildung, was naturgemäß negative Auswirkungen auf das Bildungsverhalten der Kinder hat, weil auch hier die Schulbildung des Haushaltsvorstands sich am stärksten auf die Bildungschancen des Kindes auswirkt.[192] Zwar ist insgesamt eine positive Entwicklungstendenz zu beobachten, aber diese wird deutlich gebremst durch Chauvinismus, Selbstgettoisierung und reaktionäre – meist aus dem Islam hergeleitete – Rollenzuweisungen.

Unter Jugendlichen und jüngeren Erwachsenen lernen gerade Angehörige sehr kleiner ethnischer Gruppen schnell und gut Deutsch (Armenier, Balten usw.), während sowohl Türken als auch Aussiedler aus Russland deutliche Defizite zeigen, zum Teil im Sinne einer »doppelten Halbsprachigkeit« beide Sprachen nicht beherrschen und sie zu einem Kauderwelsch vermischen, das zwar im Film pittoresk anzuhören ist, aber die beruflichen Chancen dessen, der nichts sonst zu bieten hat, deutlich verringert.

Auf der anderen Seite beweisen zahllose erfolgreiche Lebenswege von Zuwanderern, welche Chancen der hat, der etwas aus sich macht, und widerlegen zugleich das Märchen einer generellen Fremdenfeindlichkeit der Deutschen und einer generellen Diskriminierung der Ausländer. Nehmen wir ein konkretes Beispiel: Cemalettin Özer, mit 5 Jahren nach Deutschland gekommen, Hauptschulabschluss, Lehre als Elektroinstallateur, Fachabitur, Studium an der Fachhochschule, Diplom-Ingenieur, gründete mit einem türkischen Partner »Mozaik Consulting«, einen Bildungsträger, der in Verbindung mit dem Arbeitsamt EDV-Kurse für junge Ausländer und Aussiedler anbietet.[193] (Randbemerkung: Für einen in die Türkei eingewanderten deutschen Staatsbürger wäre eine solche Karriere auf Grund der massiven Benachteiligungen und Berufsverbote für Nicht-Türken nahezu unmöglich.)

Wie das Sozio-Ökonomische Panel zeigt, »stagniert schon seit längerem die Zahl der ›interethnischen Freundschaften‹, verkörpert in den drei wichtigsten Personen außerhalb des eigenen Haushaltes; seit Beginn der 1990er Jahre ist sie sogar zurückgegangen. Mehr als die Hälfte der befragten Einwanderer gab unter den drei wichtigsten Bezugspersonen keine deutsche Person (mehr) an. Besonders bemerkenswert ist, dass der Anteil auch in der zweiten Generation rückläufig ist, in der Beziehungen zu Deutschen durchschnittlich intensiver sind. Wieder stechen zwei ›Problemgruppen‹ hervor – Einwandererfrauen und türkische Einwanderer; letztere nannten nur noch zu einem Drittel eine(n) Deutsche(n) als Bezugsperson. Es ist unter integrationspolitischen Aspekten alarmierend, dass mit dieser Verkümmerung der interethnischen Personennetzwerke auch die (subjektiv empfundene) Beherrschung der deutschen Sprache leidet. Ebenso gesunken ist die dauerhafte Bleibeabsicht der zweiten Generation und die ohnehin bereits niedrige Selbstidentifikation von Einwanderern aller Altersstufen und beider Geschlechter als Deutsche.«[194]

Die geringe Verflechtung zwischen Türken und Deutschen wird auch deutlich, wenn man sieht, dass von 1960 bis 1998 68 000 deutsch-türkische Ehen geschlossen wurden – wahrlich keine große Zahl und aus diesen nur 56 750 Kinder hervorgingen,[195] also weniger als ein Kind pro Ehe, was doch auf eine hohe Zahl gescheiterter Ehen und einen gewissen Anteil Scheinehen hindeutet.

Während sich 1990 gerade einmal 2000 Türken einbürgern ließen, waren es 1995 schon 31 600 und 1996 46 300. 1997 erreichten die Einbürgerungen mit einer Zahl von 82 900 eine Größenordnung von 1,1 Prozent der ausländischen Bevölkerung.[196] Wenn 1997 in NRW 25 137 Ausländer eingebürgert wurden (knapp 1000 weniger als im Vorjahr), dann beklagt Minister Fritz Behrens (SPD), zuständig für Inneres und Justiz, es seien zu wenige und man müsse unbedingt das Verfahren vereinfachen oder gleich abschaffen. Herr Behrens plädiert für ein »neues Staatsangehörigkeitsrecht«, das häufiger Doppelstaatsangehörigkeit zulässt, »um den Entschluss zur Einbürgerung zu erleichtern und damit die Integration zu fördern. Die hier geborene Enkelgeneration von Arbeitsimmigranten soll bei Einbürgerung ihre Abstammungsangehörigkeit behalten können«.[197]

Toller geht's nicht mehr: Einbürgerung soll Integration erzeugen, statt dass soziale und einstellungsmäßige Integration als unerlässliche Voraussetzung der Einbürgerung begriffen wird, und noch dazu soll es etwa den Jungtürken bei der Integration helfen, wenn sie türkische Staatsbürger bleiben! Das ist dieselbe Vorstellungswelt, von der auch Liselotte Funcke von der CDU beherrscht war, die als Ausländerbeauftragte eine eklatante Fehlbesetzung war und zu deren Lieblingssprüchen der Satz gehörte »Integration darf nicht als Assimilation missverstanden werden«.[198]

Fritz Behrens will bei der Einbürgerung »in Zukunft zu deutlich höheren Zahlen kommen«. Eine weitere Variante sozialdemokratischen Wachstumswahns, bei der die Größenordnung sich aus Behrens Hinweis ergibt, von 2 Millionen Ausländern in NRW erfüllten 850 000 bereits die zeitliche Voraussetzung für die Einbürgerung! Im Übrigen drängen die Ausländer zwar nach Deutschland, aber ihre Begeisterung für die deutsche Staatsangehörigkeit hält sich in engen Grenzen. Während es im Jahre 2000 nach dem neuen Staatsangehörigkeitsrecht und entsprechenden Werbekampagnen einen Einbürgerungsboom gab mit einem Anstieg um dreißig Prozent, ging schon 2001 die Zahl der Eingebürgerten wieder zurück auf 178 000 Personen.

Wäre es nicht im Hinblick auf die Ausländerzahlen in Deutschland sinnvoller, einerseits durch Rückkehrförderung (etwa mit Prämien, wie sie auf der Grundlage des am 1. 12. 1983 in Kraft getretenen Gesetzes zur Förderung der Rückkehrbereitschaft von Ausländern 1983/84 gezahlt wurden, was immerhin 250 000 Migranten freiwillig nutzten) und andererseits durch allmähliche Eindeutschung Größenordnungen des Ausländeranteils anzustreben, die denen in den neuen Bundesländern entsprechen? 97 Prozent der Ausländer wohnen in den alten Bundesländern und Westberlin. In ganz Sachsen-Anhalt leben so viel Ausländer wie in Augsburg und hier wechselt statistisch gesehen alle fünf Jahre die gesamte Ausländerbevölkerung.

Otto Depenheuer, Professor für öffentliches Recht und Rechtsphilosophie in Mannheim, betont, dass Mehrstaatigkeit im Völkerrecht »allgemein als Übel« gilt und möglichst zu vermeiden ist, auch wenn sie sich nicht in jedem einzelnen Fall verhindern lässt. Die Einbürgerung ist für ihn weder ein Mittel zur Integration, noch kann sie fehlende Integration ersetzen, sondern gelungene Integration wird »testiert« durch die Einbürgerung: »Wirtschaftliche, sprachliche und soziale Integration ist unabdingbare Voraussetzung der Staatsangehörigkeit. Das ist vom Bundesverfassungsgericht auch eindeutig so vorgegeben.«[199] Ähnlich argumentiert H. Peter Uhl: »Die Mehrstaatigkeit schafft die Gefahr der Rechtsunsicherheit, besonders im internationalen Privatrecht, und führt zum Widerstreit von Pflichten gegenüber Rechtsordnungen. … Wer als Deutscher seit vielen Jahren in Deutschland lebt und sich in unsere Gesellschaft integriert hat, soll die Möglichkeit haben, Deutscher mit allen Rechten und Pflichten zu werden.«[200] In diesem Zusammenhang ist völlig richtig, was Dieter Oberndörfer – übrigens ein vehementer Zuwanderungsbefürworter – über notwendige und hinreichende Voraussetzungen einer Eingliederung schreibt: »Deutschkenntnisse erleichtern zwar materiellen und beruflichen Erfolg, verbürgen jedoch keineswegs als solche eine besonders freundschaftliche Einstellung zu Deutschland und auch nicht automatisch eine politische Identifikation mit dem deutschen Staat, also staatsbürgerliche Integration. Dies gilt auch für die Verleihung der Staatsangehörigkeit durch Einbürgerung. Auch sie erleichtert politische Identifikation und soziale Integration, ist aber nicht deren zwangsläufige Folge. Integration darf deshalb nicht allein reduziert werden auf solche – durchaus notwendige – Forderungen an die ausländischen Zuwanderer, wie Deutsch lernen, tüchtig arbeiten, sozialverträglich agieren und gesetzestreu leben.«[201]

Es ist eine durch die Geschichte und die allgemeine Lebenserfahrung vielfach bestätigte Tatsache, dass das Ausmaß der Integrationsbereitschaft und -fähigkeit nicht bei allen Völkern, Kulturen und Religionen gleich ist. Während die Deutschen – sieht man von religiösen Sondergruppen wie den Mennoniten ab – sich in der Regel recht schnell in fremde Völker einfügen bzw. in ihnen aufgehen, beharren etwa ausgewanderte Türken, Araber und Albaner (erst recht soweit sie Muslime sind) in ihrer großen Mehrheit hartnäckig auf ihrer deutlich abgegrenzten Eigenständigkeit.

Daran haben auch die Globalisierungsgegebenheiten nichts geändert – im Gegenteil sind durch im Einwanderungsland entstandene Getto-Medien, durch Satellitenfernsehen, Internet, räumliche Absonderung in speziellen Stadtvierteln usw. Tendenzen verstärkt worden, in der Fremde Fremder zu bleiben und die interethnischen Sozial- und Nachbarschaftskontakte auf ein Minimum des ökonomisch Unvermeidlichen zu reduzieren.

Dieses Phänomen der »Ethnifizierung«, also die Verweigerung soziokultureller Einpassung bzw. die Nicht-Annahme der Mehrheitskultur durch die Migranten, betrifft zunehmend auch die klassischen Einwanderungsländer. Das amerikanische Staatsziel »E pluribus unum« (»aus mehreren eines«), die Idee des *melting pot of nations*, des »Schmelztiegels der Nationen«, erweist sich mehr und mehr als frommer Wunsch. Auch das Konzept eines geregelten Nebeneinanders im Sinne einer friedlich-unveränderten Koexistenz aller Volksbestandteile – symbolisiert in der »Salatschüssel«, dem »mazedonischen Obstsalat« als Gegenstück zum Eintopf-Potpourri – trägt nur dann, wenn die einzelnen Ethnien sich einerseits tolerieren und akzeptieren und andererseits die nötige Gemeinschaftlichkeit im Denken und Handeln entwickeln. Ein Land wie Kanada, das lange mit einem gewissen Hochmut auf die Rassenkonflikte seines großen Nachbarn blickte, stellt in den letzten Jahren mehr und mehr fest, dass weder der alte Streit zwischen Anglokanadiern und Frankokanadiern gelöst ist, noch die Gegensätze zwischen Schwarz und Weiß sich auf böse Worte und Blicke beschränken, noch es gelungen ist, die asiatische – vor allem chinesische – Gemeinschaft real zu integrieren, die mit ihrem Geld und ihren traditionellen Beziehungs- und Sippenvernetzungen zunehmend sich als Staat im Staate geriert. Länder wie Australien, die lange mit einer Mischung aus sozialpolitischem Laisser-faire und dosierter Zuwanderung Andersfarbiger sich durchlaviert haben, sehen sich inzwischen gezwungen, rigoros Wirtschaftsflüchtlinge abzuweisen, weil diese nicht allein als heiße Ware der Menschenschlepper zum Treibstoff einer weltweit boomenden kriminellen Industriesparte geworden sind, sondern weil etliche asiatische Regierungen wie die indonesische sich insgeheim als Ziel gesetzt haben, den relativ menschenleeren australisch-ozeanischen Großraum definitiv zu asiatisieren und als Reservoir für eigene Bevölkerungsüberschüsse zu nutzen, die in ihrer Heimat die Stabilität der Diktaturen und Demokraturen gefährden und nur als Kostenballast, als lästige Kostgänger gesehen werden, während sie, wenn sie als Flüchtlinge kommen und als Kolonisten bleiben, Einfluss auf den Aufnahmestaat und üppige Devisenüberweisungen in die alte Heimat versprechen.

Dass dabei diese Regierungen von »ihren« Einwanderern erwarten, in der neuen Heimat die Fünfte Kolonne der alten zu spielen und zugleich geopolitisch die ursprünglich aus Europa stammenden Einwanderer – und parallel dazu den europäischen und amerikanischen Einfluss in der Region – zu verdrängen, versteht sich geradezu von selbst. Und dass den Herrschern das Schicksal ihrer Ex-Untertanen herzlich egal ist, ja dass sie deren Internierung hinter Stacheldraht geradezu herbeisehnen als willkommene Chance für Interventionen unter der falschen Flagge der Menschen- und Minderheitenrechte, liegt ebenso auf der Hand.

5

Minderheiten und Mehrheit – Grundkultur und Gastkulturen

Bisher weiß noch keiner eine Antwort auf die Frage, wie die Demokratie in einer multikulturellen Gesellschaft funktionieren soll, in der es keine gemeinsam geteilten Lebensformen und Werte mehr gibt. Wenn wir mit der Zerstörung unserer geistigen, kulturellen und ethischen Gemeinsamkeiten fortfahren, werden wir unsere Demokratie verspielen und sie durch eine Fernsehdemokratie ersetzen, die uns bisher nicht gekannte Manipulationsmechanismen bescheren wird. Wer also diese Gemeinsamkeiten, das gemeinsam ethisch, kulturell und vielleicht sogar religiös geteilte Leben zerstört, der zerstört die Demokratie«,[202] schreibt einer der größten lebenden Philosophen Deutschlands, Günter Rohrmoser.

Ein politischer und juristischer Ausdruck der Erosion des Staatsvolks und des Wertefundaments der Gesellschaft ist die stetige Zunahme von Doppelstaatlern. Cornelia Schmalz-Jacobsen schätzte in ihrer Zeit als Ausländerbeauftragte der Bundesregierung die Zahl der Doppelstaatler auf etwa zwei Millionen.[203] Gerade Türken, deren Einbürgerung sich von 1990 bis 1996 mehr als verzwanzigfacht hat auf 46 294 Personen (über 15 Prozent der 302 830 im Jahre 1996 eingebürgerten Aussiedler und Ausländer), und Polen werden von ihren Botschaften und Konsulaten massiv darin unterstützt, nach zeitweiser Abgabe des alten Passes sofort wieder einen neuen zu erhalten – unter dem Vorzeichen, dass sie sich loyal im Sinne ihrer Heimatstaaten betätigen und als Manövriermasse zur Beeinflussung und Erpressung der deutschen Politik zur Verfügung stehen.

Dies wird flankiert durch Medien, die dieses semikriminelle Verhalten als harmlose »Schummelei« oder »pragmatisches Denken« hinstellen oder die wie der CDU-MdB Horst Eilmann das Vermeiden doppelter Staatsangehörigkeiten als »antiquierte Doktrin« abqualifizieren.[204] Wenn ein »Spiegel«-Anonymus die Forderung des bayrischen Innenministers Günther Beckstein, dass »die Staatsangehörigkeit keine Eintrittskarte, sondern das Abschlusszeugnis einer gelungenen Integration« zu sein habe, als »deutschtümelnde Sprüche«[205] verbellt, dann offenbart sich hier ein ebenso fataler wie fanatischer Wille zum politischen Selbstmord, zum *finis Germaniae.* Was die Türken anbelangt, so gehen alle Szenarien davon aus, dass wir in den nächsten Jahren bei ihnen mit einer Netto-Zuwanderung in Höhe von 30 000 bis 50 000 Personen jährlich rechnen müssen – nicht zuletzt aus dem Lager der 10 bis 12 Millionen Kurden. Was hinzukommt: 1997 lag die Gesamtfruchtbarkeitsrate von Türkinnen bei 2,3 Kindern je Frau – also deutlich über den Werten deutscher Frauen.

Eines der wichtigsten Probleme ist die sehr ungleichgewichtige geografische Verteilung der Ausländer. Zu drei Vierteln leben sie, die doch in der ersten Generation überproportional aus einer dörflich-agrarischen Umwelt stammen, in den größten Städten Deutschlands. Fast drei Viertel leben in den vier Flächenländern Hessen (Bevölkerungsanteil 1997: 13,9 Prozent), Baden-Württemberg (12,3), Nordrhein-Westfalen (11,2) und Bayern (9,2). Die höchsten Bevölkerungsanteile haben Ausländer in den Stadtstaaten Hamburg (18,2 Prozent) und Berlin (14,0), die geringsten in den neuen Bundesländern – zwischen 2,3 Prozent in Brandenburg und 1,3 Prozent in Thüringen. Auch in dieser Hinsicht besteht Bedarf an einer »Entmischung«, wie sie Jörg Schönbohm in seiner Zeit als Berliner CDU-Innensenator forderte, ohne allerdings konkrete Schritte zur Durchsetzung zu unternehmen.

Ungleich ist im Übrigen auch die Verteilung der Flüchtlinge auf die EU-Länder. So nahm 1997 Deutschland 41 Prozent der in die EU eingereisten Flüchtlinge auf. Was von der häufig deklamierten Bereitschaft der »Freunde« à la Frankreich, die Lasten gerecht zu teilen und gemeinsam Bedrohungen abzuwehren, zu halten ist, wurde besonders deutlich, als Frankreich im Sommer 2002 im Bündnis mit skandinavischen Meisterheuchlern den von Asylmissbrauch vor allem betroffenen Ländern wie Deutschland und Spanien den Plan durchkreuzte, diejenigen Länder mit Sanktionen zu belegen, die nichts gegen Menschenhandel und illegale Fluchtbewegungen unternehmen – und dies, obwohl Frankreich selbst wie Italien bis zu 1 Million illegale Einwanderer haben dürfte, deutlich mehr als für Portugal (400 000–500 000), Spanien (300 000) oder Griechenland (150 000) geschätzt werden.

Multi-Kulti-Propagandisten wie Frau Dr. Chong-Sook Kang, »Ausländer/-innenbeauftragte der Landeshauptstadt München«, reduzieren die Integration auf rechtliche Gleichstellung, Chancengleichheit und »Anerkennung des Kulturpluralismus«, d. h. »dass ethnische Minderheiten ihre übernommenen kulturellen Traditionen und Wertnormen fortentwickeln können, und diese als gleichwertig in der Mehrheitsgesellschaft anerkannt werden.«[206]

Hier wird ein Kultur- und Werterelativismus gepredigt, der das Demokratieprinzip aushebelt und die Selbstbestimmung des deutschen Volkes negiert. Soll die Mehrheit etwa die Scharia als gleichwertig mit dem Grundgesetz hinnehmen? Wenn dann noch verlangt wird, Sprachen wie Türkisch als Pflichtfach (!) in den Schulen einzuführen (so Rahim Öztürker),[207] dann ist man endgültig dabei, den vielen naturwüchsig entstandenen Problemen unseres Landes noch einige am grünen Tisch fabrizierte hinzuzufügen.

Die Integration der ausländischen Kinder wird beträchtlich erschwert durch die mangelnde Integrationsbereitschaft vieler Ausländereltern, vor allem unter den Türken. Die Berliner Grundschullehrerin Marlis Barucker, seit gut 20 Jahren an der Kurt-Held-Grundschule in Kreuzberg tätig, die inzwischen bereits Söhne und Töchter ihrer ehemaligen Schüler unterrichtet, sagt: »Für viele bin ich die einzige deutsche Bezugsperson. … Manchmal erinnert mich das schon an ein Getto.« Von 475 Kindern an dieser Schule waren 342 im Jahre 1996 Ausländer – also 72 Prozent! 10 der 21 Klassen sind reine Ausländerklassen. Von 51 Kindern in der Vorschule hatten 1996 gerade 2 die deutsche Staatsangehörigkeit. »Die Türken«, sagt Gabriele Fayad, Gesamtelternvertreterin der Schule, mit einem Libanesen verheiratet, »wollen nicht integriert werden. Sie können die Deutschen nicht leiden. Keine Ahnung, warum sie überhaupt hier leben.«[208] Es hat sich gezeigt, dass die Probleme sich nicht im Laufe der Zeit abschwächen, sondern zunehmen. Konrad Schuller schreibt in *Deutschland kommt im Alltag nicht mehr vor*: »Diese Schulen unterrichten mittlerweile schon die Enkel jener türkischen Einwanderer, die in den Sechziger- und Siebzigerjahren nach Berlin gekommen sind. Die ›dritte Generation‹ ist da und mit ihr der Abschied von der Illusion, dass die Türken Berlins im Laufe der Zeit gleichsam von selbst mit ihren deutschen Nachbarn an Chancen und Fähigkeiten gleichziehen könnten. Denn die türkischen Schulkinder von heute lernen deutlich schwerer Deutsch als ihre Eltern vor 20 Jahren. Die waren in ihren Klassen noch in der Minderheit gewesen. Ihre Kinder aber sind in manchen Vierteln heute die Mehrheit. Sie sprechen zu Hause türkisch, auf der Straße türkisch, in der Schule türkisch. Die Schulen, gedacht als Schmelzkessel der Integration, drohen in bestimmten Bezirken zu Brutstätten der Absonderung zu werden. … Bloße Koexistenz tritt dann an die Stelle der Kommunikation, die Trennung setzt sich fort von Generation zu Generation.«[209]

Wenn dann noch die deutsche Mehrheit erlebt, wie eine asoziale bis antisoziale Minderheit unter den Ausländern schamlos die staatliche Hilfe ausnutzt, wenn im niedersächsischen Stadthagen der 16-jährige Kosovo-Albaner Özcan K. und seine Kumpane unter ihren Mitschülern eine Atmosphäre der Angst und des Terrors verbreiten und der Schulleiter notiert: »Obwohl es sich bei der Gruppe um eine verschwindend geringe Minderheit handelt, kann die große Mehrheit nicht dazu gebracht werden, sich zu wehren«,[210] wächst die Gefahr chauvinistisch-irrationaler Gegenreaktionen. Erinnert sei hier daran, dass der ehemalige Ministerpräsident von NRW und nachmalige Ausländerbeauftragte der Bundesregierung Heinz Kühn schon 1979 in dem so genannten *Kühn-Memorandum* deutliche Integrationsschritte wie die »Ablösung aller segregierenden Maßnahmen im Schulsektor, z. B. der ›Nationalklassen‹« forderte.[211]

Es wird von existenzieller Bedeutung sein, dass die unseren Staat und seine demokratische Ordnung tragenden Kräfte erkennen: Ohne einen geistig-moralischen Grundkonsens sind das Land und die Demokratie von vornherein verloren. Staat und Gesellschaft dürfen bei aller Liberalität und Neutralität in religiösen und weltanschaulichen Fragen niemals vergessen, dass das Grundgesetz und die in ihm verbürgten Freiheiten alles andere als wertneutral und beliebig sind. Mit der Notwendigkeit der Intoleranz gegenüber den Feinden der Toleranz und der Freiheit ist eng verbunden die Festlegung auf eine Hierarchie von Werten und Prinzipien, die alle in der abendländisch-christlichen Kultur, in Humanismus und Aufklärung wurzeln. Jeder einzelne Bürger muss das Recht haben, den Tröstungen der Religion zu glauben oder nicht zu glauben, die Moralvorschriften der Kirchen einzuhalten oder nicht einzuhalten, aber jeder muss zugleich akzeptieren, dass unsere Kultur ohne ihre christlichen Fundamente in sich zusammenfällt und durch Fanatismus und Fundamentalismus (u. U. sogar in christlicher Maskerade) tödlich bedroht wird. Von daher müssen auch die Atheisten und die kirchlich ungebundenen Gläubigen unsere kulturellen Fundamente gegen die sie attackierenden Ideologien und (Ersatz-)Religionen vereidigen.

Jörg Schönbohm hatte in seiner Zeit als Berliner Innensenator gute Gründe, wenn er sich weigerte, einen sich der staatlichen Schulaufsicht entziehenden Islam-Unterricht durch Islam-Prediger zuzulassen, und daran festzuhalten, dass der christliche Religionsunterricht »das christlich-abendländische Erbe« weitergibt, »auf dem unsere Kultur ganz stark beruht«.[212] An dieser Stelle muss auch der geistige Kampf gegen jene eröffnet werden, die wie Rudolf von Thadden die Zielvorstellung des christlichen Abendlandes als angebliche reaktionäre Verengung attackieren und vor allem über Sprachmanipulationen ein ihnen genehmes unkritisches Ja-Sager-Milieu erzeugen wollen: Den Intellektuellen stellt sich laut von Thadden »die Aufgabe, den Sprachgebrauch zu ändern und die Bezeichnung von alteingesessenen Einwanderern als Ausländer abzustellen«.[213] Von Thadden, der am Islam wenig Kritikwürdiges bemerkt, ereifert sich andererseits aber über Kruzifixe in Gerichten und Schulen und empfiehlt den Deutschen die offenkundig gescheiterte französische Zuwanderungspolitik als nachahmenswertes Beispiel.

Ein an den Werten unserer Verfassung ausgerichteter Islam-Unterricht ausschließlich in deutscher Sprache sowie unter strikter staatlicher und gesellschaftlicher Kontrolle ist ein denkbares Zugeständnis an die muslimische Minderheit. Wer dagegen eine Ausweitung der in den Koran-Schulen üblichen Verhetzung auf die staatlichen Bildungsanstalten verlangt, der produziert letztlich Ausländerfeindlichkeit.[214] Katastrophal wirkt sich hierbei besonders das Verhalten ebenso blinder wie feiger Juristen aus, die gegenüber den Machtansprüchen der Islam-Fanatiker dekretieren, »westliche Maßstäbe« dürften keine Rolle spielen.

Mit dieser Begründung verfügte beispielsweise das OVG Lüneburg die Befreiung der fünf Töchter eines türkischen Imams vom Sportunterricht.[215] Ähnlich urteilte das OVG Münster über die Teilnahme eines muslimischen Mädchens am koedukativen Schwimmunterricht.[216] (Ein Johannes Rux begeisterte sich 1993 in der Zeitschrift *schul-management*[217] über diese großartige »Neutralisierung« der Schule, die solche pädagogisch förderlichen Dinge wie das Kopftuch in den Unterricht eingeführt habe, wendet sich aber (inkonsequenterweise, muss man sagen) dagegen, dass muslimische Kinder während des Unterrichts ihre Gebete Richtung Mekka sprechen.)

Besonders gefährlich ist es, wenn bundesdeutsche Politiker wie Otto Schily in einer Mischung von Naivität und verquerem Strategiekalkül vorschlagen, den islamistischen Zentralverbänden den Status einer Körperschaft öffentlichen Rechts anzubieten[218] – mit allen

Geldquellen und Einflussmöglichkeiten in Medienräten usw., die das einschließt. Gefährlich umso mehr, als in Deutschland dafür nur zwei Dachverbände in Frage kommen, nur diese einen Antrag auf Anerkennung als Körperschaft öffentlichen Rechts laufen haben, und beide von islamistischen Organisationen beherrscht werden – von dem Verband der Islamischen Kulturzentren (VIKZ), der Tarnorganisation des Süleymanli-Geheimordens, im Falle des »Zentralrats der Muslime«, von der Erbakan-Filiale Milli Görüs im Falle des »Islamrats«. Haben die deutschen Politiker völlig vergessen oder verdrängt, dass in den späten Siebziger- und frühen Achtzigerjahren der deutsche Staat mit tausend guten Gründen die damaligen Vorstöße des VIKZ bzw. der Erbakan-Vereine auf eine Anerkennung als Körperschaft öffentlichen Rechts abgewehrt hat?

Die Ausländer sollten nicht unterschätzen, dass es bei aller exaltierten Ausländervergötterung vieler von Selbsthass und unbewältigten Schuldkomplexen zerfressener Deutscher, bei aller staatsoffiziell proklamierten Ausländerfreundlichkeit sehr viel Hass, Wut und Bitterkeit unter den Deutschen gibt. Diese teils aufgestaute, teils untergründig frei schwebende Energie wird nur gelegentlich in spontanen Ausbrüchen, in fernem Gewittergrollen und kurzem Beben der Erde unter unseren Füßen spürbar, aber sie sollte weder verdrängt und vergessen, noch abgetan werden mit den bequemen vorschnellen Formeln wie »reaktionärer Sumpf« und »brauner Bodensatz«. Gewiss, ein Teil dieses gewalt- bis mordbereiten Potenzials gehört in jene schwarzbraune Traditionslinie von Veränderungsfeindlichkeit und Ausrottung möglicher Veränderer. Ein Teil ist jenem vor und jenseits aller Geschichte vorgegebenen humanen Negativum, dem Bösen und Teuflischem im Menschen, zuzurechnen, das die einen als metaphysische Konstante, die anderen als Folge entwicklungsgeschichtlicher Brüche und Katastrophen ansehen. Ein dritter Teil ist ein falsches und perspektivloses, aber weder völlig grundloses noch prinzipiell unbegreifliches Reagieren auf gegenwärtige gesellschaftliche Fehlentscheidungen.

Zwei Beispiele von vielen für Ausländerfeindlichkeit, mit denen der Autor selbst konfrontiert war, seien hier angeführt:

- In einem Lokal in Westfalen erklärt ein deutscher Gast einer Thekenrunde, man solle die Asylanten doch in der Turnhalle unterbringen – »und dann abschließen und anstecken«.
- Ein alter Mann wohnt seit Jahrzehnten zur Miete in einem Viertel, in dem immer mehr die türkische Bevölkerungsgruppe dominiert.

Sein Vermieter, ein Deutscher, verkauft wegen der so zu erzielenden höheren Preise die Wohnungen in seinen Häusern vor allem an türkische Familien, die häufig aggressiv und provokativ darauf bestehen, nach ihren Vorstellungen zu leben. Der alte Mann, der weder ein Rassist noch ein Schlagetot ist, wünscht sich diese Leute weg, »so schnell wie möglich«.

Bei solchen Einstellungen und Haltungen den Anteil der oben genannten drei sozialpsychologischen Grundelemente exakt herauszurechnen, ist schwer bis unmöglich. Mehr noch, diese politische Arithmetik hilft weder für die Analyse noch für das praktische Handeln sonderlich weiter. Wenn Gewalttaten in Gewaltbereitschaft umschlagen, spielt es keine sonderliche Rolle, aus welchen Quellen sich die emotionalen Strömungen speisen, die da für eine Zeit zusammenfließen. Eine pragmatische, der praktischen Vernunft vor den letzten Gewissheiten und den letzten Stellen hinter dem Komma den Vorrang gebende Politik sollte eine gewisse Vorbelastung durch ein Aggressions- und Gewaltpotenzial in der Gesellschaft voraussetzen und – statt tief schürfend den Boden zu durchpflügen auf der Suche nach verborgenen Blindgängern – die offen zu Tage tretenden explosiven Stoffe entschärfen. In unserer Gesellschaft sind das vor allem folgende Fronten:

- Lohndrückerei von ausländischen Beschäftigten, Verdrängung von Stammbelegschaften durch jene, die jede Arbeit annehmen, Verdrängung legaler Arbeit durch organisierte Schwarzarbeit
- Umkippen der Wohnquartiere in Richtung auf Ausländergettos, Abwandern und Verdrängung der ansässigen Deutschen, Nachrücken von wenig integrierten bis integrationsfeindlichen Ausländern und deutschen Rand- bzw. Problemgruppen
- kriminelles und sozialschädliches Gruppenverhalten von ausländischen Jugendlichen und jungen Männern
- Belastung der öffentlichen Haushalte durch nicht integrierbare oder sogar offen parasitär lebende Ausländergruppen
- Konflikte im Erziehungs- und Bildungssektor durch jugendliche Ausländer oder Aussiedler in Überzahl und/oder mit einem anerzogenen dezidiert antideutschen Sozialverhalten
- Konflikte im Erziehungs- und Bildungssektor mit islamischen bzw. islamistischen Organisationen über Inhalte und Methoden (Kopftuchstreit, Streit und Prozesse um koedukativen Sportunterricht, Sexualkunde usw.)
- Konflikte mit einem politisch-orthodoxen oder politisch-funda-

mentalistischen Islam im öffentlichen Raum (Bau von Moscheen und »Kulturzentren« mit Minaretten, lautsprecherverstärktem Gebetsruf usw.)

Werden in diesen Bereichen die aktuellen und gravierenden Probleme gelöst oder doch jedenfalls glaubwürdig angepackt, dann verlieren die kulturellen und politischen Gegensätze ebenso ihren Schrecken wie die unbestreitbare Gefährlichkeit des gemeinen wie des abgrundtief Bösen im nun einmal weder von Natur aus nur guten noch bereits als von allen Übeln erlöst zu betrachtenden Menschen.

6

Betrug und Missbrauch: Schlechte Gesetze ermöglichen gute Geschäfte

Hunderttausende Einwanderer leben illegal in unserem Land – von Billigjobs oder von kriminellen Aktionen. 35 000 griff der BGS 1997 auf, ein Drittel mehr als im Vorjahr. 80 Prozent von ihnen kamen über die grüne Ostgrenze. Allein in Berlin sollen nach Einschätzung von Barbara John 100 000 Illegale leben – in EU-Europa sollen es rund 4 Millionen sein. Auf die allermeisten von ihnen wartet alles andere als das kleine Glück im Winkel oder der gesellschaftliche Aufstieg. Seit 1993 gab es rund 50 Selbstmorde und zahlreiche Selbstmordversuche von Flüchtlingen, denen die Abschiebung drohte. An der deutschen Ostgrenze kamen zwischen Mai 1993 und April 1997 mindestens 56 Menschen ums Leben, als sie versuchten, Grenzflüsse schwimmend zu überwinden.[219]. Im ersten Halbjahr 1998 sollen 1000 (so ATIME, der Verband marokkanischer Gastarbeiter in Spanien) oder 400 (so die spanischen Behörden) Marokkaner beim Versuch der illegalen Einreise nach Spanien im Mittelmeer ertrunken sein.[220]

Es ist ein Skandal, wenn der Sprecher von »Pro Asyl«, Heiko Kauffmann, dem deutschen Asylrecht vorwirft, Menschen systematisch auszuhungern und »staatlich verordnete Unmenschlichkeit« und »institutionalisierten Rassismus« zu praktizieren.[221] Wenn beispielsweise in Brandenburg 1998 bei einer repräsentativen FORSA-Umfrage unter 1000 Bürgern 57 Prozent sich mit der Aussage »Ausländer missbrauchen die Leistungen unseres Sozialsystems« identifizieren, so ist es einfach falsch, diesen Missbrauch abzuleugnen, ihn zum Hirngespinst von Ausländerfeinden bzw. zum Ausdruck einer »latent vorhandenen breiten ausländerfeindlichen Grundstimmung« zu erklären.[222] Selbst in Brandenburg, wo gegenwärtig der offizielle Ausländeranteil nur 1,2 Prozent beträgt, verfolgt man durchaus die vielen dokumentarisch belegten Berichte über notorische Nassauer, wie jene Großfamilie, die – u. a. durch Verwendung verschiedener Namen – die Sozialämter in Köln und Hamburg um 750 000 DM schädigte und sich kurz vor der Verhaftung absetzen konnte. Zusätzlich beging diese Sippe noch zahlreiche Trickdiebstähle bei älteren behinderten Menschen.[223] Es ist daher unsinnig, der deutschen Politik tragische Ereignisse anzulasten wie beispielsweise den Selbstmord einer Algerierin im Mai 2000, die im Rahmen der Flughafenregelung acht Monate auf dem Frankfurter Flughafen verbringen musste, da sie durch Vernichtung ihrer Papiere das Verfahren behinderte und in die Länge zog.

Wo Profit möglich ist, da ist der Missbrauch nicht weit. Am großen Asylgeschäft verdienen die Konzerne – vom Einkauf bei Aldi bis zum Aufstellen von Container-Unterkünften und zum Bau von Heimen durch die großen Baufirmen – ebenso wie zahllose mittlere und kleine Unternehmen: Hotels, Wach- und Sicherheitsdienste, aber auch Textilfirmen wie Discount-Tex, die, 1993 im thüringischen Stadtroda gegründet, über drei Millionen Mark jährlich vom Münchener Sozialreferat erhielt, um auf den Fluren von Asylbewerberheimen deren Bewohnern Kleidung als Sachleistung zuzuteilen – auch Schuhe, die nach wenigen Tagen schon undicht sind und sich auflösen.[224]

Aber Missbrauch reduziert sich nicht auf Betrugsmanöver einzelner – etwa auf Asylerschleichung mit auswendig gelernten gefälschten Haftbefehlen. Sehr viel gefährlicher ist jener Missbrauch von Sorglosigkeit, Laschheit und Ignoranz vieler Bürger und vieler Entscheidungsträger des Staates, der es beispielsweise der verfassungsfeindlichen türkisch-islamistischen Gruppierung IGMG (Milli Görüs) ermöglicht, mit 800 000 DM pro Jahr Finanzhilfe des Berliner Senats eine islamische Privatschule zu betreiben, deren Trägerverein, das Islam-Kolleg, sogar offiziell als Abteilung von Milli Görüs geführt wird. Es sind doch gerade solche Entwicklungen, die Ausländerfeindlichkeit in der Bevölkerung und Wut über die deutschen Politiker erzeugen und denen, die des Asyls bedürfen, das Leben schwer machen. Würde nicht tatsächlich verfolgten kurdischen Flüchtlingen bereitwilliger geholfen, wenn gleichzeitig rigoros gegen kurdische Dealerbanden vorgegangen würde und wenn die deutsche Politik ihre fatale Nibelungentreue gegenüber der türkischen Demokratur aufgeben würde, der selbst die Bundesregierung »menschenrechtlich bedenkliche Praktiken« bescheinigt?[225]

Laut Burkhard Hirsch haben sich schon über 50 Asylbewerber das Leben genommen.[226] Sollten uns nicht gerade diese Toten ermahnen, endlich zu einer gerechten, vernünftigen, eindeutigen und nachvollziehbaren Asylpolitik zu kommen, die mit der Rückkehr eines großen Teils derer, die kein Asyl benötigen, Platz schafft für die, deren einzige Hoffnung auf Jahre hin das Exil ist? Wenig hilfreich ist es dabei, wenn etwa Peter Bartels vom Diakonischen Werk der EKD behauptet, durch die Verschärfung des Asylbewerberleistungsgesetzes würden Flüchtlinge »von Obdachlosigkeit, Hunger und Kälte bedroht« und »in eine aussichtslose und verzweifelte Lage kommen«.[227] Wenn nach einem Originaldokument ein Faouzi Zaki X, geboren am 1.1.1950, mit seiner am 1.1.1957 geborenen Ehefrau Badia Faou, 4 jeweils am 1.1.1980, 1981, 1982 und 1983 geborenen Kinder und 6 weiteren zwischen 1984 und 1991 (allerdings schon in Deutschland und deshalb nicht mehr am 1.1.!) geborenen Kindern im Juni 1997 6341,91 DM Hilfe zum Lebensunterhalt plus pauschalisiertes Wohngeld erhält, dann muss die Frage erlaubt sein, ob man mit diesem Betrag nicht besser die zehn- bis einhundertfache Zahl von Bedürftigen im Heimatland dieses Paares unterstützen sollte.

Sollte jemand gehofft haben, die deutsche Ausländerpolitik mit ihrem gezielten Schlendrian und ihrem prinzipiellen Laisser-faire mache Deutschland in der Welt geachteter und beliebter, so erweist sich täglich das Gegenteil. Das Ausland lacht entweder schadenfroh über den »tumben teutschen Michel«, der alles mit sich machen lässt, oder erhebt weitere und immer dreistere Forderungen. So ließ Maurice Glele-Ahanhanzo aus dem afrikanischen Benin, im Auftrag von UNO-Generalsekretär Annan auf Inspektionsreise in Deutschland, in seinem Bericht an die UNO-Menschenrechtskommission verlauten, in Deutschland sei nach 1990 »eine massive Welle der Fremdenfeindlichkeit« zu beobachten, der man durch ein Antirassismus-Gesetz und bessere Lebensbedingungen für Asylbewerber begegnen müsse.[228]

Immerhin hat inzwischen der diskussionsbereite und nachdenkliche Teil der Zuwanderungsapologeten erkannt, dass die alte Verteufelung aller, die Fragen stellen, in die Irre geführt hat. In einer Erklärung »Vielfalt in der Einheit« stellen Unterzeichner wie Leo Monz vom DGB-Bildungswerk fest: Menschen, die sich durch Zuwanderung bedroht fühlen, wie bislang geschehen einfach auszugrenzen, wäre eine »bequeme politische Einstellung, aber keine, die wirklich um eine Lösung der Probleme bemüht ist«.[229] Ausgehend von dieser partiellen Erkenntnis distanziert sich die Erklärung vom »unbeschränkten Multikulturalismus«. Wie Wilhelm Heitmeyer schreibt, wird die überall geforderte Toleranz »zunehmend zu einem Selbstbetrug und ›schwärmerischen Antirassismus‹, wenn man sie loslöst von dem in einer Gesellschaft real dominierenden Verhältnis zu propagierten bzw. geltenden Werten und Normen.«[230]

»Jede Gastfreundschaft hat ihre Grenze, die respektiert werden muss«, so Dietmar Schlee, der Flüchtlingsbeauftragte der Bundesregierung 1998.[231] Bis Ende Mai 1998 hatten sich 180 000 der früher 350 000 Bosnien-Flüchtlinge in Deutschland an diese Maxime gehalten und waren heimgereist oder in andere Länder weitergezogen. Schon 1996 kehrte etwa eine Gruppe mit behinderten Kindern und Jugendlichen in ihre Heimat zurück.[232] Viele der weit über hunderttausend, die zunächst in Deutschland blieben, verweisen darauf, dass man zwar jetzt noch nicht, aber zu einem späteren Zeitpunkt zurückkehren werde – eine recht durchsichtige und gefährliche Strategie, die einerseits zum Umschlagen der öffentlichen Meinung in Deutschland führen könnte und andererseits nur das Geschäft jener Chauvinisten auf dem Balkan begünstigt, die sich dem Wiederaufbau und der Errichtung eines konföderativen demokratischen Staates und der Rückkehr aller Flüchtlinge in ihre Heimatorte in den Weg stellen. (Allein aus den serbischen Gebieten Bosniens wurden 700 000 bis 800 000 muslimische Bosniaken vertrieben – oder durch Massaker wie die in Srebrenica mit über 10 000 Toten ermordet. Wie vor allem die *Gesellschaft für bedrohte Völker* (GfbV) anprangerte, werden sie weiterhin von serbischstämmigen Polizisten an der Rückkehr gehindert.)[233]

Es wäre vielleicht tatsächlich von den Bosniern zu viel verlangt, wenn man von ihnen erwartete, die deutschen Interessen mitzubedenken, aber immerhin muss man von den Deutschen verlangen, dass sie ihre eigenen Interessen wahren und auch in Zukunft es anderen (Bürger-)Kriegsflüchtlingen ermöglichen, für einige Zeit hierher zu kommen. Da man mindestens bei einigen Tausend Bosniaken mit Uneinsichtigkeit und hartnäckigem Verteidigen erreichter Privilegien zu rechnen hat, muss, wer nicht freiwillig geht, abgeschoben werden. Um der Gerechtigkeit und Gleichbehandlung willen dürfen Ausnahmen nur dort gemacht werden, wo es humanitär geboten ist, etwa bei schweren Erkrankungen. Wir sollten uns an das halten, was Franjo Radman von der *Koalition für die Rückkehr* sagte: »220 000 Bosnier in Deutschland sind eine starke Kraft, die wir in Bosnien brauchen.«[234]

Auch die zeitweise weit über 400 000 Kosovo-Albaner in Deutschland (ein Fünftel der früheren Bevölkerung dieses Gebietes), unter ihnen 150 000 abgelehnte Asylbewerber, wussten von vornherein, dass sie – Wohlverhalten vorausgesetzt (d. h. Verzicht auf kriminelles Verhalten und auf Geldsammlungen für Waffen und Terrorismus) – zeitweise in Deutschland geduldet wurden, aber eben nur zeitweise, bis zum Ende der Kampfhandlungen. Kennzeichnend war, dass etliche Zeit nach deren Ende sich Anfang 2000 in Deutschland immer noch rund 180 000 ausreisepflichtige Kosovo-Flüchtlinge aufhielten.[235]

Wären alle in Deutschland lebenden Flüchtlinge in ihrer Heimat so bedroht, wie viele ihrer Sprecher und politischen Förderer behaupten, so wäre es undenkbar, dass Flüchtlinge zu Besuchs- und Urlaubsreisen in jene Länder aufbrechen, die ihnen angeblich nach dem Leben trachten, und es wäre auch nicht erklärbar, dass allein am ersten Tag des Berliner Rückkehrförderungsprogramms 150 bosnische Flüchtlinge auf einmal einen Antrag auf Rückkehr in die Heimat stellten – nur weil dafür jetzt eine Prämie von bis zu 9000 DM pro Familie winkte.[236] Im August 1998 waren immer noch 33 000 der ursprünglich nach NRW gekommenen 75 000 Bosnien-Flüchtlinge dort wohnhaft, obwohl das Land bereits 16,1 Millionen DM Rückkehrhilfe zur Verfügung gestellt hatte. Lediglich 725 Bosnier waren abgeschoben worden, obwohl gleichzeitig Monat für Monat 400 Kosovo-Albaner einreisten.[237]

Wer 4 Jahre in Deutschland mit falschen Namensangaben überstanden hat, der hat ein Bleiberecht erworben, der kann Familienzusammenführung – für seine Eltern, Großeltern, Geschwister – beantragen. Im Jahr wandern durch diese Regelung etwa 60 000 Personen zu, wobei die EU dies noch ausweiten will. Die ausländischen Familien in Deutschland sind im Durchschnitt mit 3,1 Personen größer als die Deutschen mit 2,5 Personen, wobei sich dieser Abstand in Zukunft noch beträchtlich vergrößern wird.

Wichtiger als dieser quantitative Aspekt ist in der Konkurrenz zwischen Deutschen und Nicht-Deutschen um die nun einmal immer nur begrenzt vorhandenen sozialen und wirtschaftlichen Ressourcen der qualitative Aspekt: Trotz spezifischer Binnenkonflikte in den Ausländerfamilien um Festhalten an alten Werten und Strukturen oder deren Infragestellung – die ausländischen Familien haben in der Regel einen sehr viel stärkeren Zusammenhalt als die deutschen und dies oft noch über die Kleinfamilie hinaus in Richtung Sippennetzwerk. Ausländische Familien sind weniger als deutsche von Scheidungsfolgen und Vereinzelung betroffen. All dies gibt dem Einzelnen nicht nur mental-psychologisch Halt, sondern es erlaubt auch, mit

Hilfe anderer wirtschaftliche Schwierigkeiten zu meistern oder etwa eine Existenz zu gründen, ein Haus zu bauen und so weiter. Dass dies zu Neidgefühlen und Aggressionen bei den deutschen Nachbarn führt, liegt auf der Hand, zumal häufig die nur selten genau abklärbare Unterstellung im Raume ist, der schnelle Zugewinn an Besitz und Statussymbolen sei nur möglich gewesen mit (unter Umständen zu Unrecht erhaltenen) staatlichen Subsidien und/oder mit Geldern aus dunklen, sprich kriminellen Quellen. Häufig wird hier zu Unrecht verdächtigt, andererseits gibt es natürlich Phänomene organisierter Kriminalität in Deutschland, wie vor einigen Jahren eine Brandserie in Italienern gehörenden Pizzerien, bei der per Brandstiftung Versicherungsentschädigungen kassiert wurden, die dann zu einem großen Teil weitergereicht wurden an eine bestimmte zur Mafia gehörige Firma, welche jeweils die fälligen Erneuerungsarbeiten übernahm.

Allein in Hamburg, so schätzte dessen damaliger Innensenator Hartmut Wrocklage Ende der Neunzigerjahre, leben rund 3000 Flüchtlinge, deren Herkunftsland ungeklärt ist. Über 27 000 Schwarzafrikaner in Deutschland verheimlichen ihre Identität, so Michael von Schmude MdB.[238] Für Sprachanalysen zur Herkunftsermittlung sind im Etat des Innenministeriums über 2 Millionen Mark vorgesehen. Dieses Geld könnte einer sinnvolleren Verwendung zugeführt werden, wenn jeder Flüchtling, der seine Herkunft oder Identität verschleiert, durch geeignete Maßnahmen (etwa Beugehaft) zum Sprechen gebracht wird. Besonders fatal ist, dass auch deutsche Beamte in Botschaften, Ausländerämtern usw. immer wieder in das Einschleusen von Ausländern verwickelt sind. So sollen mindestens drei Mitarbeiter der deutschen Botschaft in Nigeria gegen Schmiergeld Visa in Paketen zu je 50 Stück an einen Schleuserring vermittelt haben, woraufhin dann u. a. 140 angebliche »Studenten« nach Deutschland gelangten.[239]

Im August 1996 konnten 8 Mitglieder einer bosnischen Bande festgenommen werden, die mit gefälschten Pässen und unter vielen Namen sich Sozialhilfe in Höhe von mindestens 750 000 DM erschlichen und zwischen Berlin und Österreich, wo Häuser gekauft und Nummernkonten angelegt wurden, verschoben hatte. Solche Taten gedeihen in einem Klima, dass trefflich charakterisiert wird durch die Empörung in der Sendung *Echo des Tages* des WDR III vom 29. 11. 1992 über »die in Bayern geborene Idee, auch noch den Asylmissbrauch unter Strafe zu stellen« – ganz so, als sei Asylbetrug keine kriminelle Handlung, sondern eine moralisch gebotene gute Tat. Vielleicht könnte man ja durch Abbuchen vom Gehaltskonto der WDR-Gutmenschen wenigstens jene über 120 000 DM dem Main-Kinzig-Kreis zurückerstatten, die ein betrügerischer Asylbewerber einstrich.[240] Bezeichnenderweise befand die grüne Kreistagsfraktion des Main-Kinzig-Kreises, es handele sich hier nur um einen der wenigen zu vernachlässigenden Missbrauchsfälle und lehnte jeden Datenvergleich ab, durch den z. B. festgestellt werden könnte, wer als Asylbewerber ein Auto angemeldet oder wer Arbeitseinkommen bezogen hat. Dies entspricht der generellen grünen Parteilinie, jede klare Sicht auf Ausländerprobleme verhindern zu wollen durch Forderungen wie die der NRW-Landtagsfraktion nach Abschaffung des Ausländervermerks in der Kriminalstatistik.[241] Die Ursache hat Heinrich Lummer ebenso einfach wie zutreffend beschrieben: »Den Grünen waren die Ausländer im Allgemeinen und die Asylbewerber im Besonderen immer viel lieber und wichtiger als die eigenen Landsleute.«[242]

So missdeutbar und verunglückt die Äußerungen des stellvertretenden CSU-Generalsekretärs Joachim Herrmann über eine unterschiedliche Behandlung willkommener und »eher unerwünschter« Ausländer waren – das Feldgeschrei der grünen bayrischen Landtagsabgeordneten Irene Maria Sturm und ihre prompte Anzeige wegen Volksverhetzung sind der größere Skandal. Hier sollte verhindert werden, dass offen und öffentlich darüber diskutiert werden muss, wie der Staat mit Gästen umgehen soll, die sich selbst eingeladen haben und nach Kräften dem Gastgeber Schaden zufügen. Auch Frau Sturm unterscheidet wie jeder zurechnungsfähige Mensch an ihrer Wohnungstür zwischen Eingeladenen, akzeptabel erscheinenden Nicht-Eingeladenen und jener Sorte von Zeitgenossen, die man lieber nicht in den eigenen vier Wänden haben möchte. Auch Frau Sturm würde einem Gast, der ihre Gemächer ausräubert oder verdreckt, den Stuhl vor die Tür setzen.

Es ist ein eigenartiges Phänomen, dass Menschen in der Politik jene praktische Vernunft, die sie im Alltag durchaus besitzen, durchaus vermissen lassen. Wie kann es sein, dass politisch (Un-)Verantwortliche es achselzuckend zur Kenntnis nehmen, wenn, wie in der Zeitschrift *Focus* für den Raum Celle dokumentiert, kurdische Asylbewerber Hunderte von Häusern kaufen? Ob hier Drogengelder oder rabiat eingesammelte »Spenden« gewaschen werden, ob hier durch Betrug erschlichene Unterstützung oder Schwarzgeld aus der Türkei zum Einsatz kommt oder alles zusammen, ist zweitrangig. Wichtig ist zunächst einmal, ob und wie reagiert und dem Spuk ein Ende bereitet wird.

Die Größenordnungen, um die es geht, werden aus einem Bericht über eine Razzia an der Großbaustelle des Kölner Hauptbahnhofs deutlich: Über 250 Beamte waren im Einsatz, um 143 Arbeiter zu überprüfen, von denen 34 keinen Sozialversicherungsausweis vorweisen konnten, ein Dutzend anscheinend unberechtigt Sozialleistungen bezogen, und einer mit Haftbefehl gesucht wurde.[243] Dort, wo immer wieder Abschiebeurteile unterlaufen werden, entsteht ein rechtsfreier Raum. Ohnehin sind die Abschiebungszahlen relativ gering. Nach einem Zwischenfall – dem Tod eines Sudanesen bei der Abschiebung – wurden im Mai 1999 von Bundesinnenminister Schily sogar die Abschiebungen ausgesetzt und erst auf Druck der Länder im Juni 1999 wieder aufgenommen. Ist das nicht so, als wolle jemand die Polizei auflösen, nur weil tragischerweise ein Straftäter erschossen wurde? Wenn die Gewerkschaft GEW fordert, dass Flüchtlingsfamilien mit schulisch integrierten Kindern nicht »in eine ungewisse Zukunft« abgeschoben werden sollten[244] – soll man das verstehen als eine Art Freibrief (mindestens bis zum Schulabschluss des letzten Nachkömmlings) für kriminelle ausländische Eltern bzw. als Prämierung und Privilegierung besonders fruchtbarer Ausländerpaare?

Es hat lange genug gedauert, bis gegen die im Zigarettenschmuggel dominierenden Vietnamesen, ihre russischen »Kollegen« im Auto- und Waffenhandel, gegen die die Prostitution beherrschenden Südosteuropäer und die im Drogenhandel besonders aktiven ethnischen Gruppen (Nordafrikaner, Türken bzw. Kurden, Schwarzafrikaner) vorgegangen wurde. Wenn Albaner durch kriminelle Exzesse von sich reden machen (z. B. 1994 im Dortmunder Bahnhofsviertel bei einem regelrechten Krieg gegen türkische Ganovenkonkurrenz) und wenn die Anerkennungsquote der albanischen Asylbewerber aus dem Kosovo bei lediglich 5 Prozent liegt, dann erhebt sich durchaus die Frage, warum es so lange dauert, bis endlich alle Abgelehnten aus dieser Volksgruppe nach Hause geschickt werden. Bis März 1998 wurden zwar 25 000 Heimreisepapiere von der jugoslawischen Botschaft in Bonn ausgestellt, aber lediglich 5 800 tatsächlich abgeschoben. Weitere 3000 reisten freiwillig aus.[245]

1998 schätzte man, dass es sich bei den ausreisepflichtigen Ausländern um eine Größenordnung von etwa 50 000 bis 70 000 Personen handelt. Schon seit Jahren wird ergebnislos debattiert, wie jene Länder, die Schwierigkeiten bei der Rücknahme ihrer Staatsbürger machen, dazu gezwungen werden können. Zu ihnen gehören afrikanische Länder wie Nigeria und Sudan, aber auch asiatische wie Pakistan, Indien und besonders Vietnam, das die im Deutsch-Vietnamesischen Rückführungsabkommen vom Juli 1995 vereinbarte Rückkehr von mindestens 20 000 Vietnamesen bis Ende 1998 torpedierte und nur rund 6000 Fälle bereinigte. Aber sobald in Deutschland etwa deutliche Reaktionen bei der Entwicklungshilfe gefordert werden wie 1998 von Außenminister Kinkel und Innenminister Kanther, zetern die Bedenkenträger und alles bleibt beim Alten.

Rund 32 000 Ausländer wurden 1996 aus Deutschland abgeschoben, knapp die Hälfte davon Asylbewerber. 1998 waren es lediglich 14 000. Weniger als zwei Prozent wurden nach Verbüßung einer Straftat außer Landes gebracht. Abgelehnte Asylbewerber, wie es Ronald Schill vorschlug, in ein »aufnahmebereites Drittland« abzuschieben,[246] das dafür eine Art Aufnahmeprämie erhält, ist in der deutschen Debatte bislang eher eine Minderheitsposition. In den letzten Jahren wurden stets mindestens 2000 Haftplätze (3 Prozent der Haftplätze) für Abschiebehäftlinge benötigt, von denen etliche zum wiederholten Mal festgenommen worden waren. 2000 Haftplätze kosten täglich 360 000 DM.

Der Missbrauch ist absolut nicht die Ausnahme: Es wird von 30 000 Personen gesprochen, die von der Novellierung des Asylbewerberleistungsgesetzes betroffen waren – wahrlich keine kleine Zahl.[247] Von 1994 auf 1995 hatte sich die Zahl der minderjährigen Kinder, die allein auf dem Flughafen Frankfurt/Main ankamen, verdreifacht (1995: 359, davon 232 türkische Staatsbürger, meist Kurden). Wie viele von ihnen waren tatsächlich bedroht oder in ihrer Heimat hilf- und schutzlos, wie viele sind die Opfer gewissenloser Eltern und noch gewissenloserer Schlepper, die mit Helfershelfern in Deutschland wie der in der Zeitschrift *Focus* mit Foto abgebildeten Gemüsehändlerin Aynus Özdemir, Inhaberin eines deutschen Passes, zusammenarbeiten?

Frau Özdemir erklärte ebenso offen wie geheimnisvoll: »Mit dem Geld aus den Fluchthilfeaktionen wird der kurdische Freiheitskampf in der Türkei unterstützt.« *Focus* berichtete in diesem Zusammenhang detailliert über den Fall des in seiner Heimatstadt hoch angesehenen und in keiner Weise vom türkischen Staat verfolgten kurdischen Spediteurs Ekrem Önder, der gegen Zahlung von 35 000 DM an eine Schlepperorganisation und mit Hilfe gefälschter Schreiben seine Frau und sechs Kinder nach Deutschland bringen ließ, obwohl ihm bei Stellung seines Asylantrages ausdrücklich der Familiennachzug untersagt wurde. 6695 DM zahlt der deutsche Staat jeden Monat allein für diese Familie, deren Oberhaupt auch noch die Dreistigkeit besitzt, in der Presse zu verbreiten, man erhalte nur 2000 DM monatlich.[248]

Eine Anerkennungsquote der Asylbewerber von deutlich unter 10 Prozent ist für die letzten Jahre repräsentativ. Am Anfang der Siebzigerjahre lagen die Anerkennungsquoten dagegen noch zwischen 30 und knapp 40 Prozent. Bis 1977 sanken sie auf 10 Prozent ab, bis 1982 auf 6,8 Prozent, um dann wieder anzusteigen bis auf fast 30 Prozent im Jahr 1985, danach sanken sie wieder ab und lagen seit 1987 immer – zum Teil deutlich – unter 10 Prozent. 1993 betrug die Anerkennungsquote lediglich 3,2 Prozent. Hinzu kommen dann jeweils noch 3 bis 6 Prozent Abschiebeschutz-Fälle (»Kleines Asyl« nach § 51 Absatz 1 Ausländergesetz und in Anlehnung an die Genfer Flüchtlingskonvention), und unter 2 Prozent Fälle mit Duldung aus humanitären Gründen. Ganz anders ist mit rund 15 Prozent die Größenordnung derer, bei denen sich aus tatsächlichen Gründen Abschiebehindernisse auftun. Auf der anderen Seite sind zwar die Asylbewerberzahlen nach dem Höhepunkt von fast 440 000 im Jahre 1992 auf Grund des von der Unterstützerszene mit einer ungeheuren Desinformations- und Schmutzkampagne bekämpften Asylkompromisses wieder gesunken, aber mit jeweils über 100 000 pro Jahr segeln heute immer noch so viele pro Monat unter der meist falschen Flagge des Asyls in den deutschen Hafen wie in den Siebzigern in einem ganzen Jahr kamen.

Peter Krüger, der selbst als Anhörer in Asylentscheidungszentren tätig gewesen ist, schildert, wie der deutsche Staat jene zwei Drittel der Asylbewerber, die nicht zur Anhörung erscheinen (bei den Rumänen waren es sogar 90 Prozent), anschreibt, um Stellungnahme zu den Gründen bittet, die der Rückkehr ins Heimatland entgegenstehen, dann umständlich über eine Abschiebung entscheidet, und die Abschiebungsdrohung an die letzte bekannte Adresse richtet, von wo sie in der Regel als unzustellbar zurückkommt.[249] Begünstigt wird der Missbrauch durch eine Bürokratie, die völlig versagt:

»In den deutschen Ausländerbehörden herrschen zum Teil chaotische Zustände. Dies ist das Ergebnis einer im Auftrag des Bundesinnenministeriums erstellten unveröffentlichten Studie. Fehlerhafte Erfassung von Daten, Schlamperei, Schwarzhandel mit amtlichen Bescheinigungen, schlechte Zusammenarbeit zwischen Behörden (wie Sozial-, Ausländer- und Wohnungsamt) sind nach der Untersuchung Bürokratenalltag. Beim Ausländerzentralregister liege die Fehlerquote in den Daten bei 30 Prozent. Eines der Hauptprobleme, so die Autoren der Studie, ist die zuverlässige Feststellung der Identität von Asylsuchenden. Die Studie empfiehlt die Einführung einer so genannten Asylcard. Auf dem Mikrochip sollen alle Informationen, die bereits heute bei verschiedenen Behörden vorliegen, gespeichert werden: Asylstatus, Herkunft, Adresse, Bezug von Sozialleistungen oder Gesundheitsuntersuchungen. Mit dem ebenfalls auf dem Chip registrierten Fingerabdruck soll der Karteninhaber identifizierbar sein. Nach Ansicht von Thilo Weichert, Datenschützer in Schleswig-Holstein, verstößt die Datensammlung aber gegen das Gebot, dass Daten nur für gesetzlich bestimmte Zwecke erhoben werden dürfen. Asylbewerber, so fürchtet er, seien nur die Versuchskaninchen, um die Karte auch für andere Bevölkerungsgruppen einzuführen. Die Autoren der Studie – Soziologen, Juristen und Techniker – glauben, alle Bedenken gekontert zu haben. Informationen sollen auf der Karte so abgespeichert werden, dass einzelne Behörden nur die Daten sehen können, die sie etwas angehen. Mit der Karte soll doppeltes Abkassieren unmöglich gemacht werden. Den Anschaffungs- wie auch laufenden Kosten von etwa 8,6 bzw. 2,6 Millionen Mark stehen laut Studie Einsparungen im zweistelligen Millionenbereich gegenüber – durch die Missbrauchsbekämpfung und eine effizientere Verwaltung.«[250]

Eines sollte allerdings klar sein: Die deutsche Außenpolitik hat bei allen Abgeschobenen dafür Sorge zu tragen, dass sie in ihrem Heimatland rechtsstaatlich behandelt und nicht – wie es häufig in der Türkei geschieht – gefoltert werden[251].

Nicht einzelne Betrüger, sondern organisierte Kriminelle sind das wahre Problem. Wie der italienische Anti-Mafia-Aktivist Pier Luigi Vigna erklärte, wird Menschenhandel »das große Mafia-Geschäft des nächsten Jahrhunderts sein. Die Mafia hat sich immer als fähig erwiesen, neue Quellen des Geldmachens zu finden – von Tabak zu Drogen und jetzt zu Menschen«. Inzwischen sind die Profite der Schleuser deutlich höher als die der Drogenhändler. Auf diesem Gebiet herrscht, wie die Zeitung *La Repubblica* am 3. 1. 1998 enthüllte, eine enge Zusammenarbeit türkischer, kurdischer, griechischer und italienischer Mafiosi. Auch die PKK scheint in das Fluchtgeschäft involviert zu sein, bei dem Flüchtlinge 3000 bis 5000 Dollar zahlen, um auf altersschwachen Schiffen nach Europa gebracht zu werden.[252] Im Oktober 1996 konnte ein Türke in Kroatien gefasst werden, der mit rund 500 Komplizen mindestens 90 000 Flüchtlinge illegal nach Deutschland gebracht haben soll.[253]

Der Dürener Stadtdirektor schrieb am 18. 6. 1996, dass, als Ausweise und Geburtsurkunden bosnischer Flüchtlinge mit der Bitte um Überprüfung an die bosnisch-herzegowinische Botschaft in Bonn geschickt wurden, 80 Prozent der untersuchten Unterlagen als Totalfälschungen erkannt wurden. Viele der in der deutschen Botschaft in Lagos (Nigeria) eingereichten Visaanträge »erwiesen sich bei genauerem Hinsehen als gefälscht. ... Die größte Zeit verwenden wir inzwischen darauf, betrügerische Absichten von Nigerianern aufzudecken«.[254]

Die *Welt am Sonntag* berichtete unter dem Titel »Asyl in Deutschland – Urlaub in Kuba«[255] über den heute vierzigjährigen palästinensischen Gangster Muhammad M., der mit 5 Jahren nach Berlin kam, aber nie einer geregelten Arbeit nachging, bereits als Jugendlicher wegen Passfälschung verurteilt wurde (mehr als 20 Urteile), mit 16 ausgewiesen wurde, mit 18 per gefälschtem Visum zurückkehrte, erneut abgeschoben wurde, erneut zurückkehrte und unter falschem Namen sowie mit gefälschten Papieren mehrere Asylanträge stellte. 1988 erstritt er, als die fünfte Abschiebung drohte, eine unbefristete Duldung, weil er inzwischen eine deutsche Frau geheiratet hatte, mit der er 10 Kinder zeugte, was ihm rund 8000 DM Staatsvorschuss monatlich sicherte. Im März 1997 reiste er zu einem Urlaub nach Kuba – mit einem gefälschten belgischen Pass, was ihm bei der Rückkehr eine erneute Festnahme und die Abschiebung nach Österreich bescherte.

Ähnlich unverschämt ein Türke, der – nachdem er sich vorher 4 Jahre jünger gefälscht hatte – nun in seinen Rentenunterlagen 4 Jahre älter werden und früher in Rente gehen wollte, wofür er – erfolglos – das Bundessozialgericht einzuspannen suchte.[256]

Angesichts solcher Tatsachen erhebt sich die Frage, ob nicht generell alle Zuwanderer erkennungsdienstlich behandelt werden sollten, was übrigens seit längerem in Japan gegenüber den dort lebenden Ausländern praktiziert wird. Nur so sind Personen festzustellen, die

- bereits unter einem anderem Namen Asyl und Hilfeleistungen beantragt haben,
- als Straftäter gesucht werden.

Hier muss das öffentliche Interesse an der Verhinderung und Aufdeckung von Missbrauch (auch das Interesse der rechtstreuen Ausländer, nicht für die »schwarzen Schafe« verantwortlich gemacht zu werden) Vorrang haben gegenüber individuellen Empfindlichkeiten. Wie der rheinland-pfälzische Innenminister Walter Zuber (SPD) 1993 bekannt gab, habe nach Feststellungen der »Arbeitsgruppe Asylmissbrauch« jeder zehnte Asylbewerber sich bereits an anderen Orten unter anderem Namen gemeldet, um mehrmals Sozialhilfe zu bekommen. Ob man dies, wie Zuber es tat, als »wenige schwarze Schafe«[257] einstufen kann, sei dahingestellt – 10 Prozent Kriminelle sind 10 Prozent zu viel. Bei einer Überprüfung von 11 Kneipen erwischten im Juli 2002 Kölner Polizisten 5 Schwarzarbeiter ohne Aufenthaltserlaubnis und 1 ohne Arbeitserlaubnis. Allein dieser könnte mit 5000 Euro Strafe, sein Chef mit 250 000 Euro zur Kasse gebeten werden. Könnte – meist ist in diesen Fällen die Justiz allzu zahnlos. 14 von 40 überprüften Aushilfen bezogen neben ihrem Lohn rechtswidrig Arbeitslosen- oder Sozialhilfe.[258] »Wenige schwarze Schafe«? Bei einer Quote von 35 Prozent?

Der deutsche Staat muss sich endlich dazu bekennen, dass er rechtsstaatlich begründete Unterschiede macht (natürlich nicht solche, die aus der Willkür einzelner Beamter entspringen!): zwischen Deutschen und Nichtdeutschen, zwischen lange in Deutschland Lebenden und denen, die gerade erst durch die Tür kommen. Die staatlichen Stellen haben sich im Auftrag der Gesellschaft die Frage zu stellen – wenn nicht übergeordnete Gesichtspunkte wie der Schutz des Lebens eines Verfolgten dem entgegenstehen – ob die Einreise oder der weitere Aufenthalt im Interesse unseres Landes, unseres Volkes und der demokratischen Rechtsordnung liegen oder nicht. Bei bewiesenem kriminellem Verhalten jemanden auszuweisen in seine Heimat, bei begründetem Verdacht auf kriminelles Verhalten (Zuhälterei, Drogenhandel, illegales Verbleiben nach Ablauf des Besuchervisums usw.) jemanden nicht hineinzulassen, entspricht dem gesunden Menschenverstand und widerspricht nicht den Menschenrechten. Das Gegenteil, also ohne Not Souveränität und Selbstbestimmung aufzugeben, wäre Dummheit und Selbstaufgabe auf Raten.

Von größter Bedeutung ist es auch, dass Deutschland seine Zuständigkeit für die Zuwanderungspolitik nicht an die EU abgibt. Nicht ohne Grund verlangte Edmund Stoiber 1998 eine »völkerrechtliche Klarstellung« von dem damaligen Bundeskanzler Helmut Kohl im Hinblick auf verschiedene Regelungen im Amsterdamer

Vertrag, was diesen aber lediglich zu einem entsprechenden Brief an den EU-Ratspräsidenten Tony Blair veranlasste. Rechtlich blieb diese Frage so letztlich in der Schwebe.

Es ist wichtig, dass die Nationalstaaten in einem Europa der Vaterländer ihre Selbstbestimmung über das eigene Schicksal behalten und nicht hereinfallen auf die Sirenengesänge jener Theoretiker, die wie Michael Wollenschläger ihnen eine Verlagerung ihrer Rechte auf ein europäisches Zuwanderungsrecht als unvermeidlich und wünschenswert hinstellen: »Langfristig ist daher allein eine gemeinschaftsweite Einwanderungsgesetzgebung in der Lage, die Gemeinschaftsaufgabe Zuwanderung effektiv und sozialverträglich zu erfüllen.«[259] Natürlich gibt es tatsächlich eine »Transnationalisierung der Einwanderungspolitik«,[260] aber diese Rahmensetzung durch internationale Verträge, Handeln anderer Staaten und Einwirken von regionalen oder internationalen Interessenvertretungen darf keine Rechtfertigung dafür sein, das eigene Schicksal in die Hände anderer, noch dazu in die Hände ebenso anonymer wie unkontrollierbarer Zentral-Instanzen zu legen.

Die Nation als »geistiges Prinzip« und »große Solidargemeinschaft«[261] (Ernest Renan), als »die nicht aus Gleichartigkeit des Schicksals, sondern aus Schicksalsgemeinschaft erwachsende Charaktergemeinschaft«[262] (der Austromarxist Otto Bauer) bedeutet eine politische und psychologische Realität, die in die elementaren Tiefen der Menschen hinabwirkt und unbeeindruckt von Wahlperioden in die Jahrhunderte ausgreift. Würden die Deutschen ihre Nation verlieren, dann könnten sie es auf dem Weg abwärts nur noch mit Nietzsche halten: »Wer das verlor, was du verlorst, macht nirgends Halt.« In kurzer Zeit, in der Freiheit des freien Falls würden sie ihr Ziel erreichen.

Was erforderlich ist, ist eine Zurückgewinnung der deutschen Souveränität – gegenüber dem bürokratischen Moloch der Brüsseler Eurokratie, gegenüber den sich immer noch und immer mehr als Super-Besatzungsmacht aufführenden USA. Wenn die USA sich unter Hinweis auf ihre Souveränität weigern, dem Internationalen Strafgerichtshof zuzustimmen, dann hat dieses Land, das seit 1945 in weit über 100 Kriegen und Militäreinsätzen überall auf der Welt seine eigenen Macht- und Profitinteressen rücksichtslos durchzusetzen versucht hat, jedes Recht verwirkt, uns Deutschen Vorwürfe zu machen, wenn wir das Recht auf Entscheidung in unseren eigenen Angelegenheiten einklagen.

Die Worte des großen brasilianischen Architekten Oscar Niemeyer sind nur zu zutreffend: »Wir erleben zurzeit einen der schlimmsten Momente der Menschheit, die totale Gewalt, die totale Verachtung jedes menschlichen Wesens und der Souveränität der Staaten. Wir wissen nicht, wohin die Reise geht. Wir wissen, dass der Kapitalismus in der Krise steckt, dass er überwunden werden muss. Aber keiner weiß, wie lange diese Krise dauern wird.«[263] In eine ähnliche Richtung gehen die Gedanken des italienischen Philosophen Paolo Flores d'Arcais, der eine Rückkehr zur Politik fordert, »zur Wiedereinsetzung des repräsentativen Systems, indem man es von der Macht des Geldes befreit«.[264] Franz Kersjes, ehemaliger Funktionär der IG Medien, schreibt in seinem Aufsatz *Den Weg in die Barbarei verlassen!*: »Wenn wir uns nicht vom Terror der Ökonomie befreien können und den Weg in eine menschlichere und gerechtere Gesellschaft finden, dann führt uns der Kapitalismus in die Barbarei.«

Wie es um diese Welt steht, illustriert Kersjes etwa an folgender Tatsache: »Wenn man den 325 reichsten Menschen der Welt 4 Prozent ihres Vermögens nähme, könnte man mit dieser Summe laut UN-Angaben problemlos den Grundbedarf der Weltbevölkerung an Nahrung, Trinkwasser, Bildung und Gesundheit sichern.«[265] Wie sehr die Abhängigkeit Deutschlands von den USA und der NATO im Gegensatz zu unseren Lebensinteressen steht, wird schon an den unmittelbaren materiellen Kosten deutlich: Die NATO-Mitglieder geben Jahr für Jahr mehr als eine halbe Billion Dollar für Rüstung aus. Jeder Tag des Jugoslawien-Einsatzes hat rund 5 Millionen Dollar gekostet – andererseits haben die Vereinten Nationen mehrere Milliarden Dollar Defizit und keine Möglichkeiten, die etwa drei Milliarden Dollar pro Jahr aufzubringen, die eigenständige UNO-Friedensmissionen kosten würden.[266]

Zur Auseinandersetzung um die Souveränität gehört aber auch die klare Erkenntnis, dass bei der notwendigen »Deglobalisierung« (ein Begriff des philippinischen Soziologen Walter Bello) bestimmte Organisationen der Globalisierungsgegner wie etwa Attac (siehe deren *Manifest 2002 – Attac au Zenith*) ähnlich verheerende Zielsetzungen haben wie die Strategen der multinationalen Konzerne und die Weltbankiers, wenn sie eine Weltregierung nicht etwa als größtes denkbares Übel erkennen, sondern wie ihre Gegner als Heilserwartung und Zukunfts(er)lösung anbieten. (Ein wenig fühlt man sich erinnert an jene Zeit vor hundert Jahren, als sowohl naive Wohlmeinende als auch zynische Böswillige in den Reihen der sozialistischen Opposition sich abwandten vom Ziel der Befreiung aller Menschen und sich dem scheinbar praktischeren und realistischeren Ziel zuwandten, die alte Klassenherrschaft durch eine neue, die Diktatur der Feudalisten und der Großbourgeois durch die Diktatur von Apparatschiks und anderen Emporkömmlingen zu ersetzen.)

Auch das »Internationale Forum zur Globalisierung« (siehe das Papier *Alternatives to Economic Globalization*) favorisiert die Wahnidee der Weltregierung, in der jakobinischer Zentralismus aus der französischen Tradition zusammenkommt mit dem Menschheitsbeglückungs- und Machbarkeitswahn, der den Kapitalismus seit seiner Manchester-Epoche immer wieder dazu getrieben hat, alles Große, Schöne und Besondere einzuebnen und zu unterjochen, nur um das Krebswachstum des Elends wie der Profite auf die Spitze zu treiben. In Sachen Weltregierung wird die innige Verbindung zwischen dem Egoismus der Großmächte und des Großkapitals und den Utopieträumen einiger Ideologen flankiert von jenen halbherzigen Pseudo-Kritikern gerade aus den Reihen der Sozialdemokratie wie Heidemarie Wieczorek-Zeul, die statt strukturelle Geburtsfehler und strategische Verbrechen aufzudecken und zu bekämpfen nur »Fehlentwicklungen der Globalisierung wie Verelendung und Massenarmut, Umweltzerstörung und Kriege, armutsbedingte oder durch Menschenrechtsverletzungen ausgelöste Migration«[267] bejammern.

Wie weit die Monopolisierung und Ausrottung der Vielfalt fortgeschritten ist, ist noch besser als in Kultur und Politik im wirtschaftlichen Bereich zu erkennen, etwa in der Landwirtschaft: 98 Prozent aller gentechnologisch veränderten Pflanzen wachsen in den drei Ländern USA, Argentinien und Kanada. Das Gentech-Geschäft wird weltweit von lediglich fünf Firmen beherrscht. Die Gentech-Saatgut-Technologie einer einzigen Firma (Pharmazia/Monsanto) war im Jahr 2000 auf 94 Prozent der weltweit mit gentechnisch veränderten Pflanzen bebauten Fläche zum Einsatz gekommen.[268] Man stelle sich vor, welchen Schub in Richtung Entdiversifizierung und Monokultur jeder Schritt zu einer Weltregierung allein schon im wirtschaftlichen Bereich zur Folge hat – von den kulturellen Auswirkungen ganz zu schweigen.

7
Die finanziellen Kosten: Vermutungen, Verheimlichungen, Schätzungen

Rund jeder dritte erwirtschaftete Euro fließt, wie der Sozialbericht der Bundesregierung ausweist, in Sozialleistungen. Während an erster Stelle dieser Ausgaben die Alterssicherung und Hinterbliebenenversorgung (mehr als ein Drittel der Sozialleistungen) stehen, gefolgt von den Gesundheitskosten (rund ein Drittel) wuchsen in den letzten Jahren besonders die Leistungen für die Familien an – von 1998 bis 2001 um rund 12 Milliarden Euro auf rund 15 Prozent der Sozialleistungen und damit mehr als doppelt so viel wie die Leistungen für den Arbeitsmarkt. Die gesamten Sozialleistungen beliefen sich 1997 auf 1256,1 Milliarden DM (eine Billion zweihundertsechsundfünfzig Milliarden 100 Millionen Deutsche Mark), pro Kopf der Bevölkerung 15 300 DM[269]. Die Sozialleistungsquote, d. h. das Verhältnis des Sozialbudgets zum Bruttoinlandsprodukt, betrug 34,4 Prozent. 1991 waren es noch 30,9 Prozent gewesen und 1970 26,0 Prozent. Allein 1997 wurden die Beitragszahler durch den Anstieg der Sozialleistungsquote mit zusätzlich 127 Milliarden DM belastet. Während die Sozialversicherungsbeiträge 1998 einen neuen Höchststand erreicht haben (42,1 Prozent in den alten, 42,5 Prozent in den neuen Ländern – 1970 waren es im Westen erst 26,5 Prozent!), lässt die für die Sicherung des Standorts Deutschland unerlässliche Senkung der Arbeitskosten durch Reformierung des Sozialsystems weiter auf sich warten.[270] Parallel dazu müsste das gesamte Sozialrecht reformiert werden. Wenn 30 Prozent der Ausgaben für die soziale Sicherung (1126 Milliarden DM) in die Bürokratie fließen, wie der Deutsche Städte- und Gemeindetag erklärte,[271] so ist dies schlichtweg ein Unding. Das Sozialbudget zeigt seit Mitte der Siebzigerjahre einen exponenziellen Zuwachs: von umgerechnet 33 Milliarden Euro 1960 über 87 Milliarden Euro 1970 und 230 Milliarden Euro 1980 auf 344 Milliarden Euro 1990 und 664 Milliarden Euro 2001.[272]

In den letzten 2 Jahrzehnten sind die Sozialhilfeausgaben auf das Achtfache gestiegen – auf rund 50 Milliarden DM pro Jahr. Nicht zuletzt dadurch hat sich nach Angaben des Deutschen Landkreistages von 1991 bis 1997 der kommunale Schuldenstand mehr als verfünffacht.[273] Fast 3 Millionen Menschen, rund 4 Prozent der Bevölkerung, leben von Sozialhilfe.[274] Dass 1997 die Sozialhilfeausgaben im zweiten Jahr in Folge sanken (von 49,8 Milliarden DM im Jahre 1996 auf 44,4 Milliarden DM im Jahre 1997, also um 10,9 Prozent), sollte kein Anlass zur Beruhigung und zur sozialpolitischen Untätigkeit sein, denn die Zahl der Sozialhilfeempfänger, vor allem in den neuen Bundesländern, steigt drastisch (im Osten plus 23,9 Prozent im Vergleich zu 1996, im Westen plus 4,9 Prozent). Der Kostenrückgang ist vor allem eine Folge der Einführung der Pflegeversicherung, d. h. einer Mehrbelastung der Arbeitnehmer (dadurch Senkung der als »Hilfe zur Pflege« gezahlten Sozialhilfe um 51,3 Prozent bzw. 7,1 Milliarden DM auf 6,8 Milliarden DM), und der 1996 begonnenen Sozialhilfereform, die mit ihrer »Deckelung« der Pflegesätze in Pflegeeinrichtungen Sparpolitik auf Kosten der Hilf- und Wehrlosen betreibt.

Keineswegs zeigt das Sinken der Sozialhilfeausgaben an, dass nun auf einmal das Anwachsen massenhafter Verarmung ein Ende genommen hätte und die Gesellschaft dabei sei, gleichmäßiger und gerechter den in ihr erworbenen Reichtum zu verteilen. Weiterhin werden die Armen von Jahr zu Jahr ärmer, geraten nicht zuletzt durch Langzeitarbeitslosigkeit immer mehr Menschen in materielle Not, nimmt die Obdachlosigkeit zu. In Köln stieg die Zahl der Sozialhilfeempfänger von ca. 7300 im Jahre 1960 auf über 38 000 im Jahre 1996.[275] Gleichzeitig wurden die Mittel für die Jugendhilfe seit Jahren stark gekürzt und die Stellen dort um 20 bis 30 Prozent reduziert.

So ungerecht und unproduktiv es ist, wenn gegen Sozialhilfeempfänger eine generalisierende, vorurteilsbelastete Polemik vorgebracht wird, so ist es doch unbezweifelbar, dass politisch etwas geschehen muss, um nicht zuletzt jene 9,9 Prozent der Sozialhilfebezieher zu erreichen, die in der Frankfurter Studie »Armut im Wandel« als Langzeit-Almosenempfänger mit mehr als 5 Jahren kontinuierlichem Sozialhilfebezug beschrieben werden[276] und um jene Ausländer zum Verlassen des Landes zu bewegen, die hier längere Zeit von Sozialhilfe leben, ohne des Asyls zu bedürfen, und die sich in den Arbeitsprozess entweder nicht eingliedern wollen oder dazu nicht in der Lage sind. Der sozialhilfebeziehende arbeitslose Gastarbeiter ist ein Widerspruch in sich. Das Geld, das ein hier auf Kosten der Steuerzahler (auch der ausländischen!) ernährter Ausländer verbraucht, der keine Asylgründe hat, ist hundert Mal besser angelegt für die Unterstützung politischer Flüchtlinge und der Ärmsten der Armen in Ländern wie Bangladesch. Gerade bei den Türken in Deutschland zeigt sich hier eine besonders negative Entwicklung, die von 5,9 Prozent Arbeitslosen 1980 (Portugiesen damals: 2 Prozent) bis 1998 auf 23,2 Prozent anstieg. Lothar F. Neumann und Klaus Schaper betonen in ihrem Standardwerk über die deutsche Sozialordnung zu Recht, dass die gegenwärtige Erwerbsquote der Ausländer mit 44 Prozent »als sehr gering einzuschätzen ist«. Den hohen Anteil von Arbeitslosen- bzw. Sozialhilfe beziehenden Ausländern nennen sie eine »Zeitbombe«.[277]

Im Interesse unserer Zukunft ist es ebenfalls erforderlich, den Abstand zwischen Nettolöhnen und Sozialhilfe drastisch zu vergrößern und die Zahl der Sozialhilfebezieher drastisch zu verringern – sowohl durch Integration von Sozialhilfebeziehern in den Arbeitsmarkt und Erhöhung des Lohnniveaus als auch durch Absenkung der Sozialhilfesätze und strengere Missbrauchskontrollen. Dass zwischen 1970 und 1995 der Sozialhilferegelsatz um 250 Prozent stieg, die Nettolöhne dagegen nur um 190 Prozent, ist eine zutiefst sozialschädliche Entwicklung, deren Auswirkungen unbedingt beseitigt werden müssen. Für den Versuch, gezielt arbeitslose junge Menschen zwischen 18 und 24 in Arbeitsverhältnisse zu bringen, gibt es sehr gute Erfahrungen im Zusammenhang des britischen »New Deal«.

1992 einigten sich CDU/CSU, SPD und FDP im Hinblick auf die Asylbewerber auf das »Ziel, dass

- eine deutliche Absenkung der bisherigen Leistung erfolgt,
- bei Aufenthalten in zentralen Anlaufstellen oder Gemeinschaftsunterkünften grundsätzlich Sachleistungen gewährt werden,
- bei Aufenthalt außerhalb von zentralen Anlaufstellen/Gemeinschaftsunterkünften künftig ein Vorrang für Sachleistungen gilt.«[278]

Die »Neue Armut« ist, wie die *Bremer Langzeitstudie* des Zentrums für Sozialpolitik der Universität Bremen feststellte, im Wesentlichen auf Zuwanderung zurückzuführen. Ohne diese wäre die Zahl der Bedürftigen nahezu gleich geblieben. Ein gewichtiger Teil der Sozialhilfeausgaben wird verursacht durch Ausländer, die hier geboren sind bzw. als Asylanten anerkannt sind. Asylbewerber, zur Ausreise verpflichtete abgelehnte Asylbewerber und die meisten Bürgerkriegsflüchtlinge erhalten seit 1993 an Stelle der Sozialhilfe die (niedrigeren) Zahlungen nach dem Asylbewerberleistungsgesetz.

Dies reduzierte den Anteil der Ausländer an den Sozialhilfebeziehern von 28,4 Prozent (1993) auf 6,1 Prozent (1994), wobei es aber im Jahre 1995 zu einem Wiederanstieg kam.[279] Fest steht, dass 1997 die Zahl der deutschen Sozialhilfeempfänger mit plus 7,9 Prozent stärker zunahm als die der ausländischen (plus 4,4 Prozent), wobei deren Anteil mit 22,9 Prozent weiterhin überproportional hoch liegt.[280] 1980 waren es nur 8,3 Prozent bzw. 70 523 Personen gewesen.[281]

Insgesamt waren 1995 ein knappes Drittel (32,4 Prozent) der Sozialhilfeempfänger Ausländer.[282] Von den 18- bis 24-jährigen Sozialhilfe erhaltenden Männern sind nach einem internen Papier des Bundesgesundheitsministeriums inzwischen 65 Prozent Ausländer, bei den 25- bis 50-jährigen die Hälfte. Bei den Ehepaaren mit Kindern stellen die Ausländer mit 56 Prozent die Mehrheit.[283] Wenn man weiß, dass eine Stadt wie Köln im Jahr rund 500 Millionen Mark Sozialhilfe an ca. 70 000 ihrer Einwohner bezahlt,[284] hat man eine Vorstellung von den Größenordnungen – und zugleich von den Möglichkeiten, hier durch Rückwanderung von Ausländern, Integration in den Arbeitsmarkt, Beendigung von Missbrauch usw. Geld einzusparen. Allein in Köln konnten 1997 durch den neu aufgestellten Bedarfsfeststellungsdienst, der 5000 Hausbesuche machte, 1,5 Millionen DM eingespart werden. Merkwürdig ist, dass in der Domstadt mit durchschnittlich 724 DM Monatskaltmiete rund hundert Mark mehr als im Durchschnitt der deutschen Großstädte und deutlich mehr als in Frankfurt oder München gezahlt wurden. Dass 550 Personen für 35 DM pro Nacht in Hotels wohnten, zeigt weitere Einsparmöglichkeiten.

CSU-Generalsekretär Bernd Protzner schätzte allein die öffentlichen Ausgaben für die Bosnien-Flüchtlinge auf 14 bis 18 Milliarden Mark. Wer die Kosten der Zuwanderung ganz pragmatisch und nüchtern bilanzieren möchte, der stößt in Deutschland ringsum auf betretene Gesichter, verschlossene Türen, dumpfe Ressentiments und wilde Verdächtigungen. Auch Anfragen einzelner Abgeordneter bei der Bundesregierung haben zu wenig greifbaren Ergebnissen geführt. Also bleibt man auf Schätzungen angewiesen, zumal in verschiedenen Fällen statistische Zahlen nicht mehr erfasst bzw. nicht mehr veröffentlicht werden, beispielsweise der Anteil der Ausländer an den Krankheitskosten. Es gibt Aussagen von Ärzten, dass ausländische Patienten etwa drei Mal so viel Kosten verursachen wie deutsche Patienten – und dies trotz der günstigeren Altersstruktur bei den

Ausländern. Ein großer Teil der Verwaltungsgerichtsbarkeit – Beobachter sprechen von gut der Hälfte – wird in Anspruch genommen von Ausländern, vor allem von Asylbewerbern, die sich ungerecht behandelt fühlen. In den seltensten Fällen leisten die Betroffenen hier einen angemessenen Beitrag zu den Kosten, die sie verursachen. Zu den durch Ausländern verursachten Kosten müssen u. a. gerechnet werden:

- Sozialhilfe und Betreuung einschließlich ärztlicher Versorgung
- Unterbringungskosten
- Aufwendungen für Verwaltung (Bundesamt, Entscheiderkammern usw.)
- Kosten für Verwaltungsgerichte
- Kosten für Strafjustiz und Justizvollzug bei kriminellen Ausländern.

Von 1970 bis 1995 stiegen die Ausgaben für Gesundheit in der gesetzlichen Krankenversicherung von 25 auf 237 Milliarden DM: Auch hier ist die Zuwanderung eine der wichtigsten Ursachen. Millionen fließen in die Integration ausländischer Arbeitnehmer. Für Öffentlichkeitsarbeit (1996: 1,1 Millionen DM), für Betreuung und Beratung (1996: 36 Millionen DM), für Sprachkurse und Berufsvorbereitung (1996: 52 Millionen DM) werden jährlich insgesamt rund 90 Millionen DM aufgebracht.[285] Der deutsche Staat muss jetzt schon für alle hier lebenden EU-Ausländer mit beitragsunabhängigen Sozialleistungen aufkommen, z. B. durch Zahlung von Erziehungsgeld, was der Europäische Gerichtshof im Mai 1998 in einer Entscheidung[286] zu Gunsten einer arbeitslosen Spanierin ohne Aufenthaltserlaubnis noch einmal ausdrücklich festhielt.

So fragwürdig schon diese Rechtslage ist, so problematisch ist die überall zu beobachtende Tendenz der ausländischen Gemeinde, auch an diesem Geldsegen beteiligt zu werden. Für den im Schröder-Fischerschen Zuwanderungsgesetz vorgesehenen Rechtsanspruch auf Kurse in deutscher Sprache, von dem lediglich Asylbewerber und Illegale ausgenommen sind, sind 319 Millionen Euro jährlich veranschlagt worden. Sie stammen aus dem Haushalt des Arbeits- und des Familienministeriums und werden voraussichtlich nicht reichen für die wahrscheinlich mehr als 150 000 Teilnehmer pro Jahr.[287] Diese Summe zahlen allein die Steuerzahler und damit überwiegend die Einheimischen, statt, wie es nur recht und billig wäre, die Ausländer (entweder die direkten Nutznießer über – notfalls zeitweise gestundete – kostendeckende Gebühren oder aber die ausländische Gemeinde als Ganzes über eine Sonderabgabe) an diesen durch sie verursachten Kosten angemessen zu beteiligen. Besonders skandalös ist, dass erst 2002 mit dem Pilotversuch »Intensivkurse Deutsch für Neuzugewanderte« begonnen wurde, mit zunächst 4000 Teilnehmern systematisch Erfahrungen auf dem für das Zusammenleben zwischen Staatsvolk und Zugewanderten zentralen Gebiet des systematischen Spracherwerbs bei Erwachsenen zu sammeln.

Wolfgang Ziegler klagt in der *FAZ*: »Über die Kosten darf anscheinend nicht gesprochen werden. In den jammervollen Haushaltsreden von Kommunen, Ländern und Bund werden zwar die Ausgaben für Schwimmbäder, Vereine, Müllabfuhr und viele Details beklagt, man hört aber nichts über die Kosten für Hotels, Mieten, Kleidergeld, Krankenversicherung und vieles andere für Asylbewerber, Asylanten und Sozialhilfeempfänger. Die Steuerzahler, deren Geld die ›schönen Seelen‹ so liebevoll ausstreuen, würde dies wohl interessieren.«[288]

Joachim Becker, früherer SPD-Oberbürgermeister von Pforzheim, schätzte die Primäraufwendungen – also ohne Ausgaben für Kindergartenplätze, Schulen usw. – für Asylbewerber auf jährlich 35 Milliarden DM,[289] während Rudolf Seiters, seinerzeit CDU-Innenminister, nur 7 Milliarden gelten lassen wollte, im Übrigen aber erklären ließ, die Kosten seien nicht zu schätzen.[290] Ähnlich äußerte sich Staatssekretär Lintner 1996: »Im Jahr 1994 dürften Bund, Ländern und Gemeinden für die Unterbringung und Betreuung von Asylbewerbern Aufwendungen in Höhe von 8 Milliarden DM entstanden sein. Dabei handelt es sich allerdings nur um eine grobe Schätzung und nur um einen Teil der Gesamtkosten für die Asylbewerber. … Die Mehrzahl der Länder sieht sich außer Stande, die Kosten auch nur annähernd vollständig statistisch zu erfassen.«[291] Ein Armutszeugnis, bei dem der Journalist Jochen Kummer zu Recht anmerkte: »Das Verschweigen wird parteiübergreifend praktiziert.«[292]

Andere Schätzungen kommen für das Jahr 2000 auf Kosten von 17,2 Milliarden DM, wobei diese im fraglichen Jahr wegen des zeitweisen Rückgangs der Asylbewerberzahlen und der Rückkehr von knapp 400 000 Flüchtlingen aus Ex-Jugoslawien geringer ausfielen als in den Vorjahren. Kennzeichnend ist, dass der Vorsitzende der CDU-Fraktion im Berliner Abgeordnetenhaus, Klaus Landowsky, im Juni 1996 auf einer Pressekonferenz zwar bekannt gab, allein die 30 000 Bosnier in Berlin kosteten jährlich 500 Millionen Mark, sich aber weigerte, die Gesamtkosten aller Flüchtlinge offen zu legen, »weil dies Emotionen gegen Ausländer in Berlin schüren könnte«.[293]

Nun, Emotionen werden eher durch Nicht-Aufklärung und Totschweigen angeheizt – durch Verschleierung von Etatansätzen, durch halbe bzw. falsche Informationen. So sollen nach einem Papier der Berliner CDU-Fraktion für die Bosnier in Berlin nicht die von Landowsky genannten 500, sondern 800 Millionen DM jährlich aufgewendet worden sein, zu denen 267 Millionen DM für die 30 000 Serben kommen.

Georg Kronawitter (SPD) sprach 1992 davon, Deutschland zahle einem Asylbewerber monatlich 600 DM bei freier Unterkunft und Verpflegung, Frankreich dagegen nur 330 DM und Italien lediglich 140 DM, wobei dort der Flüchtling auch noch selbst für Arbeit und Unterkunft zu sorgen habe. Allein die Bosnien-Flüchtlinge verursachten laut H. Lummer 1996 jährliche Kosten von 17 Milliarden DM.[294] Wenn ein Herr namens Samir J. mit Ehefrau und drei Kindern 5343,70 DM monatlich an Sozialhilfe nach Hause trägt, dann entspricht das einem Bruttoeinkommen eines Berufstätigen von über 100 000 DM jährlich bzw. deutlich über 8000 DM monatlich.[295] Wenn ein Mofid M., Sozialhilfeempfänger und Funktionär der iranischen Volksmujaheddin (MEK) bzw. des »Nationalen Widerstandsrates Iran«, vier seiner Kinder als Waisen ausgibt, für sie Betreuungssätze von jeweils bis zu 3000 Euro monatlich (!) kassiert und dieses Geld (bis zu einer halben Million Euro) mit Hilfe des von namhaften Grünen getragenen Vereins »Iranische Flüchtlingshilfe« in die Politik der MEK, womöglich für Waffenkäufe, einspeist,[296] dann kann dies nur Gefühle von Frustration, Wut und Empörung unter all denen hervorrufen, die für sehr viel weniger hart arbeiten müssen oder nach einem arbeitsreichen Leben mit Renten unter 1000 Euro abgespeist werden.

Geradezu hilflos wirkt es dann, wenn sich Gewerkschaftsfunktionäre wie Spyros Kostadimos, der Vorsitzende des Landesausschusses multikulturelle Politik der Lehrergewerkschaft GEW von NRW, beklagen: »Es ist schon erschreckend, wenn man in Einzelgesprächen selbst bei Gewerkschaftern eine latente Ausländerfeindlichkeit zu spüren bekommt.«[297] Was hier leichtfertig unter »latenter Ausländerfeindlichkeit« subsumiert wird, das ist in der Regel der nachvollziehbare und berechtigte Zorn des Volkes über eine menschenfeindliche Ausländerpolitik. Fatalerweise stärken die Unterlassungssünden und Kardinalfehler der offiziellen Politik gerade auch in den Gewerkschaften rechtsextremistische Strömungen: Laut einer repräsentativen Umfrage von *infratest dimap* im Sommer 1998 erklärten 32 Prozent der Gewerkschaftsmitglieder zwischen 18 und 24 Jahren, sie könnten sich vorstellen, bei der Bundestagswahl eine rechtsextreme Partei zu wählen – gegenüber 17 Prozent der nicht gewerkschaftlich Organisierten in dieser Altersgruppe.[298]

Immerhin, der radikalfundamentalistische Multikulturalismus wird auch von etlichen SPD- und Gewerkschaftsfunktionären zunehmend als Sackgasse empfunden.[299] Man mache sich doch einmal klar, welche Auswirkungen es haben wird, wenn tatsächlich eintritt, was die *Deutschland-Projektion 2015* als einzige Alternative zu einer massiven Erhöhung der Beitragssätze für die Sozialversicherung vorsieht, nämlich »dass durch Leistungsanpassungen und Stärkung der Selbstvorsorge das Sozialversicherungssystem auf die Absicherung von Kernrisiken zurückgeführt wird«.[300]

Lale Algün, Leiterin des Landeszentrums für Zuwanderung Nordrhein-Westfalen in Solingen, hat erkannt: »Zuwanderung kommt selten allein, an ihr hängen implizit weitere wichtige Themen wie ›Innere Sicherheit‹, ›Arbeitsmarkt‹ oder ›soziale Sicherungssysteme‹ ...«[301] Aus dieser richtigen Erkenntnis müsste dann aber auch die notwendige Konsequenz gezogen werden, nämlich, dass die Ausländer in Deutschland bzw. alle Zugewanderten als soziale Großgruppen Verantwortung übernehmen müssten für die Zuwanderungsfolgen, auch für die negativen. Das bedeutet konkret:

- Langfristig eine vollständige Kostenübernahme für dem Staat gegenüber verursachte Kosten z. B. des Asylverfahrens
- Beiträge zur Reduzierung der Ausländerkriminalität (u. a. durch eine gewisse »Selbstkontrolle« gegenüber den eigenen Jugendlichen und durch Zusammenarbeit mit den deutschen Polizeibehörden)
- Nachzahlung von Rentenbeiträgen für Beschäftigungszeiten im Ausland
- Abgeltung von Renten mit einem Einmalbetrag, wenn jemand im Alter in seine alte Heimat zurückkehrt.

Es hätte hier und im Ausland eine heilsame pädagogische und ökonomische Wirkung, wenn jeder Asylbewerber wüsste, dass die für ihn von Deutschland erbrachten Leistungen – vom Lebensunterhalt bis zur Verfahrensdurchführung – nur kreditiert sind und dass sie, sobald jemand wirtschaftlich auf eigenen Füßen steht, über einen Zeitraum von vielleicht 10 Jahren verzinst erstattet werden müssen. Dies wäre ein Akt der Gerechtigkeit, denn niemand kann weiterhin den Deutschen abverlangen, dass unsere Kinder ihre Stipendien nach dem Studium weitgehend zurückzahlen müssen, während manche Ausländer Sozialleistungen in Anspruch nehmen können, schwarz arbeiten und über die dummen Deutschen lachen, denen nichts geschenkt wird und die ihre hohen Steuern in ein Fass ohne Boden einzahlen.

8

»Die Zahlen sind alarmierend«: Arbeitsplatzexport und Arbeitslosenimport

Die Probleme auf dem Arbeitsmarkt beginnen früh: Im Vorschulalter, wenn die ersten Weichen für individuelle Lebensperspektiven und Qualifizierungsmöglichkeiten gestellt werden. Insofern ist es fatal, dass in Deutschland Ausländerkinder in den Kindergärten unterrepräsentiert, dafür aber an Sonder- und Hauptschulen überrepräsentiert sind. In München war bei einem Ausländeranteil von unter einem Viertel jeder zweite Schüler an Sonderschulen und Hauptschulen Ausländer.[302] Weniger als ein Viertel der ausländischen, aber mehr als die Hälfte der deutschen Schüler erreichten das Abitur. 21 Prozent der jungen Ausländer erhielten überhaupt keinen Schulabschluss. Während 1990 erst 19 Prozent der jungen Arbeitslosen unter 25 Jahren Ausländer waren, stieg dieser Anteil bis 1993 auf 37 Prozent.

Das Münchner Referat für Stadtplanung erklärte: »Die Zahlen sind alarmierend: In den nächsten fünfzehn Jahren werden drei Millionen ausländische Jugendliche auf den Arbeitsmarkt drängen; zwei Drittel von ihnen werden versuchen, ohne Ausbildung Arbeit zu finden. Sie werden nach allem, was man über den Arbeitsmarkt weiß, kaum Chancen haben.«[303] Die bayrische Politikerin Ursula Männle etwa hat zu Recht seit Jahren gefordert, das maximale Nachzugsalter von 16 auf 10 Jahre zu senken, um überhaupt die Chance zu haben, Ausländerkinder auf deutschen Schulen integrationsbereit und -fähig zu machen. Warum ist nicht einmal dieser kleine, längst überfällige Schritt in die richtige Richtung politisch umgesetzt worden?

Dass Menschen mit geringer formaler Bildung deshalb nicht weniger wert sind, dass sie, auf den richtigen Platz gestellt, einen wertvollen Beitrag für die Gemeinschaft leisten und unter Umständen äußerst wertvolle emotionale und spirituelle Beiträge einbringen können – etwa in der Musik oder in der Volksheilkunde – sei hier noch einmal ausdrücklich hervorgehoben. Nichtsdestotrotz schafft es Probleme, dass die Qualifikationen der Zuwanderer statistisch gesehen alles andere als eine Normalverteilung (Gaußsche Kurve) bilden. Wir haben es, jedenfalls was die kognitive Bildung angeht, mit einer U-Kurve zu tun, die bei einem wenig ausgeprägten Mittelbereich zwei ausgeprägte Extreme zeigt: Einerseits die vielen Anatolier vom Lande, analphabetische marokkanische Bauarbeiter, Roma vom Balkan, die kaum eine Schule von innen gesehen haben; andererseits die Hoch- und Höchstqualifizierten – türkische Intellektuelle, marokkanische Ärzte, rumänische EDV-Spezialisten, russische Physiker.

Während die einen Schwierigkeiten haben, ihre Abschlüsse anerkannt zu bekommen und angemessene Arbeitsplätze zu finden, stehen die anderen vor dem Problem, dass die Möglichkeiten für Un- und Angelernte immer geringer werden, – zumindest außerhalb der Schattenwirtschaft und regulärer Tarife –, und dass längst – etwa im Bauwesen, der Landwirtschaft oder der Gastronomie – ein massiver Verdrängungswettbewerb eingesetzt hat. Der führt dazu, dass im Polski Fiat kampierende Polen oder im Bauwagen hausende Angolaner all diejenigen »ausbremsen«, die hier mit entsprechend hohen Mieten usw. zurechtkommen müssen und deren Lohn zur Hälfte von Abgaben aufgefressen wird.

Die Zuwanderer leben und arbeiten in einer Gesellschaft, in der immer weniger Menschen ohne Berufsausbildung beschäftigt sind. Waren es 1985 noch ein Viertel, so wird für 2010 damit gerechnet, dass es sich nur noch um ein Zehntel der Beschäftigten handeln wird. Der Anteil derjenigen, die eine Lehre erfolgreich absolviert haben, ist in den Achtzigerjahren auf rund 60 Prozent gestiegen und dürfte sich auch 2010 in diesem Bereich bewegen. Für die Höherqualifizierten wird für 2010 eine Zunahme vorhergesagt: 12 Prozent Fachschulabschluss, 6,7 Prozent Fachhochschulabschluss, 10,3 Prozent Hochschulabschluss. Auch an den Zahlen zur beruflichen Weiterbildung ist ablesbar, dass die Ausländer zwar zugelegt haben, aber immer noch viel zu selten solche Angebote wahrnehmen (Ausländeranteil 1991 2,1 Prozent, 2000 9,1 Prozent.)[304]

In den letzten Jahren hat sich der bildungsmäßige Abstand zwischen den deutschen Berufstätigen und den Migranten nicht verändert. Beide Gruppen haben Fortschritte gemacht, aber weiterhin ist es so, dass unter den Ausländern deutlich mehr Ungelernte und Angelernte sind als unter den Deutschen und andererseits deutlich weniger mittlere bzw. höhere Angestellte und Selbstständige. Dies hat nicht zuletzt mit den unzureichenden Schulabschlüssen der Migranten zu tun. Hier fällt auf, dass der Anteil derjenigen ohne Schulabschluss sich nur geringfügig vermindert hat (zwischen 1996 und

1999 von 17,4 auf 16,7 Prozent), obwohl die deutschen Schulen ihre Anforderungen immer mehr absenken und es inzwischen meist schon einige Anstrengungen in punkto Faulheit und Disziplinlosigkeit kostet, die Hauptschule ohne Abschlusszeugnis zu verlassen.

Der Anteil der ausländischen Schüler mit Hauptschulabschluss ist von 1996 bis 1999 von 38,7 auf 35,4 Prozent gesunken. Dafür schafften 1999 31,6 Prozent den Realschulabschluss und 16,3 Prozent die Hoch- bzw. Fachhochschulreife. Zwischen 1991 und 2000 sank die Zahl der Auszubildenden mit türkischem Pass von 48 283 auf 39 850. Dies hängt zu einem Teil damit zusammen, dass Jugendliche die deutsche Staatsbürgerschaft erhielten, andererseits blieb aber die Zahl der Auszubildenden mit italienischem Pass in diesem Jahrzehnt nahezu gleich. Auch im internationalen Vergleich zeigen die Migrantenkinder in Deutschland ausgeprägtere intellektuelle Defizite als in anderen Ländern. In allen Bereichen ist es so, dass sowohl in den USA als auch im OECD-Durchschnitt Inländer höhere Kompetenz haben als Schüler aus Migrantenfamilien und wiederum diese meist die ausländischen Schüler übertreffen. (Eine Ausnahme bildet die naturwissenschaftliche Grundbildung, wo in den USA die ausländischen Schüler besser abschneiden als die Migrantenkinder.) Aber es fällt auf, dass in Deutschland der Abstand zwischen den Inländern und dem Rest so groß ist.[305]

Hier besteht akuter Handlungsbedarf. Selbst DIE GRÜNEN, sonst Meister im Verschweigen und Kleinreden von Problemen, sprechen in diesem Zusammenhang von »sozialem Sprengstoff«.[306] Mehrere Schritte sind erforderlich:

- Wer unbedingt als Türke eine Türkin aus seinem Dorf heiraten will, womöglich per arrangierter Ehe, der mag dies tun, aber dann soll er bitte auch in der Türkei bleiben. Es kann nicht angehen, dass immer wieder Türken Frauen nach Deutschland einwandern lassen, die kein Wort Deutsch sprechen und ihre Kinder somit auch nur auf Türkisch erziehen können. Die ausländischen Minderheiten sind groß genug, dass genügend Heiratspartner hier im Lande zur Verfügung stehen, wenn es denn schon jemand aus dem eigenen ethnischen Lager sein muss.
- Es muss dafür gesorgt werden, dass alle Kinder deutsche Kindergärten besuchen und dass dort eventuell noch vorhandene Sprachdefizite aufgearbeitet werden. Separate Kindergärten, womöglich noch unter fundamentalistischem Einfluss, sollten gar nicht erst zugelassen werden.

- Mit geeigneten Mitteln (z. B. der Besteuerung) sollte dafür gesorgt werden, den Einfluss der ausländischen Medien zurückzudrängen und sicherzustellen, dass in den Familien zunächst einmal deutsche Zeitungen gelesen, deutsches Radio gehört, deutsches Fernsehen geschaut wird.
- So wie die Gettos nach und nach komplett aufgelöst werden müssen, so muss möglichst schnell erreicht werden, dass überall im Land der Ausländer- und Migrantenanteil in den Schulklassen in etwa gleich ist und bestimmte Maximalwerte nicht übersteigt. Hierzu wird es erforderlich sein, wie in den USA im Kampf gegen die Rassentrennung Kinder mit Bussen in andere Schulen zu bringen.
- In den Schulen muss sich das Miteinander grundlegend ändern. Werte wie Gemeinschaftsgeist, gegenseitige Hilfe, Disziplin und Leistungsbereitschaft gehören an die erste Stelle. Um dies durchzusetzen, wird es sich nicht vermeiden lassen, unfähigen oder unwilligen Pädagogen ganz genau auf die Finger zu sehen, wie auch einzelne verhaltensgestörte Schüler deutlich die Konsequenzen ihres Fehlverhaltens spüren zu lassen. Gegen Drogen, Diebstahl, Erpressung, Bummelei, Vandalismus muss entschieden vorgegangen werden. Das Aufzeigen von Grenzen, nicht Entgrenzung und grenzenloses »Fun, fun, fun« muss die Maxime pädagogischen Handelns sein.

Konrad Schuller schreibt: »Berlin hat sich mit seinen Türken nicht nur eine nationale Minderheit, sondern gleich eine Unterschicht ins Land geholt. Deshalb hat jetzt, wo überall manuelle Arbeit wegfällt, die Arbeitslosigkeit einen deutlich ethnischen Zug angenommen. In Kreuzberg ist sie unter Ausländern seit 1992 drei Mal so schnell gewachsen wie unter Deutschen. In Berlin liegt die Gesamtquote bei 18,9 Prozent, unter Ausländern bei 34,5 Prozent.«[307] 1995 erschienen 30 Prozent der Berliner Jungtürken nach Abschluss der Schule nicht bei den Arbeitsämtern bzw. den Beratungsstellen – 1992 waren es erst 17 Prozent. Diese Jugendlichen verschwinden in aller Regel in der Getto-Ökonomie, landen zwischen Kebab-Ständen, Gemüseläden und weniger legalen Erwerbsmöglichkeiten in den »Fangarmen der Abstiegsgesellschaft«.[308]

In München waren im August 1996 31,6 Prozent der Arbeitslosen Ausländer (bei einem Bevölkerungsanteil von 22 Prozent).[309] Dass nur 11 Prozent der Auszubildenden im dortigen öffentlichen Dienst junge Ausländer sind (insgesamt lag diese Quote 1993 bei 17,5 Prozent), liegt nicht an Vorurteilen, sondern an der durch Selbstausgrenzung, mangelnde Bildung bzw. Bildungsbereitschaft usw. erzeugten fatalen Situation, dass in Deutschland große Gruppen der Zuwanderer unterdurchschnittlich lernbereit und aufstiegsorientiert sind (bzw. von ihrer familiären Umgebung an Lernen und Weiterentwicklung gehindert werden), während die meisten Zuwanderer in anderen Teilen der Welt (man vergleiche die Chinesen in Amerika oder Ostasien, die Juden, die Inder in Ostafrika usw.) sich überdurchschnittlich engagieren, um gesellschaftlich vorwärts zu kommen. Hier sind also nicht die von der GEW favorisierten ominösen »interkulturellen Erziehungsmodelle« gefragt, sondern Entschlossenheit und Fähigkeit, die kulturellen Werte Deutschlands allen Schülern selbstbewusst und glaubwürdig zu vermitteln.

Man kann nur kopfschütteln, wenn man liest, was ein Wahid Wahdatehagh behauptet: »Es ist ein offenes Geheimnis, dass das gegenwärtige Schulsystem sogar hier geborenen Ausländern den deutschen Bildungsbereich de facto verschließt, da sie eine Mehrbelastung durch ihre interkulturelle Leistung zu erbringen haben und eine gezielte Betreuung brauchen. Sie scheitern an ihrem ökonomischen Missstand.«[310] Hat Herr Wahdatehagh schon einmal davon gehört, dass Schwierigkeiten, Niederlagen und Widerstände die Voraussetzung von besonderen Leistungen sind? Oder wodurch haben denn die Juden – heute 0,3 Prozent der Weltbevölkerung – durch die Jahrhunderte jene großartigen Leistungen für die Weltkultur vollbracht? Etwa durch Sozialhilfe ihrer andersgläubigen Umgebung? Was ist denn den deutschen Kolonisten in den Urwäldern des östlichen Polen, in Siebenbürgen oder an der Wolga geschenkt worden – außer der Chance, sich zu beweisen und sich zu behaupten?

Schon in der Zeit zwischen 1961, als mit 690 000 Ausländern ein Anteil an der Bevölkerung von 1,2 Prozent erreicht wurde, und dem Anwerbestop von 1973 kamen nahezu 900 000 Türken als Gastarbeiter nach Deutschland. Aber die Zeiten haben sich geändert. Nüchtern und insgesamt durchaus zutreffend stellt der *Spiegel* über die 600 000 jungen Türken und 500 000 jungen Aussiedler fest: »Sie sind nicht mehr als Arbeitskräfte willkommen, sie werden nicht mehr gebraucht. Daran zerbrechen alle schönen Visionen eines friedlichen Multikulti.«[311] Wenn in Berlin allein für monatlich 700 bis 800 neu ankommende Flüchtlinge aus Ex-Jugoslawien pro Jahr über 10 Millionen DM an Leistungen nach dem Asylbewerberleistungsgesetz

(AsylbLG) erbracht werden müssen, dann ist dies auf Dauer ebenso wenig zu leisten wie die jährlich rund 5 Milliarden DM, die die Kommunen an Ausländer mit verfestigtem Aufenthaltsrecht, die ein Fünftel der Sozialhilfebezieher stellen, zu zahlen haben oder die 5,6 Milliarden DM, die 1996 nach dem Asylbewerberleistungsgesetz gezahlt wurden.[312] Arbeitgeber-Präsident Dieter Hundt erklärt offen, er könne nicht verstehen, »dass wir bei rund 4 Millionen Arbeitslosen jedes Jahr bis zu 200 000 befristete Arbeitsverhältnisse für Ausländer schaffen.«[313] Eine Ausarbeitung des Bundesministeriums für Arbeit und Sozialordnung aus dem Jahre 1995 stellte fest: »Für weitere Zuwanderungen besteht aus arbeitsmarktlicher Sicht kein Bedarf. Die Aufnahmefähigkeit des Arbeitsmarktes wurde bereits mit der Zuwanderung der letzten Jahre erheblich überfordert. Diese Auffassung wird von den Studien des Instituts für Arbeitsmarkt- und Berufsforschung gestützt. Danach ist noch bis zum Jahr 2010 von einem nicht unerheblichen Gesamtüberschuss an Arbeitskräften auszugehen, sodass ein arbeitsmarktorientierter Einwanderungsbedarf mittelfristig nicht gegeben ist.«[314]

Michael Behrens, Leiter des Englischen Programms der *Deutschen Welle*, betont – entgegen allen Maximen der (Un-)Politischen Korrektheit und der multikulturellen Selbstverleugnung: »Von Amerika können wir lernen, dass sich ein Staat seine Einwanderer aussuchen muss – und das sind vor allem gesunde, gut ausgebildete und wohlhabende Bürger, die nach dem Muster der Hongkong-Chinesen mit ihrem Geld und ihrem Know-how in Münster oder Leipzig willkommen sind.«[315] Im kanadischen Vancouver verpflichten sich Hongkong-Chinesen per Unterschrift dazu, »mindestens 350 000 kanadische Dollar (knapp 450 000 DM) in ihrer neuen Heimat zu investieren, üblicherweise in Staatsanleihen«.[316] Immer wieder schieben Länder illegale Fremde ab, um den eigenen Bürgern bessere Chancen auf einen Arbeitsplatz zu sichern. So erklärte die thailändische Regierung 1998, man werde angesichts des voraussichtlichen Arbeitsplatzverlustes von 2 Millionen Thais in diesem Jahr dafür sorgen, dass 300 000 illegale Ausländer in ihre Heimat abgeschoben werden.[317]

Auch die CDU/CSU, die historisch die Massenzuwanderung nach Deutschland in den Fünfziger- und Sechzigerjahren eingeleitet (und damit auch in vielem zu verantworten hat), erklärt inzwischen: »Diese Zuwanderung hat zu den heutigen Arbeitsmarktproblemen erheblich beigetragen.«[318] Besonders bedrohlich ist, dass etwa das

Lohngefälle von 10 : 1 zwischen Deutschland und Polen oder die nach dem EU-Beitritt drohende Massenarbeitslosigkeit in der polnischen Landwirtschaft (gerechnet wird mit 9 Millionen Arbeitslosen) eine neue Wanderungswelle aus Osteuropa in Gang setzen könnte. Wenn zwischen April 1994 und April 1998 nach Angaben der Bundesanstalt für Arbeit die Zahl der Erwerbstätigen von 34,8 Millionen auf 33,7 Millionen – also um 1,1 Millionen Menschen – zurückging[319], dann wird daran deutlich, dass kein genereller Zuwanderungsbedarf besteht, sondern allenfalls Menschen mit speziellen Qualifikationen benötigt werden und andererseits eine große Zahl Unqualifizierter in die Ursprungsländer zurückgehen sollte – auch, um so Arbeitsplätze mit geringen Ausbildungsanforderungen frei zu machen für schwer vermittelbare deutsche Arbeitslose. Von den Ende September 1994 arbeitslosen Ausländern hatten 78,5 Prozent keine abgeschlossene Berufsausbildung[320] – für mindestens 80 Prozent aus dieser Gruppe gibt es also schlichtweg auf Jahre hinaus keinen gesellschaftlichen Bedarf und keine Rechtfertigung, noch länger in Deutschland zu bleiben.

In Deutschland wird eine Zuwanderung organisiert, bei der vor allem, wie Wolf Jobst Siedler schreibt, jene kommen, die das »Heer der ungelernten Gelegenheitsarbeiter« vermehren. »Sie tragen nichts zur Bereicherung der europäischen Bevölkerungsstruktur bei; die Misere der Hilfsarbeiter und der Arbeitslosigkeit wird nur vermehrt. ... Man handelt gewissenlos, und zwar sowohl den Deutschen als auch den Einwanderern gegenüber.«[321] H. P. Stihl nannte in einem Interview mit der *Wirtschaftswoche* folgendes Beispiel: »Ein Vater mit vier Kindern, der aus dem Ausland zugezogen ist und der nichts gelernt hat, bezieht monatlich 3500 Mark an Sozialtransfers. Der geht doch nicht mehr arbeiten.«[322] Gegen alles Gerede vom armen Ausländer als ewigem Opfer stellte der linke Publizist Eberhard Seidel-Pielen fest, dass die überproportionale Arbeitslosigkeit von Ausländern kaum mit »rassistischer Diskriminierung«, sondern »vor allem mit der Schichtzugehörigkeit und dem Bildungsgrad zu tun hat. Der Arbeitsmarkt kann auf gering Gebildete verzichten, egal ob sie nun türkischer oder deutscher Herkunft sind.«[323] Einigermaßen euphemistisch beschreibt er die Diebereien und das Herumlungern des »Lumpenproletariats in Markenklamotten« als »individuelle Überlebens- und Darstellungsstrategien, die selbst organisierte Umverteilung gesellschaftlichen Reichtums und das Zurschaustellen der eigenen physischen Existenz«.[324]

All diese Fakten verdeutlichen, wie gedankenlos und wie gefährlich die auf mentale bzw. moralische Defekte der Wählerschaft und auf den Beifall der Abkassierer und Spaßgesellschaftler hoffende »Argumentation« des Bundeskanzlers ist, der von »rund einer Million pro Jahr« Zuwanderer spricht, die »wir (!) brauchen«. Tun, was das Volk verlangt? Gott bewahre, denn so tönt es aus Schröders Mund, die Verfassung darf nicht »zur Betriebsanleitung für die Durchsetzung des gesunden Volksempfindens werden«.[325]

9
Ausländerforderungen und Überforderung der Inländer – über die Staatsbürgerschaft zur Staatsmacht?

Teilweise wird der unzutreffende Eindruck vermittelt, als sei den Ausländern in der Vergangenheit böswillig oder fahrlässig die Einbürgerung völlig verwehrt gewesen. Davon kann keine Rede sein: Alle Ausländer besaßen auch vor dem Jahr 2000 nach 15 Jahren Aufenthalt in Deutschland (wenn sie zwischen 16 und 23 Jahren alt waren, sogar schon nach 8 Jahren) einen grundsätzlichen Rechtsanspruch auf Einbürgerung. Davon wurde auch Gebrauch gemacht, auch wenn die Einbürgerungsquoten von Kreis zu Kreis und von Bundesland zu Bundesland gewisse Unterschiede aufwiesen, die aber überwiegend mit der Nachfrage durch die Einbürgerungskandidaten und nicht mit genereller Neubürgerabwehr seitens der Verwaltungen zu tun hatten.

Mit dem geänderten Staatsangehörigkeitsrecht hat man in typischer Politikermanier einen Großteil der Probleme, vor allem wenn es um das Ausüben der Option und einen eventuellen Entzug der vorübergehenden deutschen Staatsbürgerschaft geht, um rund 20 Jahre in die Zukunft verschoben. Eines aber ist klar: »Der Verwaltungsaufwand wird«, wie der baden-württembergische Innenminister Thomas Schäuble erklärte, »exorbitant sein«.[326] Aber dann sind die Verursacher dieser Malaise in Pension – »nach uns die Sintflut« heißt das Motto.

Als Gerhard Schröder im November 1998 erklärte, die Deutschen würden »denen, die dauerhaft hier leben, arbeiten und ihre Steuern zahlen, die Hand reichen, damit sie sich in unsere Demokratie einbringen können«,[327] problematisierte er nicht im Mindesten, dass türkische Faschisten und arabische Islamisten vielfach brave Abgabenentrichter in Deutschland sind. Es bleibt festzuhalten, dass man erstens den bienenfleißigen Feinden der Demokratie, der Aufklärung und unserer auf Christentum und Judentum basierenden Kultur gerade nicht die Hand reichen sollte und dass zweitens bei allen Ausländern guten Willens unsere zur Zusammenarbeit ausgestreckte Hand in zwei Richtungen weisen muss: für die Eindeutschungswilligen in Richtung voller Bürgerrechte, für die nur zu sozialer Integration Bereiten in Richtung fester Garantie eines gesicherten Gäste-Status' – zumindest mit friedlicher Koexistenz, besser noch mit guter Nachbarschaft. Wenn uns Umfragen sagen, dass 23 Prozent der Ausländer die deutsche Staatsbürgerschaft wünschen, 38 Prozent die doppelte Staatsbürgerschaft und 39 Prozent weder das eine noch das andere,[328] dann kann man von dieser Basis ausgehen und daraus eine differenzierte Politik entwickeln – für die zukünftigen neuen Deutschen wie für diejenigen, die in Deutschland bleiben, aber keine Deutschen sein wollen.

Zu Recht wird von den Zuwanderern erwartet, dass ihrer Einbürgerung ein Prozess freiwilliger kultureller und sozialer Integration vorausgeht. Wer die Landessprache nicht hinlänglich beherrscht oder wer nicht bereit ist, seine alte Staatsbürgerschaft aufzugeben, der hat die kulturelle Integration noch nicht vollzogen. Wer nur das Heer der Dauerarbeitslosen und dauerhaften Sozialhilfe-Empfänger vergrößern würde oder wer sich nicht an unsere Rechtsordnung hält, dem ist die soziale Einordnung in die deutsche Gesellschaft nicht gelungen. Es ist legitim und für die Selbstbehauptung Deutschlands in einer weiterhin konfliktreichen und unfriedlichen Welt unerlässlich, dass Staat und Gesellschaft von den Einbürgerungskandidaten das Bekenntnis zu ihrer neuen Heimat verlangen.

Vieles spricht im Übrigen dafür, der Einbürgerung einen feierlichen, würdigen Rahmen zu verleihen, die neuen Rechte und Pflichten des Neubürgers zu verdeutlichen und von ihm das unzweideutige Bekenntnis zu diesem Land und seinem Grundgesetz zu verlangen. Wer dazu nicht bereit ist, der sollte weiterhin ohne deutschen Pass bleiben – als Gast in dem ihm anscheinend innerlich so fremden Land. Gerade was die Muslime betrifft, betont Bassam Tibi, der sich selbst als liberaler Kultur-Muslim sieht, die Notwendigkeit eindeutiger Forderungen und Konsequenzen: »Mit dem Glauben an den Islam als überlegene Religion ist die religiöse Pflicht verbunden, ihn weltweit zu verbreiten. Überall dort, wo Muslime leben, beansprucht der Islam unbedingte Geltung für sich. Das hat nichts mit Fundamentalismus zu tun, sondern ist Inhalt der Doktrin von der Verbreitung des Islams als Politik der Islamisierung.«

Schon rein zahlenmäßig spielt der Islam in Deutschland eine bereits große und in ihrer Bedeutung zunehmende Rolle. In Deutschland gab es 2001 rund 3 200 000 Muslime – 150 000 mehr als im Vorjahr![329] (In dieser Zahl sind die Aleviten mit 340 000 Personen enthalten, die sich in der Türkei aus Selbstschutz als Muslime deklarieren, ohne dies aber zu sein und ohne von den meisten Muslimen als Rechtgläubige akzeptiert zu werden. Die Aleviten selbst geben ihre Zahl in Deutschland mit 400 000 an.) 310 000 Muslime hatten einen deutschen Pass, wobei in den kommenden Jahren jeweils mindestens 100 000 jährlich hinzukommen dürften. 2 200 000 Muslime, also mehr als zwei Drittel, gehören dem sunnitischen Bekenntnis an.

Dies ergibt eine grundlegend andere Konstellation als beim Christentum, das zwar in Deutschland mehr Anhänger hat als der Islam und auch weltweit an der Spitze liegt (mit rund 30 Prozent der Weltbevölkerung gegenüber rund 20 Prozent beim Islam), das aber unter einer heillosen Zersplitterung leidet. Es gibt ja nicht nur die drei Großbekenntnisse, sondern vor allem unter den Protestanten zahllose Untergruppen und Sekten und unter den Orthodoxen etliche Kirchen, die autonom sind bzw. sich auf verschiedene Zentralinstanzen orientieren. REMID listet für Deutschland neben den Landeskirchen der EKD mit ihren 26 800 000 Mitgliedern allein 15 evangelische Gemeinschaften mit zwischen 10 000 und 388 000 Mitgliedern (letzteres bei der Neuapostolischen Kirche) auf. Auch die orthodoxen und orientalischen Kirchen in Deutschland teilen sich auf in 14 größere Gruppen, davon neun mit mehr als 10 000 Mitgliedern, wobei die 3 größten Kirchen die Gemeinschaft der autokephalen und autonomen Kirchen des Patriarchats von Konstantinopel (450 000 Mitglieder), die serbisch-orthodoxe Kirche (200 000) und die rumänisch-orthodoxe Kirche (80 000 bis 100 000) sind.[330]

Nach dem 11. September 2001 wollten Beamte des Bundesinnenministeriums die Türkei, da von dort immer wieder Fundamentalisten und Kriminelle nach Deutschland einreisen, mit 20 anderen Staaten wie Saudi-Arabien oder Pakistan auf eine spezielle Länderliste setzen, die eine frühzeitige Beobachtung und Überprüfung von Einreisenden ermöglicht. Dieser im deutschen Sicherheitsinteresse notwendige Schritt unterblieb auf Anweisung von Otto Schily bzw. letztlich der Amerikaner, die ihrem NATO-Schützling Türkei eine lange Leine zubilligen.[331] Aber auf die Dauer wird es Deutschland nicht erspart bleiben, sein Verhältnis zur Türkei außenpolitisch definitiv zu klären und neu zu definieren. Jede Unterstützung der türkischen Außenpolitik ist nicht allein Komplizenschaft gegenüber einem expansiv-aggressiven Chauvinismus, der weder das besetzte Nordzypern freigibt noch seine pantürkischen Wahnideen (»vom Balkan bis Sinkiang«) definitiv abgelegt hat, sondern implizit eine stillschweigende Kriegserklärung an Russen, Griechen, Armenier, Syrer usf.

Die Türkei ist ein orientalisch-vorderasiatischer Staat, der weder kulturell noch politisch in die Union der europäischen Länder gehört. Kurz und kühl stellte Rudolf Augstein dazu das Nötige fest: »Die Türkei ist in ihrem Polizeiwesen kein europäischer Staat, hätte die Nato ihre Vertragsgrundlagen ernst genommen, würde sie in dieses Bündnis heute nicht gehören. Ihre Chancen, die EU zu entern, schwinden mit jedem Tag.«[332] Heinrich Lummer weist darauf hin, dass gerade in der Türkei der Anpassungsdruck extrem groß ist, etwa gegenüber den Christen, und dass der türkische Staat seine Bürger deshalb nicht dauerhaft aus ihrer alten Staatsangehörigkeit entlassen und ihre dauerhafte Integration in Deutschland zu verhindern sucht, »weil man sie zum geeigneten Zeitpunkt in geeigneter Weise instrumentalisieren will«.[333]

Besonders grotesk ist, dass die rund 50 000 Deutschen in der Türkei keinerlei Rechte haben, es sei denn, sie nähmen die türkische Staatsangehörigkeit an, wobei sie aber schon beim Antragstellen die deutsche verlören und fortan noch mehr der Willkür eines womöglich demnächst auch noch islamistischen Polizeistaates ausgeliefert wären. Ständig müssen Aufenthaltserlaubnisse verlängert werden (alle 1 bis 2 Jahre) – auch nach Heirat mit einem Türken oder einer Türkin. Selbst wenn gemeinsame Kinder vorhanden sind, droht bei Tod des Ehepartners die Ausweisung. Rund 50 Berufe (z. B. Ingenieur oder Krankenschwester) sind für Ausländer verboten, zudem gilt die Arbeitserlaubnis stets höchstens ein Jahr.[334] Man stelle sich vor, dass jemand in Deutschland auf den nahe liegenden Gedanken käme, den Türken in Deutschland exakt die gleichen Rechte einzuräumen, wie sie den Deutschen in der Türkei zugebilligt werden …

Jörg Schönbohm betont zu Recht: »Der Schlüsselbegriff für den deutschen Integrationsbeitrag liegt im psychologischen Bereich und heißt Zustimmung. … Die Integrationsfähigkeit von Gesellschaften ist begrenzt. Integration wird umso schwieriger, je höher der Anteil der Ausländer ist. Auch werden sich Öffnungsbereitschaft und Akzeptanz nur sichern lassen, wenn die deutsche Bevölkerung nicht das Gefühl hat, übervorteilt und überfordert zu werden. So wachsen mit steigenden Ausländerzahlen Bedrohungs- und Überfremdungsängste. … Wo Zustimmung und Integrationsfähigkeit schwinden, wächst jedoch sozialer Zündstoff, wächst Fremdenfeindlichkeit. Im Hinblick auf weitere Zuwanderung ist daher eine grundsätzlich restriktive Politik unerlässlich. Wer Integration, wer sozialen Frieden will, muss auch Begrenzung wollen. Wesentlicher Teil einer solchen Politik ist, Menschen in ihre Heimatländer zurückzuführen, wenn sie sich illegal in Deutschland aufhalten oder kriminell geworden sind. Wer sich als Gast nicht an die Regeln hält, muss die Konsequenzen tragen, auch wenn ihn zu Hause Nachteile erwarten.«[335]

Ebenso wie die Duldung illegaler, durch keinen Asylgrund gerechtfertigter Einreisen oder die Duldung ausländischer Mehrfachtäter stellt jede Hinnahme einer doppelten Staatsangehörigkeit eine faktische Privilegierung der betreffenden Menschen gegenüber der einheimischen Bevölkerung dar, durch die die unerlässliche gesellschaftliche Akzeptanz für die Zuwanderung gefährdet wird. Dies gilt umso mehr, wenn von den Meinungsführern der SPD und der Bündnisgrünen die doppelte Staatsangehörigkeit geradezu als Normal- und Regelfall der Einwanderung gesehen wird und statt der Qualität der Zuwanderung deren Quantität zum Maßstab aller Dinge ernannt wird, wenn Menschen, die sich weder heute Deutschland zuordnen noch dies je tun werden, der deutsche Pass geradezu aufgedrängt wird – verbunden mit der Möglichkeit, sich unter Inanspruchnahme der alten Staatsangehörigkeit vor unangenehmen Pflichten zu drücken. Hinzu kommt, dass bestimmte Länder wie Griechenland oder Marokko ihre Staatsbürger grundsätzlich nicht aus der Staatsbürgerschaft entlassen bzw. wie der Iran dies endlos verzögern, was dann deutscherseits zur Hinnahme doppelter Staatsbürgerschaften führt, während andere wie die Türkei es zwar ermöglichen, den Pass abzugeben, aber zugleich darauf hinwirken – wenn erst der deutsche Pass da ist – wenig später erneut einbürgern zu dürfen. So hofft man, die Kontrolle über jene zu behalten, die als Fünfte Kolonne in Deutschland, als Devisenquelle und als politisches Druckpotenzial agieren sollen.

Für Tendenzen der Privilegierung bestimmter Ausländergruppen gibt es eine ganze Reihe von Beispielen. Nur zwei seien hier genannt:

- Für 700 000 DM erhalten reaktionäre Türken in Hamburg-Wilhelmsburg im dortigen Haus der Jugend einen separaten Anbau für Mädchen, damit dort strikte Geschlechtertrennung praktiziert werden kann.[336]
- In verschiedenen Bundesländern dürfen muslimische Mädchen vom gemeinsamen Sportunterricht und vom Sexualunterricht abgemeldet werden.[337]

Der grüne Bundestagsabgeordnete Cem Özdemir, für den »das überkommene deutsche Staatsangehörigkeitsrecht … schon lange auf den Müllhaufen der Geschichte, Abteilung Völkisches« gehört, plädiert dafür, »alle Mitglieder unserer Gesellschaft am Willensbildungsprozess teilhaben zu lassen«[338] – auch jene große Mehrheit seiner (ehemaligen?) Landsleute, die sich von unserem Land und seinem Staatsvolk distanziert. Dies widerspricht dem Geist und dem Buchstaben unserer Rechtsordnung. Wer Deutscher ist oder es werden will, wer sich Deutschland und den Deutschen verbunden und verbündet fühlt, der soll mitbestimmen über die Geschicke dieses Landes – und keiner sonst. Anderenfalls könnte man gleich die Bundestagsabgeordneten in Ankara, Belgrad und Warschau wählen lassen.

Die Zustimmung der Deutschen zur Zuwanderung und zu den Zuwanderern ist auch davon abhängig, dass nicht eine zu große Zahl von allzu Fremden einreist und auf Dauer bleibt und dass diese Fremden nicht in bestimmten Lebensbereichen ein erdrückendes Übergewicht gewinnen. Jenen Intellektuellen, die ihrem eigenen Volk gegenüber (zum Teil auch ihrer eigenen Person gegenüber) nichts als Verachtung und Ekel empfinden, die sich in der Toskana und in Florida eher zu Hause fühlen als in Deutschland und die jede spontane Äußerung des Volkszorns und des Volkswillens verteufeln als »Stammtisch-Parolen« und »faschistoides Gerülpse«, sind es, die sich von der nüchternen Feststellung Wolf Jobst Siedlers angesprochen fühlen dürfen: »Der Zeitgeist, der mit Kirchenbesetzungen, Lichterketten und Hungerblockaden die Aufnahme von jedermann aus Afrika und Asien erzwingen will, versteht nichts vom Fremden wie vom Eigenen.«[339]

In diesen Kontext gehört auch der in den Niederungen der Realität so unvergleichlich tief(un)sinnige Philosoph Jürgen Habermas: »Das Problem sind nicht die Skins, sondern … die Offiziere der Bundeswehr, die ihre Übungsgranaten gegen Unterkünfte von Asylanten werfen, sind die Parteien, die mit ihrer unsäglichen Asyldebatte von den wirklichen Problemen eines falsch eingefädelten Vereinigungsprozesses ablenken und sich zu Komplizen eines stumpfen, ressentimentgeladenen Teils ihrer Wählerschaft machen.«[340] Solche Tiraden sind es, die die notwendige Kritik an der etablierten Politik immer wieder diskreditierten, durch Verunglimpfungen wie beispielsweise in einer Verleihung des »braunen Engels« an Stoiber und Möllemann in der Gewerkschaftspostille *ver.di publik*[341] oder mit der Behauptung des Bundesausländerbeirats, die Unterschriftenaktion der CDU/CSU gegen die doppelte Staatsbürgerschaft sei eine »böswillige Verunglimpfung aller rechtschaffenen Ausländer in Deutschland«.

Ähnlich verheerend ist es, wenn vom »Rat für Migration« verkündet wird: »Politische Agitation und Polemik gegen Fremde sind keine lässliche Sünde der Meinungsfreiheit. Körperliche Übergriffe auf Ausländer sind keine einfachen kriminellen Delikte. Sie bedrohen den inneren Frieden und richten sich gegen die rechtliche und politische Ordnung. Sie entlegitimieren die Republik.«[342] Es wird hier nicht unterschieden zwischen erstens Hass- und Mordaufrufen, die dem Straftatbestand der Volksverhetzung unterliegen, zweitens unappetitlichem Appellieren an Vorurteile, das scharf kritisiert, aber nicht verboten werden kann, und drittens der für ein demokratisches Leben unerlässlichen deutlichen und offenen politischen Auseinandersetzung. Die Ausländer unter eine fürsorgliche Tabu-Glocke zu setzen, ist mit das Schlimmste, was man ihnen antun kann, denn es beschwört – allein schon als Trotzreaktion – Ausländerfeindlichkeit herauf.

Ebenso gefährlich ist es, immer da, wo am Biertisch ein Ausländer warum auch immer verprügelt wird, nach dem Staatsschutz zu rufen und aus den normalen Alltagskonflikten historische Grundsatzentscheidungen zu machen. Besonders pervers ist es, dass der rat- und ideenlose »Rat für Migration« kein Wort und keinen Gedanken daran verschwendet, wie man denn mit verbaler bzw. mit gewaltsam ausgetragener Deutschenfeindlichkeit von Ausländern umgehen soll. Soll bei jedem der weit verbreiteten Verbalübergriffe gerade muslimischer Machos gegenüber deutschen Frauen, bei jedem Rempler in der Fußgängerzone, sich ganz Deutschland angegriffen fühlen und mit der »ganzen Härte des Gesetzes« zurückschlagen?

Zu einem an Demagogie und Verblendung kaum noch zu überbietenden Kampforgan hat sich in den Achtzigerjahren die Saarbrücker Zeitschrift mit dem schönen Titel *Die Brücke* entwickelt, die von einem gleichnamigen Verein, dem das Finanzamt Saarbrücken die Gemeinnützigkeit bescheinigt hat, herausgegeben wird. Da will ein gewisser Cumali Yabanci gleich Christentum und Deutschland in einem Aufwasch ausrotten: »Der Rassismus ist des Christentums liebstes Kind, er wurde von ihm gezeugt. 2000 Jahre sind genug! Wir brauchen Menschen, die aus dem Ledereinband der Bibel Stiefel schustern ... Erst die Tötung der ›deutschen Seele‹ gibt dem antirassistischen Kampf eine Chance.«[343]

Einige Zeit vorher hatte dieser Autor – wohl eher ein Fall für den Psychiater als für den Staatsanwalt – erklärt: »Dieses Land ist – zu unserem Bedauern – nach Auschwitz nicht untergegangen.«[344] Allenfalls der damalige Bundespräsident konnte für die Brückenbauer als Lichtblick und Lichtgestalt gelten: »Und heutzutage macht Bundespräsident v. Weizsäcker mit seinen Reden eine sehr gute Figur.«[345] Das heutige Deutschland wird als »Viertes Reich«[346] oder als »Apartheidstaat«[347] verunglimpft, nur weil nicht schon alle Ausländer das Wahlrecht haben. Angeblich ist das deutsche Ausländergesetz »zum Teil mit dem Parteiprogramm der NSDAP vom 25. 1. 1929 zu verwechseln«[348] und unterscheiden sich die Sammellager für Flüchtlinge »nur noch in wenigem von Konzentrationslagern«.[349] Logischerweise verlangt man nicht allein gleiche Rechte, sondern darüber hinaus »Privilegien im Sinne des Minderheitenschutzes«,[350] vor allem eine »kulturelle Autonomie«, also eine »Selbstverwaltung jeder nationalen oder ethnischen Minderheit in allen ihr spezifischen Angelegenheiten mit eigenem Haushalt mit autonomen Entscheidungs- und Ausführungsorganen und eigenen Kontrollorganen, dazu »Richter verschiedener Nationalitäten.«[351] Logisch, dass man wie so mancher FDP-Politiker dafür kämpft, »dass in jeder deutschen Stadt Moscheen und Minarette gebaut werden.«[352]

Es ist merkwürdig, wie selten sich in den Medien jene Vorkommnisse und Besorgnisse niederschlagen, die alltäglich jene beschäftigen, die nicht als im Nobelviertel residierender Privatier sich die harte Realität der Multi-Kulti-BRD auf sichere Distanz halten können. Eine der rühmlichen Ausnahmen ist Jost Noltes Bericht über die *Grübeleien eines Hamburger Blumenhändlers, der Demokrat bleiben möchte*,[353] in dem detailliert beschrieben wird, wie eine teils chauvinistisch-aggressive, teils schlicht kriminelle Minderheit in der Minderheit einem jungen Floristen, der friedlich seiner Arbeit nachgeht, das Leben schwer macht und ihn obendrein noch als »Nazi-Schwein« verhöhnt – so wie deutsche Frauen immer häufiger von dem Bodensatz besonders der muslimischen Ausländer als »deutsche Huren« beschimpft werden.

Ludwig Römhild schreibt: »Wir dulden nicht nur, wir unterstützen und fördern durch direkte finanzielle Zuwendungen aus Steuergeldern und durch Steuervergünstigungen selbst jene ›Kulturvereine‹, deren Ziele in klarem Widerspruch zu unseren westlichen Werten und zu unseren nationalen Interessen stehen, und finanzieren damit den Kampf gegen uns selbst.«[354] Wenn sogar jemand wie der Führer der kurdischen PKK, Abdullah Öcalan, den Aufschwung der Rechtsradikalen in Deutschland mitverursacht sieht durch bestimmte Verhaltensweisen türkischer und kurdischer Zuwanderer,[355] dann sollte man ergänzend feststellen, dass riesige Moscheen und zahlreiche »Kulturzentren«, die von verfassungsfeindlichen Polit-Sekten wie der »Islamischen Gemeinschaft Milli Görüs« (IGMG) oder dem »Verband der Islamischen Kulturzentren« (VIKZ) beherrscht werden, nicht gerade der Integration dienen.

Geradezu selbstmörderisch wird das Ganze, wenn dann noch solche großartigen Volksvertreter zur volksfestartigen Eröffnung reden dürfen wie der Lauinger CSU-Bürgermeister Georg Barfuß, der bei der Einweihung »seiner« Moschee trompetete: »Wir wollen unseren türkischen Freunden ein Stück Heimat geben, denn Heimat ist für die Islamisten (sic!) dort, wo ein Minarett steht.«[356] Letzteres ist 25 Meter hoch und gehört zu einem mit 5 Millionen DM veranschlagten Prunkbau. Wenn Barfuß es als Pflicht der Christen ansieht, anderen Religionen das Recht auf ihren Kultort einzuräumen, dann erhebt sich doch die Frage, ob hier an stilles Gebet gedacht ist oder an eine fundamentalistische Indoktrination, die nur solange auf leisen Sohlen daherkommt, bis man stark genug ist, um das Christentum und andere als Aberglauben und Götzendienst verteufelte Konkurrenzreligionen zu eliminieren. Man sollte sich an einen Satz von Annemarie Schimmel halten: »Echtes Verstehen erwächst aus der Kenntnis historischer Tatsachen und Entwicklungen, doch solche Kenntnis fehlt heute vielen.« Zu dieser Kenntnis gehört auch eine historisch-kritische Sicht des Islams als Religion und – untrennbar damit verbunden – als gesellschaftlich-politische Weltanschauung mit all ihren hellen und dunklen Seiten.

Kennzeichnend ist, dass nicht allein bei ominösen Gruppierungen wie den Cibedo-Gruppen des »Christlich-Islamischen Dialogs« für den eher weniger als mehr geordneten Rückzug aus der christlichen Kultur getrommelt wird: So schaffte das Hamburger Frauenhaus 1995 das Weihnachtsfest mit der unglaublichen Begründung ab: »Wir können uns doch nicht einfach nach der Mehrheit richten. Gerade wir müssen daran denken, dass auch andere Kulturen und Religionen bei uns leben.«[357]

In der Tat gibt es dann kein Halten mehr, wenn der Mehrheit ihre Kultur und ihre Werte genommen werden und ersetzt werden durch die Normen fremder Minderheiten oder durch am grünen Tisch entstandene Kompromisskonstrukte. Jene Prediger christlicher Selbstaufgabe, die wie der Fernsehpastor Jürgen Fliege verlautbaren »Wir brauchen Moscheen, damit sich Muslime unter uns zu Hause fühlen können«,[358] vergessen völlig, dass ihre eigentliche Aufgabe weder im Politisieren noch in Dialog-Propaganda liegt, sondern in der Verkündigung der Botschaft Jesu!

So sehr es erforderlich ist, dass die christlichen Kirchen dort, wo in anderen Ländern Muslime verfolgt oder unterdrückt werden, auch für deren Menschenrechte eintreten, so wenig kann es Aufgabe des Christentums sein, sich für einen starken Islam und dessen Blühen und Gedeihen einzusetzen oder wie Pfarrer Hans Christian Johnsen, Islambeauftragter des Koblenzer Kirchenkreises, zu predigen: »Wir beten nebeneinander zu dem einen Gott. Es ist egal, ob wir das gemeinsame Gebet in der Kirche oder einer Moschee sprechen.«[359] Das religiöse One-World-and-one-God-Potpourri, das sich vor allem Hans Küng zur Lebensaufgabe gemacht hat, bedeutet nicht nur, das jeweils Eigene aufzugeben und durch Vermischung komplett zu neutralisieren. Es bedeutet auch, Unwahrheiten und Illusionen zu verbreiten, die die realen Widersprüche zwischen den Religionen und deren jeweilige reale Defizite ausblenden. So versteigt sich Küng zu der Behauptung, der Islam sei gegründet »in einem Grundethos der Humanität mit klaren Imperativen zu mehr Menschlichkeit und mehr Gerechtigkeit«.[360] Hans-Peter Raddatz hat in seinem fundierten Grundlagenwerk »Von Gott zu Allah?« eine solche (Selbst-)Betrügerei des Ignorierens und Nicht-so-genau-Wissen-Wollens exzellent analysiert und entlarvt.

Es kann den Ausländern nur schaden, wenn bestimmte Ausländerlobbyisten sich hinreißen lassen zu hassverzerrten Diffamierungen. Besonders problematisch sind Institutionen wie *Media Watch* oder *Online/More Colour in the Media*, die auf der Grundlage des puren Lobbyismus – zum Teil mit durchaus rassistischen Untertönen – in der Regel sowohl ein unabhängiges sachliches Urteil wie die journalistische Fairness vermissen lassen. Murat Cakir, Vorsitzender des 1998 gegründeten und seine offizielle Anerkennung und Beteiligung an der Gestaltung der Ausländerpolitik einfordernden »Bundesausländerbeirats«, attackierte jenes bayrische Verwaltungsgericht, das die Ausweisung des Serienstraftäters »Mehmet« (mit 14 Jahren über 60 Straftaten: Raub, gefährliche Körperverletzung, Einbruch usw.) unter strikter Beachtung von § 48 Absatz 2 Satz 1 Ausländergesetz (Ausweisung von Jugendlichen bei Verurteilung »wegen serienmäßiger Begehung nicht unerheblicher vorsätzlicher Straftaten«) für rechtens erklärt hatte. Es handele sich um ein »skandalöses Urteil«, das »den schäbigen Versuch der Münchner Ausländerbehörde, ein menschenverachtendes Exempel zu statuieren, auch noch gerichtlich sanktioniert«. Murat Cakir verstieg sich sogar zu dem Satz: »Wir Ausländer werden zum Freiwild.«[361] »Mehmet« selbst kehrte im Sommer 2002, nachdem ihm das Bundesverwaltungsgericht die Rückkehr gestattete, nach Deutschland zurück. Das »Freiwild« kommt freiwillig zu seinen angeblichen Jägern zurück.

Wenn Herr Daimagüler, Vorsitzender der »Liberalen Deutsch-Türkischen Vereinigung«, fordert, straffällig gewordene ausländische Jugendliche dürften auf keinen Fall abgeschoben werden, »da sie hier ihr familiäres und soziales Umfeld hätten«,[362] wenn Frau Schmalz-Jacobsen meint, solche Nachwuchskriminellen sollten in Deutschland ihre Strafe verbüßen, da für sie »ein Herkunftsland, in das sie geschickt werden könnten,« nicht mehr existiere, dann muss man fragen dürfen, warum wir uns dem Risiko aussetzen sollten, dass ein »Mehmet« hier die nächsten 30 Jahre seine »Laufbahn« fortsetzt.

Die Zumutung, die Deutschen möchten doch gefälligst jeden Missbrauch des Gastrechtes ertragen, kann letztlich nur zu genereller Ungastlichkeit und zu Ausländerfeindlichkeit führen. Jeder Ausländer, der gesetzestreu in Deutschland lebt, sollte im eigenen Interesse in dieser Frage Solidarität mit den Deutschen statt Solidarität mit kriminellen Ausländern zeigen und nicht vergessen, dass, wie die bayrische Ministerin für Bundesangelegenheiten Ursula Männle sagte, »ungelöste Probleme in der Ausländerpolitik leicht in Hass und Aggression umschlagen könnten« und es daher legitim ist, »von einem Ausländer zu verlangen, dass er sich für oder gegen die Integration entscheide«.[363]

Auch das Argument Horst Seehofers, dass, wenn Rechtsmissbrauch akzeptiert werde, dies »die Solidarität mit den Ausländern, die auf Grund von Verfolgung und Folter auf Hilfe angewiesen seien«, zerstöre,[364] sollte jeden denkenden Ausländer überzeugen und ihn bewegen, sich offensiv und öffentlich auseinander zu setzen mit jenen Propagandisten und Lobbyisten einer massiv integrationsverhindernden Massenzuwanderung, die wie Dieter Sengling, Vorsitzender des Paritätischen Wohlfahrtsverbandes, erklären: »Wir sind dabei allerdings nicht der Auffassung, dass die Einbürgerung der gelungene Abschluss eines wie auch immer gearteten Integrationsprozesses ist.«[365]

10
Ausländerkriminalität: Fakten statt Fiktionen

Es ist beeindruckend, mit welchen statistisch-rabulistischen Winkelzügen versucht wird, den Anstieg der Kriminalität – im Allgemeinen und speziell unter Jugendlichen und Ausländern – hinwegzudiskutieren, zur Bagatelle oder zur unvermeidlichen, quasi naturgesetzlichen Begleiterscheinung der Modernisierung und der von ihr angestoßenen sozialen Verwerfungen zu erklären. Obwohl beispielsweise in München zwischen 1983 und 1996 die Zahl der tatverdächtigen Jugendlichen zwischen 14 und 17 Jahren um 80 Prozent anstieg (und die der Erwachsenen immerhin noch um 18 Prozent), wird so getan, als habe sich nichts geändert und als bestände kein Handlungsbedarf. Wie Wiebke Steffen, Leiterin der Kriminologischen Forschungsgruppe, äußerte, gingen gut drei Viertel der Fälle von Jugendkriminalität auf das Konto ausländischer Jugendlicher, wobei unter diesen der Anteil der Mehrfachtäter deutlich höher lag als unter den deutschen (37,5 gegenüber 28,9 Prozent).[366]

Die erst sehr spät begonnene gezielte Bekämpfung der Ausländerkriminalität, z. B. durch das am 16.6.1994 verabschiedete Gesetz über das Ausländerzentralregister, welches den Zugriff auf die Daten von gut 8 Millionen Ausländern regelt, wobei auch Hinweise auf Verdachtsfälle im Drogenhandel oder im Terrorismus erfasst werden, muss immer wieder gegen massive Widerstände der selbst ernannten Ausländerfreunde und Ausländervertreter durchgesetzt werden. Wird versucht, politisch zu reagieren, erhebt sich sofort ein vielstimmiger Chor von Verurteilern und Verleumdern. Als Bayern im April 1998 die Forderung nach Ausweisung jugendlicher ausländischer Mehrfachtäter und ihrer Eltern erhob, falls eine absichtliche Vernachlässigung der Aufsichtspflicht oder ein Missbrauch der Kinder als Straftäter vorliege, sprachen der bayrische FPD-Parteichef Max Stadler von einem »ausländerpolitischen Amoklauf der CSU«, DIE GRÜNEN von Sippenhaft, Ausgrenzung, verbaler Brandstiftung und Otto Schily (SPD) von einem »aberwitzigen Vorschlag«.[367] Immerhin erklärte Gerhard Schröder, ehe er sich im Vorfeld der Bundestagswahlen des Jahres 1998 staatsmännisch auf die größten gemeinsamen Nichtigkeiten zurückzog, mit aller Deutlichkeit und in Übereinstimmung mit allen seriösen Täteranalysen: »Beim organisierten Autodiebstahl sind Polen nun einmal besonders aktiv, das Geschäft mit der Prostitution wird beherrscht von der Russenmafia, Drogenkriminelle kommen besonders häufig aus Südosteuropa und Schwarzafrika.« Er unterstrich, man schütze die gesetzestreuen Ausländer nicht, wenn man Ausländerkriminalität totschweige. Wer das Gastrecht missbrauche, »für den gibt es nur eins: raus, und zwar schnell.«[368]

Prompt fielen die Linksliberalen der SPD wie Ingrid Matthäus-Meier und Henning Scherf über ihn her, und auch jene Grünen wie Kerstin Müller, die gleichzeitig die Leerformel verbreiteten: »Wir müssen die Sicherheitsbedürfnisse der Bürger ernst nehmen.«[369] Wäre das ernst gemeint,

- dann gäbe es weniger parlamentarische Steilvorlagen für die Herren mit nicht ganz weißer Weste,
- dann gäbe es Vorschläge, wie man jenen Mafiosi aus aller Welt (Russen, Chinesen, Japaner, Italiener und Kolumbianer), die sich im Herbst 1994 im französischen Beaune trafen und über die Aufteilung Europas in kriminelle Einflussgebiete berieten,[370] das Handwerk legen könnte,
- dann würde man zunächst erst einmal eingestehen, dass bei 625 585 tatverdächtigen Ausländern, die 1996 ermittelt wurden,[371] vielleicht doch eine halbe Million weniger erreichbar wäre, denn eigentlich sollte ja – wie es in den Anfangszeiten der Gastarbeiterzuwanderung tatsächlich auch war[372] – aus Angst vor Gefasstwerden, Bestrafung, Ausweisung und Wiedereinreiseverbot die Kriminalitätsrate der Ausländer deutlich niedriger liegen als bei den Inländern.

Besonders schlimm ist das parteiübergreifende Bestreben,[373] durch Weglassen der Unterscheidung von deutschen und ausländischen Tatverdächtigen oder durch Nichterfassung der Zugehörigkeit eines Täters zu den Sinti bzw. Roma[374] ein reales gesellschaftliches Problem über methodische Manipulationen wenn schon nicht aus der Welt, so doch jedenfalls aus dem Blickfeld der Öffentlichkeit zu schaffen. Eine besondere Rolle spielen in diesem Zusammenhang auch bestimmte Medien, die ihnen wohlgefällige Statistiken mit Hurra-Posaunen begrüßen, bei missliebigen Zahlen aber von »jährlichem Zahlenlotto mit eingeschränktem Wert«[375] sprechen oder gar behaupten:

»Bund und Länder verstärken mit der polizeilichen Kriminalstatistik die Fremdenfeindlichkeit.«[376]

Kriminalität ist kein Privileg der Erwachsenen mehr: Da gibt es Kinder als Serientäter wie jenen Dreizehnjährigen, der 1998 mit Raubüberfällen Eltern und Schüler des Weidener Schulzentrums terrorisierte – das Messer oder die Schreckschusspistole allzeit bereit.[377] Nur dann, wenn die »Horror-Kids« es gar zu toll treiben, können sich die meisten Vormundschaftsgerichte immerhin zur Unterbringung in einem geschlossenen Heim entschließen.

Da gab es in Bayern einen türkischen Jungen, der in der Presse unter dem Pseudonym »Mehmet« erschien, und der, gerade 14, nach seiner 61. schweren Straftat in ein Jugendgefängnis eingeliefert wurde. Kurz vorher hatte er noch erklärt: »Ich werde weiter Straftaten begehen, bis ich 14 Jahre bin, und dann lasse ich mich nicht mehr erwischen.«[378] Gegen die vom Freistaat verfügte Abschiebung dieses Jünglings und seiner Eltern erhob sich ein lauter Protest all jener, die Laisser-faire mit Politik verwechseln. Ein »Münchner Bündnis gegen Rassismus« behauptete keck, unter 200 kindlichen Mehrfachtätern in München sei ein Einziger ausländischer Herkunft, während dies in Wirklichkeit für mehr als die Hälfte zutrifft.[379] Der Kölner Jugendbehörde sind 18 solcher Kinder, davon die Hälfte aus ausländischen Familien, bekannt, die allesamt schwierigen Verhältnissen – meist Arbeitslosigkeit der Eltern, zum Teil Drogensucht, körperliche Gewalt, sexueller Missbrauch – entstammen.[380] Im Interesse der Kinder wie ihrer Opfer forderte der Kölner Jugendrichter Erich Eßer, die bisherige Laisser-faire-Haltung aufzugeben: »Um sie vor sich selbst zu schützen, müssen diese Kinder und Jugendlichen in einer geschlossenen Einrichtung untergebracht werden.«[381]

»Kriminelle Karrieren von großer Gefährlichkeit ohne Ausweisung einfach hinzunehmen, schürt Ausländerfeindlichkeit«, so der bayrische Innenstaatssekretär Hermann Regensburger. Ebenso schürt es die Ausländerfeindlichkeit, wenn etwa der Polizeipräsident von Bielefeld in seiner »Jahresbilanz und Kriminalstatistik 1992« mit haarsträubender Haarspalterei errechnete, dass Ausländer »eigentlich« weniger stark kriminalitätsbelastet sind als entsprechende deutsche Vergleichsgruppen.[382]

Immer wieder kommt es zu merkwürdiger Großzügigkeit: Ein Vierzehnjähriger bekommt nach Raub, Erpressung, Nötigung 18 Monate Jugendstrafe für insgesamt 81 Straftaten, bleibt aber auf freiem Fuß und darf zu 6 Monaten »Therapie« (40 000 DM Kosten) in eine Pflegefamilie nach Griechenland. Der li(e)berale *Kölner Stadt-Anzeiger* tituliert ihn liebevoll als »Pflänzchen Giovanni« und »schwarz gelockten Bengel«.[383]

Da schießt ein Student aus Burkina Faso mit einer Gaspistole einem Verkäufer ins Gesicht, wird wegen schwerer Körperverletzung angeklagt, aber nach kurzem Verhör auf freien Fuß gesetzt, statt gleich in (Abschiebe-)Haft zu wandern.[384]

Die Großzügigkeit setzt sich in der Berichterstattung fort: Ein Drogenhändler, der in Leverkusen verhaftet wird, ist nur in einem Artikel der Leverkusener Lokalbeilage des *Kölner Stadt-Anzeigers* vom 15. 8. 1997 als türkischer Kurde kenntlich – in der allgemeinen Ausgabe vom selben Tage ist in einer Kurzmeldung nur – ohne Nationalitätsangabe – von einem Rauschgifthändler die Rede, der große Mengen Kokain aus Südamerika eingeführt habe, was eher an einen Deutschen oder einen Kolumbianer denken lässt.

Oder man schaue sich an, mit welch grenzenloser Langmut es das große Deutschland hinnimmt, wenn der kleine Libanon sich weigert, einige seiner übelsten Gangster zurückzunehmen. So etwa jene 16 Libanesen, die einen syrischen Gastwirt verschleppten, folterten und zur Übergabe von 200 000 DM zwingen wollten. Verteidigt wurden sie von 34 Anwälten, die mit zahllosen Anträgen den Prozess zum Platzen zu bringen versuchten. Sieben Dolmetscher übersetzten und das Ganze kostete den deutschen Steuerzahler pro Tag 100 000 DM. Bei einem Tumult musste sogar ein Sondereinsatzkommando gegen die randalierende Sippe der Angeklagten einschreiten. Alle 16 gehören zu einem Clan, der mit seinen rund 200 Angehörigen es bisher auf rund 1300 Verfahren vor Bremer Gerichten gebracht hat und dessen Angehörige sich bereits Straßenschlachten geliefert haben.

Eine andere Familie, die zehnköpfige Sippe Mahmut, 1990 per Erlass der rot-grünen Landesregierung Niedersachsens mit einem dauerhaften Bleiberecht ausgestattet, terrorisierte über Monate hinweg die Bevölkerung in Wiesmoor.[385] »Die steigende Gewaltkriminalität in Bremen geht, so glaubt die Polizei, vor allem auf das Konto der libanesischen Clans«, schreibt Kayhan Özgenc dazu.[386]

Angesichts solcher Gegebenheiten ist es unverständlich, dass FDP-Chef Wolfgang Gerhardt ein »absolutes Abschiebeverbot« fordert.[387] Das ist dann auf einer ähnlichen Linie wie ein Beschluss des DGB auf seinem 14. Bundeskongress 1990: »Keine Abschiebung, zumindest solange auch nur die Vermutung einer Gefährdung im Heimatland besteht.«[388] Wie schön, dass die Vermutung einer Gefährdung überall und immer besteht ...

Wie soll Integration verwirklicht werden, wenn das ungeheuerliche Urteil des Europäischen Gerichtshofs für Menschenrechte in Straßburg vom 26. 9. 1998 Maßstab wird, dass Frankreich nicht berechtigt sei, einen Algerier, der wegen des Besitzes von 7 kg und des Schmuggels von 142 kg Haschisch verhaftet wurde, auszuweisen? Zählen für diese Juristen die Menschenrechte der Drogenopfer nicht? Der FDP-Bundestagsabgeordnete Braun, Vorsitzender der »Kinderkommission des Bundestages«, wies zu Recht darauf hin, dass im Falle des zu trauriger Berühmtheit gelangten Münchner Serienstraftäters »Mehmet« seine 60 Opfer – meist Kinder und Jugendliche – ein Recht auf Mitgefühl und Schutz haben.[389] Höchst fragwürdig ist daher, dass nach dem Ausländergesetz jemandem, der eine Aufenthaltsberechtigung erhält, keine Auflagen gemacht werden dürfen und dass er lediglich dann nach § 47 Absatz 1 Satz 1 ausgewiesen werden kann, wenn er wegen einer vorsätzlichen Straftat zu mindestens 3 Jahren Freiheitsstrafe bzw. innerhalb von 5 Jahren mehrfach zu Strafen von insgesamt 3 Jahren rechtskräftig verurteilt wurde. Oder dass bei Rauschgiftkriminalität nicht immer, sondern lediglich »in der Regel« eine Ausweisung erfolgen soll.

Obwohl die Gesamt-Kriminalität in Deutschland 1997 leicht sank, sind in Teilbereichen alarmierende Entwicklungen zu beobachten: Die Anzahl der tatverdächtigen Kinder stieg um 10 Prozent auf über 144 000 an, die Hälfte dieser Kinder wurde als Ladendiebe bei der Polizei registriert. Für viele Kinder stellt Ladendiebstahl ein »Einstiegsdelikt« dar, das nicht verharmlost werden sollte. Bei Jugendlichen ist die Zahl der Drogendelikte um 5,4 Prozent gestiegen. Zugenommen haben ebenfalls Delikte, die das Sicherheitsgefühl der Bürger stark beeinflussen: Straßenraub stieg um 3,1 Prozent, Körperverletzung in der Öffentlichkeit um 4,3 Prozent.[390] In Köln waren 1996 64,4 Prozent der Räuber Nicht-Deutsche und fast 75 Prozent der jugendlichen Straftäter Ausländer.[391]

Diese Fakten verdeutlichen, dass jene Wunschvorstellungen vom per se guten Ausländer, die u. a. von Professor Rainer Geißler von der Universität Siegen vertreten werden, völlig realitätsblind und wenig hilfreich sind für ein friedliches Zusammenleben. Für Geißler ist Ausländerkriminalität lediglich ein »gefährliches Gerücht«, ein »Unwort«, ein »diffamierendes Konzept«. Er versteigt sich sogar zu der Behauptung, dass es ohne Ausländer in Deutschland mehr Straftaten gäbe.[392] Nimmt man die harten Fakten, dann zeigt sich jene »multikriminelle Parallelgesellschaft«, die Peter Scherer in *Das Netz. Organisiertes Verbrechen in Deutschland* mit vielen Details beschreibt, etwa dem, dass bei Taschendiebstahl 80 Prozent der Täter Ausländer sind, in Berlin nahezu 100 Prozent.[393]

Dabei ist diese Klein- und Alltagskriminalität nur ein kleiner Teil in einem größeren Ganzen, das, wenn ihm nicht vom demokratischen Staat mit allen gebotenen Mitteln entgegen gewirkt wird, diesen nach und nach überwuchern, aushöhlen und schließlich zerstören wird. Daher ist auch der Kampf der demokratischen Staaten gegen das Krebsgeschwür der mit der organisierten Kriminalität untrennbar verwobenen Getto- und Parallelgesellschaften ein Kampf auf Leben und Tod. Der von der Mafia am 23. 5. 1992 ermordete Richter Giovanni Falcone formulierte es folgendermaßen: »Die Mafia muss also zunächst aus sozialen und wirtschaftlichen, nationalen und internationalen Gründen bekämpft werden, aber auch, weil sie ein Machtsystem außerhalb des Staates darstellt, ein Machtsystem, das bestrebt ist, trotz oder gerade wegen des Staates zu überleben. Weil sie, bar jeder gesetzlichen Grundlage in der Gesellschaft, Regeln aufstellt und Sanktionen verhängt. Um es noch einmal zu sagen, die Mafia muss nicht um ihrer Werte willen, die in einer im Zerfall befindlichen Gesellschaft durchaus nützlich erscheinen mögen, bekämpft werden, sondern wegen ihres Wesens an sich: Es kann in einer Gesellschaft keine zwei Rechtsstaaten geben.«[394]

In den letzten Jahren war in den alten Bundesländern ein beträchtlicher Anstieg bei dem Anteil der Ausländer unter den verurteilten Straftätern zu verzeichnen, wobei noch eine Dunkelziffer zu berücksichtigen ist für diejenigen Täter, die nur auf dem Papier Deutsche sind: Insgesamt stieg der Anteil von 17,5 Prozent 1990 auf 27,2 Prozent 1995. Für einzelne Delikte lauten die entsprechenden Zahlen: bei Mord/Totschlag 25,5 Prozent/34,4 Prozent, Körperverletzung 20,2 Prozent/32,0 Prozent, schwerer Diebstahl 18,7 Prozent/28,4 Prozent, Raub und Erpressung 27,7 Prozent/39,1 Prozent, Drogendelikte 21,2 Prozent/30,4 Prozent. Bei der Organisierten Kriminalität gehen 64 Prozent der bekannt gewordenen Taten auf das Konto von Ausländern. [395]

Die *Welt am Sonntag* nannte bei den verurteilten Straftätern in der BRD-West auf Grund von Angaben des Statistischen Bundesamtes beim Vergleich 1995 und 1996 folgende Zahlen:[396]

- Verurteilte insgesamt: Deutsche minus 12,6 Prozent; Ausländer plus 148,6 Prozent
- Jugendliche Verurteilte (14-18 Jährige): Deutsche minus 46,8 Prozent, Ausländer plus 61,4 Prozent
- Heranwachsende Verurteilte (18-21 Jährige): Deutsche minus 44,5 Prozent, Ausländer plus 147,7 Prozent
- Erwachsene Verurteilte: Deutsche minus 3,4 Prozent, Ausländer plus 157,8 Prozent.

Auch wenn man berücksichtigt, dass wahrscheinlich Ausländer häufiger als Einheimische kontrolliert werden und insofern in höherem Umfang zum Opfer unberechtigter Verdächtigungen werden können, liegen die Zahlen für tatverdächtige Ausländer überproportional hoch. Bei bestimmten Straftaten stellten Ausländer zwei Drittel der Tatverdächtigen (Zahlen für 1996): Glücksspiel 69,3 Prozent; Taschendiebstahl 65,5 Prozent; Betäubungsmittel (Bandenkriminalität) 62,3 Prozent. Im Menschenhandel stieg der Ausländeranteil unter den Tatverdächtigen von 25,0 Prozent 1995 auf 47,1 Prozent im Jahr 1996. Asylbewerber stellten nach der Polizeilichen Kriminalstatistik (PKS) bei Einbrüchen und einfachem Diebstahl 30,1 Prozent der Tatverdächtigen, bei Gewaltstraftaten 21,4 Prozent. »Jede 14. gefährliche oder schwere Körperverletzung, jede 12. Raubtat, jede 10. Vergewaltigung und jedes 9. Tötungsverbrechen musste dieser Gruppe (1994) zur Last gelegt werden.«[397] Zu typischen Ausländer-Straftaten gehören der Millionenbetrug mit gefälschten Telefonkarten oder die Tatsache, dass beispielsweise rumänische Banden Kinder zum Stehlen zwingen, wobei einzelne Kinder ihrem »Paten« bis zu 100 000 DM pro Monat einbringen.[398] »Im Gewaltbereich sind junge Türken überproportional vertreten«, bemerkt Christine Burck, Expertin für Jugendgewalt im Berliner Landeskriminalamt. Angesichts des hohen Türkenanteils unter den Ausländern in Deutschland ist es besonders problematisch, dass türkische Banden im Drogenhandel außerordentlich aktiv sind. So sollen sie beispielsweise 80 Prozent des Heroinschmuggels nach Großbritannien kontrollieren.[399]

Auch wenn man die andere Altersstruktur der Ausländer berücksichtigt, liegt der Anteil ausländischer Krimineller eindeutig abnorm hoch. Einige spektakuläre Fälle offenbaren hier einen dringenden Handlungsbedarf:

- Der Türke Muhtis Pinarhasi soll mit einer 500 Mann starken Bande allein zwischen 1988 und 1990 90 000 Kurden nach Deutschland geschmuggelt haben.

- Die neunköpfige albanische Familie P. wurde in München siebzig Mal straffällig, ehe sie rechtskräftig zur Abschiebung verurteilt wurde,[400] wobei Rest-Jugoslawien seinen Landsleuten die Rückreise verweigerte, weshalb sie weiter bei freier Unterkunft und Verpflegung und 500 DM Taschengeld in Bayern leben müssen.[401]
- Rumänische Banden knackten 1997 innerhalb von vier Wochen in Norddeutschland 45 Tresore.

Nicht verschwiegen werden sollte auch die hohe Kriminalitätsbelastung eines Teils der jugendlichen Spätaussiedler: In norddeutschen Landkreisen, in denen viele Aussiedler leben, stieg die Zahl der Tatverdächtigen bei Raub innerhalb von 6 Jahren um 249,8 Prozent, in vergleichbaren anderen Kreisen mit weniger Aussiedlern betrug der Anstieg nur 75,6 Prozent. Jochen Welt (SPD), der Aussiedlerbeauftragte der Bundesregierung, erklärte dazu im Herbst 1999, die Eingliederung der Spätaussiedler gestalte sich zunehmend schwieriger. Kein Wunder, wenn man junge Menschen aus ihrem sozialen Umfeld reißt, die oft kein Deutsch sprechen, sich häufig selbst als Russen sehen und im Alltag auch als solche behandelt werden und sie dann sich selbst und dem Zufall überlässt. Anstatt jedenfalls von den jüngeren Aussiedlern eine eindeutige Entscheidung zu verlangen: Entweder die Eingliederung als Deutscher in Deutschland, oder die Rückkehr als Russe nach Russland.

Die Körperverletzungen von Seiten deutscher Kinder nahmen 1997 um 15,5 Prozent zu, die von nichtdeutschen um 26,9 Prozent. Die Zahl der Raubüberfälle durch deutsche Kinder erhöhte sich auf 2330 (plus 19,9 Prozent), durch ausländische auf 1299 (plus 39,5 Prozent). Mehr als die Hälfte aller Raubüberfälle von Kindern gehen also auf das Konto ausländischer Nachwuchstäter![402]

Die zunehmende Kriminalität jugendlicher Ausländer ist teils Ergebnis genereller gesellschaftlicher Normkrisen, teils Folge und Ausdruck einer Gettobildung, bei der sich einerseits die traditionellen Wertmaßstäbe der Herkunftsgesellschaften auflösen, andererseits sich in der Kollision mit europäisch-aufgeklärten Verhaltensmustern verhärten und radikalisieren. Diese Kinder, die noch nicht definitiv im kriminellen Sumpf versackt sind, haben einen moralischen Anspruch darauf, eine klare, eindeutige, hilfreiche Rückmeldung über ihr Tun zu bekommen. Ernst Uhrlau, Hamburger Polizeipräsident und SPD-Mitglied, betonte, es dürfe nicht tabuisiert werden, »dass gerade junge Ausländer zum Beispiel in erschreckend hohem Maß an der Gewaltkriminalität beteiligt seien«.[403]

Was geschieht, wenn man es dem Selbstlauf der Dinge überlässt, bis das Getto zum Slum wird, verdeutlicht Uwe Schmitt in *SOS 36 – wenn die Kinder gehen: Kreuzberg wird zum Slum*: »Der Bezirk liegt an der Spitze beim Anteil der Arbeitslosen (jeder vierte; unter türkischen Jugendlichen jeder zweite), bei Alleinerziehenden, Sozialhilfeempfängern und selbst der Säuglingssterblichkeit, endlich auch beim Ausländeranteil von fast sechsundvierzig Prozent. Kreuzberg SO 36 macht vor, was geschieht, wenn nach den Betrieben die Arbeiter gehen, dann die Kleinhändler, wenn schließlich der Mittelstand, auch der türkische, verloren wird. Doch Kreuzberg hat mehr zu verlieren: Den Mythos multikultureller Durchdringung, auch wenn dieser selbst vor dem Mauerfall nie mehr beschrieb als ein bikulturelles Nebeneinander. Immerhin scheiterte die Integration nirgendwo knapper und glaubwürdiger.«[404]

Ähnliche Prozesse des katastrophenträchtigen Verfalls beschrieb der *Spiegel* unter dem Titel *Hasch, Koks und Anmache* am Beispiel des Hamburger Schanzenviertels und des St. Georg-Viertels:[405] Für 300 Abhängige und Händler wurden dort in anderthalb Jahren von einer Polizeihundertschaft 90 000 Platzverweise ausgesprochen – ein völlig ergebnisloser Aufwand. Für einen Bruchteil der Kosten hätte man die erforderlichen 100 bis 200 Abschiebungen und Wiedereinreiseverbote haben können. Will man es den Anwohnern verargen, wenn sie sich Gedanken machen, wie sie ihr Viertel von denen »zurückerobern« können, die es bewusst und willentlich zerstören?

In München ergab der Sicherheitsreport für 1996 einen »extrem hohen Anteil ausländischer Tatverdächtiger bei der Gewaltkriminalität« (von 48 Prozent 1995 auf 53 Prozent 1996 – 1987 waren es nur 34 Prozent). Ohne Berücksichtigung von Straftaten nach dem Ausländer- und Asylverfahrensgesetz waren 38,3 Prozent der Tatverdächtigen Ausländer (1987 nur 26,6 Prozent) bei einem Bevölkerungsanteil von 21,6 Prozent (1987: 16,3 Prozent).[406] Wohin Gettoisierung und zunehmende Verslumung führen, dafür bietet gerade West-Berlin traurige Parade-Beispiele: Dort, wo der Ausländeranteil ebenso steigt wie die Zahl der Arbeitslosen, der Sozialhilfeempfänger, der Tuberkulosekranken. 1997 erhöhte sich in der Hauptstadt die Zahl der Bezieher von »Stütze« von 211 000 um fast 20 Prozent auf 251 000. Ein Abwanderungsprozess läuft: Aus Kreuzberg, Neukölln, Wedding etc. ziehen die Deutschen und die besser gestellten türkischen Familien weg, »es bleiben die sozial Schwachen, die Armen, die zumeist türkischen Ausländer – und Ausländer ziehen auch zu.«[407] In

Neukölln terrorisieren gewalttätige Jugendbanden ihre Umgebung, im Volkspark Hasenheide verkaufen am Jahn-Denkmal Libanesen Rauschgift. Über Kreuzberg, wo die Arbeitslosigkeit jenseits der 30 Prozent liegt und jeder fünfte zumindest legal weniger als 1000 DM monatlich zum Leben hat, die Lebenserwartung für Männer über 6 Jahre niedriger liegt als im bürgerlichen Zehlendorf, der Ausländeranteil 34 Prozent beträgt, schreibt Markus Wehner: »Zwanzig Jahre hat man Geld nach Kreuzberg gepumpt, um den unruhigen Bezirk zu befrieden und als Beispiel geglückter alternativ-multikultureller Lebensformen zu präsentieren. Scheinbar vergebens.«[408]

11
Wie viel Getto verträgt die Gesellschaft?

Die Zusammensetzung der Ausländerbevölkerung in Deutschland wird geprägt durch Ungleichgewichte im Großen und Ganzen wie in Teilbereichen. Schon mehr als zwei Millionen türkische Staatsbürger sind in Deutschland gemeldet. Als größte Ausländergruppe machen sie ein Viertel der Ausländerbevölkerung aus. Im ersten Halbjahr 1997 repräsentierten sie mit 33 284 gemeldeten Personen weit mehr als die Hälfte der bei etwa 50 000 Personen liegenden Zunahme der legalen Ausländerbevölkerung.

Die Zahl der Menschen aus dem früheren Jugoslawien liegt trotz einer gewissen Rückwanderung von Bosniern mit 1 325 844 (Stand 30. 6. 1997) sehr hoch – nicht zuletzt angesichts der Aufgaben, die in der Heimat durch die Hinterlassenschaft des titoistischen Pseudosozialismus und der Bürgerkriege und durch den erforderlichen Aufbau neuer Nationalstaaten gestellt werden.

Ob angesichts der Notwendigkeit, eine große Zahl von besser Polnisch und Russisch als Deutsch sprechenden Spätaussiedlern aus der ehemaligen Sowjetunion und aus den früheren deutschen Ostgebieten zu integrieren, Deutschland nun auch noch – mit steigender Tendenz – ethnische Polen und Russen aufnehmen muss (1997 286 402 polnische Staatsbürger und 232 906 Menschen aus der ehemaligen Sowjetunion), erscheint zumindest fraglich.[409]

Auch die grundsätzlich im Sinne einer symbolischen Wiedergutmachung zu begrüßende massenhafte Aufnahme von Juden aus der Ex-Sowjetunion hat zu sehr problematischen Konsequenzen geführt, wie die kritische Analyse des Soziologen Alphons Silbermann zeigte. Silbermann, selbst Jude, kritisierte, dass die russischen Juden, die inzwischen in den jüdischen Gemeinden Deutschlands die Mehrheit stellen, sich oft weigern, Deutsch und Hebräisch zu lernen und sich selbst gettoisieren. Er sieht die »reale Gefahr«, dass »wir in 20 Jahren kein jüdisches Gemeindeleben mehr in Deutschland haben«. Zugleich beklagt er, dass »mittlerweile viele Rabbiner aus Israel kommen und wir in jüdischen Zeitschriften mehr über Israel als über Deutschland erfahren.«[410]

Im *Handbuch der Dritten Welt* heißt es zutreffend, dass »die Aufnahmefähigkeit der (west-)europäischen Gesellschaften in ökonomischer und mehr noch in sozio-kultureller oder sozialpsychologischer Hinsicht überfordert werden« könnte, »da die Zuwanderung nicht gleichmäßig und bedarfsgerecht erfolgen, sondern sich an der Entwicklung der Situation in der Dritten Welt orientieren wird«.[411] Es wird darauf hingewiesen, dass die »gewalttätigen Auseinandersetzungen zwischen überwiegend jugendlichen Zuwanderern (meist der zweiten Generation) und der Polizei oder anderen jugendlichen Gruppen ... in gewissem Umfang eine Verlagerung des Nord-Süd-Konflikts« darstellen, »weil sie Ausdruck der Herausbildung von Süd-Gettos im Norden sind und in die Selbstbehauptungsstrategien dieser Gettos auch die Aufarbeitung von Nord-Süd-Geschichte hineinspielt. Die Auflösung solcher Konflikte im Sinne des Konzepts einer multikulturellen Gesellschaft ist bisher nirgendwo abzusehen[412].«

900 000 Jungtürken stoßen in Deutschland auf eine halbe Million junger Aussiedler, deren Lebensgefühl zwischen der oft glorifizierten alten und der als schwierig erlebten neuen Heimat aufgespalten ist. Auch jene hier geborenen Türken, die sich keineswegs als Deutsche fühlen, haben verstärkt durch diffuse Gefühle einer jahrhundertealten türkisch-russischen Erbfeindschaft massive Vorurteile gegen die »Russen«, die dann in Aufforderungen an deutsche Polizisten im Stile von »Schmeißt die Kanaken raus!« gipfeln. Sie begreifen meist nicht, dass dem deutschen Staatsvolk (trotz aller momentanen Fremdheit) der von weit her zurückgekehrte Volksstamm der Russlanddeutschen und auch Russen auf Grund historischer und kulturell-religiöser Gemeinsamkeiten letztlich wesentlich näher stehen als eine Bevölkerungsgruppe, deren Wurzeln in Deutschland keine zwei Generationen zurückreichen und die kulturell nicht nur vom anderen Ende Europas, sondern aus Vorderasien hierher gelangt ist.

Immer wieder kommt es zu Massenschlägereien zwischen jugendlichen Aussiedlern und Türken. Wenig hilfreich ist dabei der Fatalismus eines Faruk Sen vom Essener »Zentrum für Türkeistudien«, der Gewaltausbrüche als »nahezu unvermeidbar«[413] ansieht, noch weniger hilfreich ist Anatoli Rakhkochkines kategorisches Plädoyer für »wirkliche Integration – nicht Assimilation« der Aussiedlerkinder.[414] Völlig inakzeptabel war die faschistoide Hetze gegen Aussiedler, wie sie beispielsweise 1989 in der inzwischen verschwundenen pseudolinken Szene-Zeitschrift *Wiener* hochbrodelte: »Aussiedler raus!

Wiener-Umfrage enttarnt: Aussiedler sind die neuen deutschen Nazis! Schönhubers Fünfte Kolonne.«[415] Diese schwachsinnige Behauptung wurde schlagend widerlegt durch eine in der Zeitschrift abgedruckte Umfrage, wonach praktisch keiner der befragten Aussiedler angab, eine neonazistische Partei wählen zu wollen: 20 Prozent wollten keiner Partei ihre Stimme geben, 67 Prozent der CDU/CSU, 3 Prozent der SPD, 4 Prozent den GRÜNEN, 6 Prozent den Republikanern.

Natürlich muss das gesellschaftliche Ziel sein, den dumpfen Vorurteilen gegen Aussiedler zu begegnen, diesen Eingliederungsbereitschaft abzuverlangen und zumindest die in Deutschland aufgewachsenen Aussiedlerkinder für das deutsche Volk zu gewinnen und zugleich mit allen gebotenen staatlichen Mitteln – sowohl der Arbeitsmarkt- und Sozialpolitik als auch der polizeilichen Intervention – den inneren Frieden gegen Gewalttäter zu verteidigen, gleichgültig welchen Pass diese besitzen. Gleichzeitig müssen außenpolitische Schritte dafür sorgen, dass die andauernde Diskriminierung der Auslandsdeutschen endlich aufhört – etwa in Tadschikistan, wo nur 0,5 Prozent der zahlreichen deutschstämmigen Schüler deutschen Sprachunterricht erhalten können.[416]

»Wer nach mehrjährigem Aufenthalt in Deutschland die deutsche Sprache nicht erlernt hat, weckt Zweifel an seiner Integrationsbereitschaft«, heißt es in einem Positionspapier der CSU.[417] Grundvoraussetzung jeder Eingliederung in eine zunächst fremde Gesellschaft muss es sein, zu arbeiten, die Gesetze einzuhalten und die Landessprache zu lernen, um mit den Deutschen in deren Sprache verkehren zu können und überhaupt erst die Chance zu Integration bzw. Assimilation zu haben. An diesen drei Kriterien sollte man sich orientieren, wenn sich die Frage stellt, wer ein legitimes Recht hat, in Deutschland zu bleiben. Wer als Ausländer in Deutschland auch nach Jahren noch keine Arbeit gefunden hat bzw. keiner ihn ernährenden geregelten Beschäftigung nachgeht, wer immer wieder mit dem Gesetz in Konflikt kommt, wer sich weigert, Deutsch zu lernen und es im öffentlichen Raum zu sprechen, der sollte in aller Freundschaft, mit allem Nachdruck, zur Not durchaus auch mit finanziellen Anreizen und, wenn dies unumgänglich ist, mit sanfter Gewalt dazu gebracht werden, das Land zu verlassen – es sei denn, es drohe ihm dadurch Gefahr für Leben und Freiheit. Diejenigen, »die sich nicht integrieren wollen«, sagt Jörg Schönbohm, müssten »die Frage beantworten, ob sie nicht zurückgehen wollen«.[418]

Symptomatisch für die mentalen und emotionalen Eingliederungsprobleme vieler Jungtürken ist, dass sie oft nur einen Mischmasch aus Deutsch und Türkisch sprechen. Sie kennen im Übrigen, wie der Leiter der Kölner Höheren Handelsschule am Zugweg berichtete, »die aktuelle Sprache der Türkei nicht mehr, ihr Wortschatz ist veraltet und nicht fürs Arbeitsleben geeignet« – auch nicht für das in der Türkei.[419] Selbst der ausländerpolitische Sprecher der Bündnisgrünen im Berliner Abgeordnetenhaus musste einräumen, »seiner Partei sei bewusst, dass es Probleme gebe und dass die Integration schnellstens greifen müsse«.[420]

Ist dies ernst gemeint, dann können auch DIE GRÜNEN sich nicht gegen den nun schon einige Jahre alten Vorschlag von Jörg Schönbohm sperren, zur Vermeidung bzw. Überwindung von »Parallel-Gesellschaften« jene Quartiere schrittweise innerhalb von 20 bis 30 Jahren abzubauen, in denen »man sagen kann: Dort befindet man sich nicht mehr in Deutschland[421]«. Nicht umsonst warnt der Verband deutscher Wohnungsunternehmen vor einer Eskalation der Gewalt in westdeutschen Problemsiedlungen. Armut, Perspektivlosigkeit, Massenarbeitslosigkeit, eine falsche Belegungspolitik und eine ungesteuerte Zuwanderung führten in vielen Sozialwohnungs-Quartieren zu großen sozialen Problemen, während im Osten die Sozialstrukturen noch weitgehend intakt seien.[422]

Könnte hier nicht ein Zusammenhang zu dem dort viel geringeren Ausländeranteil bestehen? Hinweise auf die geringe Integration vieler Ausländer geben auch die Devisenüberweisungen in die Heimat. Während sie bei Italienern, Griechen, Portugiesen eher rückläufig sind und bei Ex-Jugoslawen sogar – wohl aus wirtschaftlichen Gründen – stark zurückgegangen sind (von 1,8 Milliarden DM 1975 auf 500 Millionen 1995), überwiesen Türken in Deutschland 1995 fast so viel wie 1980 (3 Milliarden gegenüber 3,1 Milliarden).[423]

Es ist unerfindlich, warum es sich laut der Berliner Ausländerbeauftragten, Barbara John, bei dem Gedanken, dass von dauerhaft hier lebenden Ausländern die »Hinwendung zur deutschen Lebenswelt« erwartet wird, um »peinliche und platte Deutschtümelei« handeln soll.[424] Findet Frau John es integrationsfördernd, wenn Berliner Stadtteile wie Kreuzberg und Wedding Ausländeranteile von über 30 Prozent haben? Sinnvoll ist hier der von Siegfried Helias, CDU-Vertreter im Berliner Abgeordnetenhaus, vorgeschlagene Ausländeranteil im einzelnen Stadtbezirk von maximal 20 Prozent, wobei selbst diese Quote immer noch bedeutet, dass in einzelnen Straßen und

(Hoch-)Häusern die Ausländer fast unter sich sein können. In einem Getto-Milieu gedeihen solche Wahnbilder wie das der Türkin Habibe Caliskan: »Wir alle sind in Gefahr. Ein neues Nazi-Deutschland steht vor der Tür.«[425] Man kann diesen Wahn nur begreifen, wenn man weiß, wie viele türkische Medien ihren Landsleuten einreden, »die Türken sind die neuen Juden Deutschlands«[426] – eine angesichts des Holocausts, aber auch angesichts der miesen Behandlung der wenigen nach den Pogromen der Fünfzigerjahre in der heutigen Türkei verbliebenen Juden ebenso groteske wie bösartige Tatsachenverdrehung.

Auch Arzu Toker, eine kurdische Publizistin mit manchen klugen Einsichten und manchen ärgerlichen Vorurteilen, geht völlig in die Irre, wenn sie den Rückzug ins Getto und eine trotzige nationalistisch-islamistische Selbstverliebtheit begründet und rechtfertigt mit angeblicher »Ablehnung der MigrantInnen«.[427] Josef Schmid schrieb in *Teutonische Eigenheiten*: »Alle Formen von Einwanderung schaffen Tatsachen eigener Art und kümmern sich nicht um die Gemütsverfassung der Aufnahmeländer. Die Zeiten, da Arbeit und Lohndifferenz noch Wanderungsmotive waren, sind vorbei. Auch künftig ziehen deutsche Asylpraxis und Sozialautomatik nichtintegrierbare Zuwanderer an, die eines sicherlich mitbringen: Großfamilie, ethnischen Organisationswillen und einen Brückenkopfgeist für nachziehende Landsleute.«[428] Selbst Burkhard Hirsch (FDP), Verfechter einer grenzenlosen Pseudo-Liberalität, erklärte 1989: »Es liegt in unserem Interesse, das dauerhafte Entstehen rechtlicher oder tatsächlicher Minderheiten in der Bundesrepublik zu verhindern.«[429]

Im Fernsehmagazin *Kontraste* des SFB äußerte der in Berlin lebende Ingenieur Öscan Mutlu am 9. 7. 1998, dass in der größten Moschee Kreuzbergs, die von Milli Görüs beherrscht wird, »sicherlich nicht von einem positiven Zusammenleben zwischen Deutschen wie Nichtdeutschen oder zwischen Deutschen und Muslimen gepredigt wird«. Demgegenüber sei es an der Zeit, dass die Türken endlich, »sich dazu bekennen, dass man Teil dieser bundesrepublikanischen Gesellschaft geworden ist« und »dass die Menschen ihre Koffer auspacken, dass sie aufhören sollen, mit dem Kopf in der Türkei und mit den Beinen in Deutschland zu leben«. Kennzeichnend für unsere Situation ist, dass Öscan Mutlu auch in seiner Partei, den GRÜNEN, ein Außenseiter ist, der nicht die Parteilinie teilt, an allem seien nur die bösen Deutschen schuld.

Ebenso kennzeichnend für die Schieflage der deutschen Politik ist es, dass der baden-württembergische Landtag im Juli 1998 im Fall »Ludin gegen Schavan« ein generelles Kopftuch-Verbot ablehnte und dass von Gauweiler bis Annemarie Schimmel, von der PDS bis zur Gewerkschaft Erziehung und Wissenschaft (GEW) Pseudo-Konservative und Pseudo-Linke sich für kopftuchtragende Lehrerinnen ins Zeug legten, während die meisten türkischen Zeitungen wie *Millyet* oder *Hürriyet* die Entscheidung der baden-württembergischen Kultusministerin Schavan, die eingebürgerte Afghanin Ludin nicht zur Lehrerin zu machen, als Verteidigung der laizistischen Staatsordnung positiv bewerteten.[430]

Der Sozialforscher Wilhelm Heitmeyer sieht durch die »Selbstethnisierung« ausländischer Gruppen, durch Kontaktarmut, Abnahme der Sprachkompetenz und hohe Arbeitslosigkeit einen »Stau von Wut, Kraft und Angst etwa unter jungen Inländern mit ausländischem Pass« entstehen, der ein nicht zu unterschätzendes Risiko darstelle.[431] Man berücksichtige auch, dass Ausländer immer wieder bei Entlassungswellen überproportional betroffen sind – beispielsweise waren von circa 760 000 zwischen 1974 bis 1977 im verarbeitenden Gewerbe Entlassenen 315 000 Ausländer, also 41,4 Prozent – bei einem Anteil an allen Beschäftigten von damals um die 15 Prozent. Die Gründe sind hier komplex, aber aus der Sicht der Betroffenen drängt sich natürlich sehr schnell das Bild auf: Die Deutschen wollen uns nicht und werfen uns hinaus, sobald sie uns nicht mehr brauchen. Verstärkt wird dies durch das Phänomen, dass der Einkommensabstand zwischen Deutschen und Ausländern bei der ersten Zuwanderergeneration größer geworden ist und auch bei der zweiten Generation größer ist als bei der ersten: »Gemessen an den Einkommen der Deutschen hat sich die Einkommensposition der Ausländer relativ verschlechtert. 1984 bezogen Ausländer ein durchschnittliches Einkommen, das 87 Prozent der Bezüge von deutschen Beschäftigten entsprach, 1997 waren es nur noch 76 Prozent.

Die Einkommensentwicklung der zweiten Generation war zunächst relativ günstig. Bis 1997 öffnete sich jedoch die Einkommensschere zu Ungunsten der zweiten Generation. Dies dürfte auf den wachsenden Anteil an deutschen Arbeitnehmern mit höheren Bildungsabschlüssen zurückzuführen sein.«[432] Zu berücksichtigen ist auch, dass ausländische Beschäftigte ihr Einkommen häufig mit längeren Arbeitszeiten und mit mehr Überstunden als deutsche erreichen. Auch wenn das Statistische Bundesamt zu Recht feststellt: »Eine systematische Lohndifferenzierung findet offensichtlich nicht statt«,[433] hat man es hier mit einem sehr konfliktträchtigen Feld zu tun.

Wollen wir wirklich warten, bis Zustände herrschen wie in den Arabervorstädten Frankreichs: Schusswechsel mit der Polizei, Molotow-Cocktails, Steine gegen Feuerwehrleute, die in Brand gesteckte Autos löschen wollen, Busfahrer, die sich per Streik gegen die Übergriffe junger Ausländer wehren? Wollen wir eine Situation wie in Straßburg? Die sozialistische Stadträtin Scheherazade Assam sagt über Jugendliche aus den dortigen Vorstadt-Slums, deren Eltern aus Algerien stammen wie sie selbst: »Mit den Jugendlichen ist kaum noch zu reden. Was hier geschieht, ist schlecht für uns alle. Es wachsen Menschen heran, die keine feste Orientierung mehr haben, die es nicht gewohnt sind, Verantwortung zu übernehmen.«

In Deutschland vollzieht sich all das in einem Klima, in dem zumindest eine große Minderheit der deutschen Jugendlichen ziemlich desorientiert und jedes patriotischen Selbstbewusstseins beraubt ist, in Leistungsbereitschaft und Leistungsfähigkeit schwer gestört ist durch die allgegenwärtige Mixtur aus kaltem Egoismus und lauwarmer Spaßfixiertheit, vielfach gefährdet durch Alkohol, illegale Drogen und Fast Food-Überfressenheit, kulturlos und kulturfeindlich. Diese jedenfalls nicht allzu kleine Gruppe unter den deutschen Jugendlichen ist geradezu prädestiniert zum idealen Opfer – einerseits für einen nicht unbedingt an Zahl, aber doch an Entschlossenheit überlegenen Gegner, andererseits für politische Rattenfänger, die Rettung versprechen durch Denkverzicht und blindes Drauflosmarschieren und Drauflosschlagen.

Auch die PISA-Studie unterstreicht, wie ernst die Situation in Deutschland ist und wie sehr sie nach Veränderung schreit:

- 42 Prozent der Schüler lesen nur, wenn sie müssen – international das schlechteste Ergebnis. Gleichzeitig werden in vielen Schulen die Schülerbüchereien aufgegeben, weil sie Geld kosten und den Lehrern Arbeit machen bzw. ihnen womöglich Ärger einbringen.
- 57 Prozent erwerben im Schnitt der OECD-Länder das Abitur – in Finnland und Schweden sind es noch mehr. In Deutschland machen zwischen 20 Prozent (in Bayern) und 29 Prozent (in NRW) das Abitur – der Bundesdurchschnitt liegt bei 27 Prozent – im Verhältnis viel zu wenige, wenn man berücksichtigt, dass (u. a. durch das Kurssystem) die Leistungsanforderungen gesenkt wurden. Ge-

nau diese Senkung steht im Widerspruch zur Volksmeinung, die zu drei Vierteln deutlich anspruchsvollere Schulen wünscht.[434]

- Fast ein Viertel der Fünfzehnjährigen hat so schlechte Lese- und Rechtschreibekenntnisse, dass eine Berufsausbildung kaum möglich ist.
- Die Hälfte der Leistungsschwachen kommt aus Zuwandererfamilien, der Rest aus sozial schwachen Familien.

12

»Gesunder Menschenverstand ...« Die anderen begrenzen die Zuwanderung

Trotz einer Verdreifachung der Ausländerbevölkerung in Italien in den Achtzigerjahren entsprechen die dort lebenden 800 000 Ausländer nur einem Zehntel der in Deutschland lebenden mehr als 8 Millionen.[435] In den deutschen Großstädten liegt der Ausländeranteil noch weitaus höher als 10 Prozent – bis hin zu einem zahlenmäßigen Übergewicht der Ausländer in bestimmten Stadtbezirken. In Stuttgart ist jeder 5., in Frankfurt am Main jeder 4. Bewohner Ausländer. Seit 1988 stieg die Zahl der Ausländer in Deutschland um über 2,5 Millionen. Allein in Nordrhein-Westfalen erhöhte sie sich in fünf Jahren um etwa 400 000 Personen auf rund 2 Millionen, darunter als größte Gruppe der 180 Nationalitäten 660 000 türkische Staatsbürger.

Man vergleiche mit diesen Größenordnungen, dass klassische Einwanderungsländer mit riesigen unbewohnten Gebieten wie die USA jährlich im Höchstfalle einige hunderttausend Menschen aufnehmen. In Kanada liegen die Zahlen unter 300 000, in Australien zum Teil unter 10 000. Während 1995 die USA mit ihren 264 Millionen Menschen lediglich 720 000 Zuwanderer aufnahmen und die meisten Amerikaner diese Zahl als viel zu hoch empfanden, erhielten die 80 Millionen Deutschen unangemeldeten Besuch von über 1,2 Millionen Zuwanderern.[436] Spanien hat einen Ausländeranteil von 1,2 Prozent, Japan liegt bei ca. 2 Prozent, ohne dass diese Länder deshalb weniger demokratisch wären oder wirtschaftliche Nachteile erlitten. Frankreich hat zwar mit gegen 4 Millionen Ausländern auf die Bevölkerung bezogen kaum weniger als Deutschland aufgenommen, aber dies in einem Land, in dem rund hundert Menschen auf dem Quadratkilometer leben, während es in Deutschland 223 sind. In Großbritannien leben nur etwas über 2 Millionen Ausländer. Lediglich die kleine Schweiz hat 1,3 Millionen Ausländer aufgenommen, von denen aber viele als Italiener, Franzosen oder Deutsche kaum Eingliederungsprobleme haben.

Es besteht Konsens unter allen Ländern der EU, dass die Zuwanderung begrenzt werden muss. Skandinavische Länder stellen nach einem Jahr die Zahlung von Sozialhilfe ein, wenn keine ernsthaften Bemühungen beim Erlernen der Landessprache feststellbar sind.[437] Obwohl in Dänemark nur 4,5 Prozent Ausländer leben (in Deutschland 8,8 Prozent) und die Zahl der Asylbewerber 1997 um 13 Prozent auf 5100 zurückging (1993 waren es noch über 14 000 gewesen), verschärfte die sozialliberale Regierung die Maßnahmen gegen Illegale und Sozialmissbrauch. Einer der Gründe: Der Aufstieg der rechtskonservativen Dänischen Volkspartei, deren Vorsitzende Pia Kjaersgaard erklärte: »Flüchtlinge sollen nicht integriert, sondern heimgeschickt werden.«[438]

Im dänischen Ausländergesetz ist festgelegt, dass Zuwandererfamilien rund 525 DM weniger an Sozialhilfe erhalten als vergleichbare dänische Familien. Wer an den vorgeschriebenen Sprachkursen nicht teilnimmt oder Arbeitsangebote ablehnt, erhält weitere 20 Prozent gekürzt. Obwohl die Flüchtlinge dänischen Studenten gleichgestellt sind, drohten seltsamerweise Menschenrechtsgruppen mit Klagen wegen eines angeblichen Verstoßes gegen die UN-Flüchtlingskonvention – ganz so, als ginge es ihrer Klientel in Dänemark schlechter als in einem beliebigen Flüchtlingslager in der Dritten Welt. Das dänische Ausländergesetz regelt ebenfalls, dass der Aufenthaltsort nicht frei gewählt werden kann, sondern in Absprache mit der jeweiligen Kommune festgelegt werden muss, will der Flüchtling nicht alle Unterstützungen verlieren. Nach Abschluss des Asylverfahrens, das in der Regel 6 bis 8 Monate dauert, erhalten nur diejenigen eine unbeschränkte Aufenthaltserlaubnis, die befriedigende Sprachkenntnisse, eine Rückzahlung aller Schulden an öffentliche Kassen und eine weiße Weste nachweisen können. Und auch sie müssen drei Jahre warten, ehe sie ein Nachholen von Ehepartnern und minderjährigen Kindern (nicht der Eltern!) beantragen können, wobei sie den Nachweis zu erbringen haben, dass sie diese auch versorgen können. Bei arrangierten Ehen entfällt grundsätzlich die Möglichkeit des Nachzuges.

Zu den Sprachkursen für Ausländer ist festzustellen, dass die Erfahrungen zum Teil ausgesprochen ernüchternd sind: In den Niederlanden sind Zuwanderer aus Nicht-EU-Staaten seit 1998 verpflichtet, einen Integrationskurs zu absolvieren. Im März 2002 stellte eine Bilanzuntersuchung fest, dass nur jeder siebte der Teilnehmer nach 600 Stunden genug Holländisch sprach, um sich im Arbeitsleben zu verständigen. (In Deutschland sind im rot-grünen »Sprachgesamtkonzept«, das am 1. 1. 2003 in Kraft treten soll, ebenfalls 600 Stunden vorgesehen, für Ausländer unter 27 Jahren 900.[439] Es gibt wenig Hoffnung, dass die Ergebnisse in Deutschland besser sein werden als in den Niederlanden.)

In den USA wurden die Einwanderungsgesetze durch das Antiterrorismusgesetz von 1996 und das im gleichen Jahr erlassene Gesetz über die illegale Einwanderung ausgestaltet. Weitere Verschärfungen kamen nach dem 11. September 2001 dazu. Wer wegen schwerer Verbrechen verurteilt wurde, kann ohne Anhörung abgeschoben werden – aber auch jemand, der »zwei Mal über ein Drehkreuz in der U-Bahn gesprungen ist«.[440] Wer die wahren Motive für seine Einreise (z. B. illegale Arbeit) verheimlicht, kann ein Einreiseverbot für 5 Jahre erhalten.

Die Ursachen für diese Restriktionen liegen auf der Hand: 40 Prozent aller illegalen Einwanderer kamen mit einem gültigen Visum ins Land und blieben. Ende 1996 schätzte man rund 5 Millionen Illegale, davon fast drei Millionen aus Mexiko. Jahr für Jahr werden es 250 000 mehr. Für das Jahr 2050 wird erwartet, dass der Anteil der Weißen unter die 50-Prozent-Marke gerät – 1960 soll ihr Anteil noch bei 90 Prozent gelegen haben, heute ist er in die Nähe der 70 Prozent gesunken. Die Prognosen gehen davon aus, dass der Anteil der Schwarzen mit 14 Prozent in etwa gleich bleibt und dass deutlich mehr als ein Drittel aller US-Amerikaner Asiaten oder aus Lateinamerika stammende Hispanics sein werden. Seit Ende der Sechzigerjahre kommen mehr als vier Fünftel der Einwanderer in die USA aus der Dritten Welt. Schon jetzt sind im Bundesstaat Neu-Mexiko die Hälfte der Einwohner keine Anglo-Amerikaner mehr.

Wer heute als Illegaler eine ständige Aufenthaltsgenehmigung für die USA (»Green Card«) erhalten will, muss das Land vorher verlassen, und – hat er keinen Erfolg – mit 3 bis 10 Jahren Einreiseverbot rechnen. Asylbewerber werden nur dann vor einem Richter angehört, wenn die Einwanderungsbehörde ihre Anträge für begründet hält. In den meisten US-Staaten werden Asylbewerber bis zur Entscheidung über ihren Antrag inhaftiert, um ihr Untertauchen zu verhindern. Jährlich werden rund 100 000 Menschen abgeschoben – vier Mal so viele wie vor der Gesetzesverschärfung 1996.[441] Jeder, der ohne gültige Papiere einreist, muss »unverzüglich abgeschoben werden« – ohne richterliche Anhörung, ohne Rechtsbeistand, ohne Möglichkeit einer Berufung.[442]

In Kanada wird bei Neueinwanderern, die nicht über die geforderten Barmittel verfügen, in einem Eignungstest abgeklärt, ob sie die nötige berufliche Qualifikation besitzen, wobei mehr als die

Hälfte der Kanadier an dieser Messlatte scheitern würden. Obwohl die politisch gewünschten Einwanderungszahlen bisher des Öfteren unterschritten wurden, ist man sich bewusst, dass man vor allem an der Westküste angesichts einer zunehmenden Asiatisierung sich auf »eines der größten sozialen Experimente der Geschichte« eingelassen hat (Don DeVoretz von der Simon Fraser University in Vancouver), dessen Ausgang angesichts der notorischen Segregationsneigung der Chinesen nicht vorhersagbar ist. Bei Befragungen 1997 gaben 60 Prozent der Kanadier an, es gäbe zu viele Zuwanderer. Andererseits agitieren chinesische Einwanderer-Aktivisten wie Hanson Lau zum Beispiel gegen die nach wüsten Abholzaktionen chinesischer Grundbesitzer erlassene »bevormundende« und »rassistische« Regelung, dass pro Jahr und Grundstück nur noch ein Baum mit mehr als 20 cm Durchmesser gefällt werden dürfe.[443]

Diejenigen, die wie die SPD nicht allein vom »Aufstand der Anständigen« faseln, sondern ständig das »Bündnis der Vernünftigen« beschwören, sollten zur Kenntnis nehmen, dass in Italien, wie Heinz-Joachim Fischer schreibt, über die deutschen Zuwanderungszahlen »nur Verblüffung ... und die besorgte Frage, wie es denn mit der politischen Vernunft jenseits der Alpen bestellt sei« herrscht und man sich im Übrigen, da ja gerade die albanischen Bootsflüchtlinge so schnell wie möglich nach Deutschland weiterreisen, auf folgende Grundeinstellung verständigt habe: »Nach Deutschland sollen alle Armen der Welt nur ziehen, wenn es den Deutschen gefällt. Zu uns nicht!«[444]

Italien schloss im Juli 1998 einen mit 45 Millionen Mark Wirtschaftshilfe verbundenen »Rücknahmevertrag« für Flüchtlinge mit Marokko und strebt weitere Verträge mit anderen Ländern an. Zwischen März und Juli 1998 wurden 13 000 Einwanderer zurückgewiesen und 2678 sofort zurückexpediert.[445] Über 2000 Menschen sind in Aufnahmelagern festgesetzt, zum Teil hinter Stacheldraht. Immer wieder kommt es zu Ausbruchsversuchen, Hungerstreiks, Revolten. Schon die vorige, von der Linken gestellte Regierung hatte angesichts überquellender Flüchtlingslager begonnen, rigoros Illegale abzuschieben (so 143 Pakistani Anfang August 1998) und versucht, Nachbarländer wie Tunesien mit millionenschwerer Finanzhilfe zur Fluchtverhinderung zu bewegen. Nachahmenswert ist zweifelsohne der italienische Kronzeugen-Bonus einer befristeten Aufenthaltserlaubnis für diejenigen, die an ihrer Einschleusung beteiligte Schlepper anzeigen.[446]

Dietmar Polaczek, der diese Menschen zu Recht als Vorhut eines Massenansturms sieht, allerdings keinen Ausweg aufzeigt, sondern sich in Resignation, Defätismus und Phrasen über Hilfe im Heimatland und weniger Egoismus der Reichen ergeht, beschreibt die private wie kollektive Strategie der Zuwanderer: »Sie heißen alle Mohammad al Hammadi oder Abdullah Ghaffari und sind alle tunesische Staatsbürger, haben aber alle unglücklicherweise ihre Papiere verloren. Selbst wenn sie kaum arabisch sprechen und ihre Gesichtszüge und körperlichen Merkmale eher auf eine Herkunft aus der Sahel-Zone oder Zentralafrika hindeuten. Es hat sich bei ihnen herumgesprochen – oder die Schlepper instruieren sie sorgfältig – dass Italien beginnt, Dämme gegen die illegale Einwanderung zu errichten, die nicht nur aus Papier bestehen … Selbstverständlich besteigen die Ausgewiesenen nicht das Flugzeug nach Hause, sondern suchen umgehend eine Fahrgelegenheit nach Österreich oder Deutschland, dem Schlaraffenland ihrer Träume. Das inzwischen verwirklichte Schengener Abkommen erleichtert die Reise erheblich.«[447] Die Zahlen der im Jahr 2001 aufgegriffenen illegalen Grenzgänger verdeutlichen diese Gegebenheiten:

- in Italien 250 000
- in Spanien 93 300
- in Österreich 48 700
- in Deutschland 18 500.[448]

Es sind also nur zu einem kleinen Teil diejenigen, die unbeobachtet über die Oder bzw. die Neiße nach Deutschland eindringen, von denen die Illegalen wie die Asylbewerber in Deutschland Zuzug erhalten, sondern im Wesentlichen handelt es sich um jene, die in Italien oder Spanien den Boden der EU erreichten und auch dort ihr weiteres Verfahren abwarten sollten. Nun werden aber einerseits von den Flüchtlingen immer wieder ihre Fluchtwege (und die übliche Beteiligung von Menschenschmugglern) vertuscht, andererseits fehlt in Deutschland generell die Bereitschaft, solchen Freunden wie Italien, das generös den Deutschen seine Problemfälle überlässt, diese postwendend »zurückzuerstatten«.

Eine realistische Beschreibung des Scheiterns so mancher hochgelobter Ansätze in anderen Ländern macht deutlich, dass die Zuwanderungsfrage nirgendwo auf der Welt dauerhaft, human und auch unter Krisenbedingungen wirklichkeitstüchtig gelöst worden ist, dass alle Regierungen mit diesen Problemen zu kämpfen haben und dies aus einer defensiven und nur zu oft geradezu verzweifelten Position heraus tun. Josef Schmid schreibt: »In den Vereinigten Staaten wird der Separatismus zunehmen. Amerikanische Institute spielen jetzt schon am Computer Zerfallsszenarien für das Land durch, auf jeden Fall wollen sie es ›ethnisch kartografieren‹ ... Frankreich und England sind mit ihrer territorialen Begründung aller Bürgerrechte an der Ethnifizierung gescheitert[449].«

Für seine devote Haltung gegenüber dem Ausland erntet Deutschland im Übrigen nicht etwa Bewunderung und Dankbarkeit. Im Gegenteil: Das UN-Flüchtlingswerk UNHCR polemisierte ebenso gegen die Rückführung der Bosnien-Flüchtlinge wie im Mai 1997 das amerikanische Außenministerium, obwohl gerade die USA nur wenigen Bosniern die Einreise erlaubt haben. Auch bei vielen Ausländern zeigt sich das nicht allzu erstaunliche Phänomen, dass die deutsche Unterwürfigkeit zu Undank, Arroganz und unverschämten Erpressungen führt. So terrorisierte in der Stuttgarter Flüchtlingsunterkunft Leitzstraße eine Gruppe von Asylanten wegen angeblich unzureichender Versorgung ihre Mitbewohner und die Heimbediensteten: Proviant wurde über die Flure geworfen, Polizisten mussten einschreiten, Asylbewerber, die sich nicht an dem »Hungerstreik« beteiligen wollten, wurden bedroht. Und der örtliche »AK Asyl« hatte auch gleich die ideale Konfliktlösung parat: Barzahlung statt Sachleistungen.[450] Elisabeth Fürstin Bismarck schreibt über ihre erste Heimat Deutschland und ihre zweite Heimat Belgien: »In Belgien haben wir viele afrikanische Asylanten. Aufgenommen werden sie alle nach Kriterien, die für die belgische Bevölkerung tragbar sind. Diese Abwägung heißt in Belgien gesunder Menschenverstand. Hier (gemeint ist in Deutschland – R. S.): rechtsradikale Ausländerfeindlichkeit. Das alles grenzt an Hysterie.«[451]

In der Tat gibt es in Deutschland wie in allen Ländern der Welt Ausländerfeindlichkeit im Sinne einer üblen Mischung aus Vorurteilen, Borniertheit, Aggressionsverschiebung auf für schwach gehaltene Sündenböcke, destruktiven Stimmungen, Hass und kompensierten Angst- und Minderwertigkeitsgefühlen. Diese reale Ausländerfeindlichkeit wird von der Mehrheit unseres Volkes, den Vernünftigen, abgelehnt und bekämpft. Und das wissen und erleben auch die Ausländer, die nicht von vornherein mit verbissener Deutschenfeindlichkeit oder ideologischer Blindheit geschlagen sind. Man muss sie nur einmal fragen und zu Worte kommen lassen, dann erklären sie wie der Grieche Angelos Angelakopoulos nach über 35 Jahren in Deutschland: »Ich habe in Deutschland viele gute Menschen getroffen.«[452]

13
»Demografischer Wandel«: Die Kontroverse über Konzepte einer Einwanderungspolitik

Gibt es schon als prinzipiell unvermeidliche Konstante jeder Politik eine Differenz zwischen Wort und Tat, zwischen Rhetorik und tatsächlicher Aktion, so gilt dies umso mehr für alle Koalitionsregierungen, deren permanentes Austarieren divergenter Parteiinteressen es nur sehr begrenzt zulässt, sich an das gesprochene oder geschriebene (Ehren-)Wort ihrer Wortführer zu halten.

Ganz allgemein ist die Frage zu stellen, wer in der deutschen Politik tatsächlich bestrebt ist, eine verantwortbare Zuwanderungspolitik auf den Weg zu bringen – und damit auch den unvermeidlichen Konflikt mit jenen zu riskieren, die wie Jörg Schönbohm schreibt, als Parteien, Medien oder kirchliche Organisationen eine »irrationale fundamentalistisch-humanitäre Denkrichtung« und die »knallharte Klientelpolitik« der Ausländer- und Flüchtlingslobby unterstützen.[453] Diese Leute streben es an, durch Legalisierung von Altfällen illegalen Zuwanderern mit einer »Belohnung für den Missbrauch des Asylrechts« (so Rupert Scholz) zu Diensten zu sein – ganz im Sinne des von Jürgen Trittin und Gerhard Schröder im Oktober 1990 an 20 000 zur Abschiebung vorgesehene Wirtschaftsflüchtlinge in Niedersachsen verschenkten lebenslangen Bleiberechts, das seither den Steuerzahler jährlich ca. 200 Millionen Mark kostet, ganz im Sinne der von Joschka Fischer am 7. 7. 1998 vor dem grünen Länderrat verkündeten Proklamation, alle Flüchtlinge müssten in Deutschland »einen sicheren Hafen« bekommen, »egal, ob es was kostet«.

Zu Recht sprach Otto Schily im April 2002 von einer »dramatischen Entwicklung« der illegalen Zuwanderung:[454] Bei einer gigantischen Dunkelziffer wurden in einem Jahr EU-weit 465 Schiffe gezählt, mit denen mehr als 23 000 Menschen die illegale Einreise versuchten.[455] Frank Schmidt, Referent für Grundsatzfragen der IG Bau bestätigte 1999 den direkten Zusammenhang zwischen dem zunehmenden Anteil ausländischer Bauarbeiter, vor allem Illegaler, und der parallel dazu wachsenden Empfänglichkeit für rechtsextreme Parolen.[456] (Zu den Illegalen gehören auch Schwarzarbeiter aus EU-Ländern: 1997 waren 60 000 Bauarbeiter aus EU-Ländern bei der Sozialkasse der Bauwirtschaft gemeldet, während die tatsächliche Zahl auf 200 000 geschätzt wurde.)[457]

Gegenüber den Illegalen muss eine harte rechtsstaatliche Linie eingehalten werden. Wenn die Reste der Meldepflicht für Ärzte bei illegal in Deutschland lebenden Patienten aufgehoben werden, wenn Länder wie Frankreich mit »Regularisationen« Gesetzesverstöße und sozialschädliches Verhalten auch noch prämieren, dann wird der Strom illegaler Zuwanderer weiter wachsen, bis am Ende die Katastrophe steht – entweder als totale Kapitulation der einheimischen Bevölkerung und ihres Staates oder aber als rigides Umsteuern in Richtung auf Mauern, Schützengräben und Schüsse auf jeden Flüchtling, der sich dann dieser spät – vielleicht zu spät – errichteten Grenze nähern sollte.

Eine der unglaublichsten Lügen ist es, dass nur durch Zuwanderung in Zukunft die Wirtschaft aufrechterhalten werden kann. Durch harte Fakten ist dies längst widerlegt – und zwar von nüchternen Wirtschaftsleuten, die in der 2002 erstellten Andersen-Studie *Unternehmen 2010* zu dem Ergebnis kommen: »Zuwanderung wird das Problem mangels Masse nicht lösen können.« Genau in diesem Sinn erklärte Magnus Graf Lambsdorff von der Personalberatung Egon Zehnder: »Wir schaffen es nicht, genügend ausländische Kräfte anzuziehen und sie hier zu halten.« (Auch auf dem Gebiet der Bevölkerungspolitik gilt, dass die Überalterung des Landes so nicht bekämpft werden kann und so der »Geburtensaldo der Deutschen auch rechnerisch nur geringfügig« verbessert werden kann.[458])

Statt Zuwanderungs(alp)träumen sind reale Veränderungen erforderlich – im Massenbewusstsein wie in den sozialpolitischen Regelungen.

Ein Paradigmenwechsel von der Frühverrentung zur Verlängerung des Erwerbslebens steht an, wie er schon im Schlussbericht der Enquetekommission »Demografischer Wandel« angekündigt wurde. Die meisten Menschen werden länger arbeiten müssen als bisher; die Mitarbeiterbindung wird so wichtig wie das Rekrutieren. Und alle die, die das amerikanische »Heuern und Feuern« als Maßstab aller Dinge genommen und den Mund mit englischen Phrasen vom »Outsorcing« der deutschen und »Green-Card-Recruiting« der indischen Mitarbeiter zu voll genommen hatten, stehen wieder einmal blamiert da – getreu der Erkenntnis von Klaus Zimmermann, Präsident des Deutschen Instituts für Wirtschaftsforschung (DIW): »Nach meiner Erfahrung reagiert die Wirtschaft erst, wenn das Kind in den Brunnen gefallen ist.« Auch auf diesem Gebiet sind die Amerikaner schon weiter als ihre deutschen Nachbeter: Ford holt seinen früheren »Chairman« Allan Gilmour als »Vice Chairman« und Finanzvorstand wieder zurück – im zarten Lebensalter von 67 Jahren, in dem in Deutschland auch erstklassige Wirtschaftsführer zwangsweise in den Aufsichtsrat und aufs Altenteil vertrieben werden.

Bassam Tibi unterstreicht, dass, wenn das Asylrecht weiterhin bestehen bleiben soll, es unerlässlich ist, »darüber aufzuklären, wer wirklich verfolgt wird und ein Recht auf Asyl in Anspruch nehmen darf und wer dieses Recht als Instrument illegaler Migration missbraucht und entsprechend daran gehindert werden muss.« Tibi scheut sich nicht, jene »kaltschnäuzigen und geldgierigen Schieberbanden«, jene »schamlosen oder heuchlerisch moralisierenden Anwälte« und »manche Bürgerrechts-Gruppen, die sich durch die Verwicklung in derlei Machenschaften unglaubwürdig machen«, anzuklagen, weil sie zahllose Menschen in der Dritten Welt mit Versprechungen eines Lebens in Luxus und Glück nach Europa locken, wo diese dann in seelischem und häufig sogar in materiellem Elend vegetieren. »Wann endlich lernen Asylgruppen, sich wirklich nur für politisch Verfolgte einzusetzen?«, fragt Tibi am Ende seines Aufsatzes *Das miese Geschäft der Schieber in aller Welt.*[459]

Wann endlich, möchte man hinzufügen, begreifen jene Prominenten wie Jens Reich oder Kurt Masur, die sich im Juli 1998 gegen Kürzungen der Leistungen für Asylbewerber wandten, was sie tun? Sehen sie nicht, dass gerade die Höhe der Zahlungen auch an illegale Zuwanderer und Asylbetrüger eine massive Prämierung jenes Menschenschmuggels bedeutet, der etwa in der Meerenge von Gibraltar bereits Tausenden den Tod gebracht hat? Sehen sie nicht das dichtgewirkte Netz der an politischem und/oder ökonomischem Mehrwert Interessierten? Um ein Beispiel zu nennen: Da werden – tagelang eingepfercht auf der Ladefläche eines LKW – im August 1998 33 syrisch-kurdische Flüchtlinge, darunter 20 Kleinkinder, von Schleppern nach Deutschland verbracht. Kaum sind sie in der Asylunterkunft, werden sie von Mitgliedern einer syrischen Flüchtlingsorganisation abgeholt[460] – eine exzellente Kommunikation und Logistik!

Wenn das Asylrecht erhalten bleiben soll, dann muss angesichts von mehr als 1 Million Asylanten (anerkannte, abgelehnte und unentschiedene Fälle zusammengerechnet)[461] eine deutliche Reduzierung auf eine vertretbare Größenordnung angestrebt werden, d. h. es sollte bei zunehmender Großzügigkeit in der Asylgewährung dafür Sorge getragen werden, dass alle Entscheidungen innerhalb weniger Wochen getroffen werden und dass abgelehnte Bewerber – von den wenigen humanitär gebotenen Ausnahmen abgesehen – in kurzer Zeit Deutschland wieder verlassen und (gegebenenfalls in ein sicheres Drittland, möglichst in der Weltregion, aus der sie stammen) ausreisen. Findet hier nicht eine einigermaßen abrupte Vollbremsung und eine Umkehr der Langzeittrends statt, dann wird jener Wandel eintreten, auf dessen unabsehbare »revolutionäre Folgen für die Funktion und Identität der deutschen Gesellschaft« bereits die Sachverständigen im Zwischenbericht der Enquete-Kommission des deutschen Bundestages zum Thema *Demografischer Wandel* vom 14. 6. 1994 hingewiesen haben.[462]

Und in der Tat wird sich jede Gesellschaft, die nicht schon komplett verfault und abgestorben ist, im Zweifels- und Konfliktfall dafür entscheiden, »das Recht auf Leben und Identität eines Volkes und Staates … höher zu bewerten als das Recht der Flüchtlinge und Scheinflüchtlinge.«[463] Gerhard Schröders Diktum »Innenpolitische Erwägungen dürfen bei der Asylgesetzgebung keine Rolle spielen«[464] hat nur insofern Berechtigung, als wir das Recht auf Asyl nicht abschaffen sollten, nur weil vielleicht momentan eine Bevölkerungsmehrheit sich in diesem Sinne ausspricht. Aber die Ausgestaltung des Asylverfahrens und der Lebensbedingungen für Asylbewerber und anerkannte Asylanten muss sich selbstverständlich daran orientieren, was dieses Volk und dieses Land zu einem gegebenen Zeitpunkt verkraften kann.

Wenn man ein Asylrecht als individuell einklagbaren Anspruch erhalten will, dann wird deutlich, dass die Asylrechtsänderung durch Änderung des Artikels 16 GG unumgänglich war, denn nur so konnte der Überhang der Zuzüge über die Fortzüge zumindest reduziert und aus einer unerträglichen in eine gerade noch erträgliche Größenordnung zurückgeführt werden (von ca. 800 000 im Jahr 1992 auf ca. 150 000 im Jahr 1994). Es war ein unwürdiges Schauspiel, als der Deutsche Caritasverband (DCV) gegen eine »voreilige und unüberlegte Rückkehr« der Bosnien-Flüchtlinge polemisierte. Andererseits, so absurd ist dieses Theater nicht: Hier wollen Leute, die auf Kosten der arbeitenden Bevölkerung ihren Arbeitsplatz, ihre Pfründe und Einflussmöglichkeiten bekamen, sich ihren Job und ihre Klientel erhalten – koste es das Land, was es wolle.

In eine ähnliche Richtung zielen Versuche der Parteien, aus Gründen des Stimmenfangs mittels Mauscheleien im Hinterzimmer solche ausländischen Kandidaten an hervorgehobener Stelle auf ihren Listen zu platzieren, die ohne diesen Ausländerbonus niemals aufgestellt worden wären. Und dies verbindet sich dann noch damit, dass mancher in der offiziell christlichen CDU/CSU die Trommel dafür rührt, die Reihen mit Muslimen aufzufüllen, auch wenn diese Fundamentalisten sind. Auf solche Praktiken trifft zu, worin Hajo Funke, Professor für Politik und Kultur an der Freien Universität Berlin, die Ursache für die »rechte Revolte gegen das Establishment« sieht: »Da ist zum einen die Abgehobenheit der etablierten Parteien, in den politischen Zirkeln der Konsens-, Klüngel- und Kanzlerdemokratien wird ausgehandelt und tabuisiert. Zuweilen ist das gesamte Parteiensystem korrupt …«[465]

Werden die Wege gesellschaftlich unerwünschter und sozialschädlicher Zuwanderung weit gehend verschlossen, wird durch Förderung freiwilliger Rückkehr und konsequente Abschiebung von Straftätern und Illegalen (einschließlich einer Rückführung der unbegleiteten jugendlichen Asylbewerber, von denen 1996 allein in Berlin 2000 bis 2500 lebten),[466] Spielraum geschaffen für eine gerechtere und großherzigere Auslegung im Anerkennungsverfahren, dann wird sich auch der große Anteil von De-facto-Flüchtlingen, die – ohne eine Aufenthaltsberechtigung beantragt zu haben bzw. zu besitzen – aus humanitären oder politischen Gründen nicht abgeschoben werden, auf ein angemessenes Ausmaß reduzieren. Er hat in den letzten Jahren zum Teil gut die Hälfte aller gemeldeten Flüchtlinge umfasst. Bei den noch nicht abschließend entschiedenen Asylbewerbern muss natürlich gleichzeitig der inzwischen überschaubar gewordene Rest unerledigter Fälle aufgearbeitet und aufgelöst werden.

Zu dieser Politik sollten auch angemessene Rückkehrhilfen gehören – allerdings nicht solche großen Geschenke wie an jenen albanischen Ingenieur, der nach seiner Abschiebung 1996 bei einem Projekt der bundeseigenen GTZ in Albanien eingestellt wurde und von der Bundesanstalt für Arbeit insgesamt 60 000 DM Gehaltszuschuss erhielt.[467] Andererseits muss man sich bewusst sein, dass auch relativ kleine Hilfen den Effekt haben könnten, dass Landsleute des Rückkehrers sich nun erst recht angespornt fühlen, in Deutschland ihr Glück zu machen oder sich doch zumindest von den Deutschen eine Starthilfe finanzieren zu lassen. Vor dieser Schwierigkeit stehen natürlich auch alle Programme, die abgelehnte Asylbewerber zu freiwilliger Rückkehr ermuntern wollen.[468]

In einem Faltblatt *Das neue Ausländergesetz*[469] sprach die Bundesregierung davon, es gehe darum, »dass Menschen, die seit vielen Jahren in Deutschland leben und durch ihre Arbeitsleistung zum Wohlstand beitragen, einen Anspruch auf eine gesicherte Lebensperspektive haben«. Dem kann man nur zustimmen, aber dies setzt Integrationsbereitschaft der Ausländer und eine strikte Kontrolle der Zuwanderung voraus. Außerdem erhebt sich die Frage, warum vor 10 Jahren, als auch bereits 60 Prozent der Ausländer länger als 10 Jahre in der Bundesrepublik lebten, nur 0,5 Prozent der Ausländer einen Einbürgerungsantrag gestellt hatten, obwohl auch damals nur ein Zehntel konkrete Rückkehrpläne hatte.[470] Inzwischen hat die Zahl der Antragsteller deutlich zugenommen und werden jährlich rund 150 000 Einbürgerungen vorgenommen.

Es wächst aber auch die Zahl und die Lautstärke derjenigen, die das Einbürgerungsrecht durch seine Abschaffung immer weiter »entrümpeln« wollen. Wer es gut meint mit Deutschland und den Deutschen, der konnte schon immer das früher gültige Einbürgerungsrecht akzeptieren – und eher darauf drängen, dass es überall im Land gleich (gleich streng) gehandhabt wird. Was es verlangte, war nicht mehr als recht und billig:

- Antragstellung frühestens nach zehnjährigem Aufenthalt in Deutschland (bei einem deutschen Ehepartner nach 3 bzw. 5 Jahren)
- regelmäßiges Einkommen
- keine Vorstrafen
- gute Deutschkenntnisse
- eine Antragsgebühr in der Höhe eines Monatsverdienstes.

Jene 1 Million Unterschriften, die 1994 für leichtere Einbürgerung zusammenkamen, offenbaren eine fatale Mischung aus kurzsichtigem Egoismus bei einem Teil der Zuwanderer und aus Naivität und Selbsthass bei den beteiligten deutschen Gutmenschen, die ihr Erstgeburtsrecht für das Linsengericht billigen Beifalls und vorübergehenden Wohlgefühls verkaufen wollen. Wenn Bahman Nirumand vollmundig proklamiert »Wir wollen weder Mitbürger sein noch Gäste, sondern normale Bürger«,[471] dann kann man darauf antworten, dass es dafür einen Weg gibt (und nur einen!): sich assimilieren, Deutscher mit ausländischen Vorfahren werden. Dabei ist es zweitrangig, ob Deutschland sich noch weiter dem Staatsbürgerschaftsrecht nach dem Geburtsort (ius soli) annähert oder weiter Elemente des abstammungsbezogenen Rechts (ius sanguinis) beibehält. Dan Diners Formel »Vom ethnischen Deutschen zum deutschen Bürger«[472] geht insofern ins Leere, als bei aller notwendigen Eingliederung und Einschmelzung von ehemaligen und halben Fremden ins deutsche Volk dessen ethnischer Kern und dessen ethnische Mehrheit dennoch erhalten bleiben dürfte. Von einem »naturhaften Kern, der durch Blutsverwandtschaft entstanden ist« und der für eine Nation »unbedingt vorhanden sein muss«,[473] spricht Friedrich Meinecke. Gerade die Geschichte des Judentums offenbart die Bedeutung blutsmäßiger Bindungen – nicht im Sinne einer wabernden Ideologie oder einer Idealfiktion, sondern im materialistisch-naturwissenschaftlich verstandenen Sinn, als relativ hohe Übereinstimmung in den Genen.

»Neue Inländer« wie das CDU-Mitglied Bülent Arslan erklären, gerade die Deutschen fremder Herkunft müssten für Begrenzungen sein, denn »unkontrollierte Zuwanderung erschwere die Integration jener, die bereits hier sind«.[474] Genau diese Integration würde vollends unmöglich, folgte die deutsche Politik den Vorstellungen solcher »Experten« wie Norbert Walter, Chefvolkswirt der Deutschen Bank, der für eine jährliche Zuwanderung von 400 000 bis 500 000 Menschen ab dem Jahre 2005 eintritt, da angeblich nur so sich die Renten sichern ließen. Dieser Herr macht sich keine Gedanken über unser Volk und unsere Volkswirtschaft – er träumt von Neubürgern als Konsumenten und Bankkunden, die das Geschäft seines Arbeitgebers beflügeln sollen. Wenn, wie Wolf Jobst Siedler in seinem Aufsatz »Macht hoch die Tür«[475] schreibt, »fast ausschließlich« kommt, »wer das Heer der ungelernten Gelegenheitsarbeiter vermehrt«, dann überantwortet man »die Asylbewerber nur auf Dauer dem Lager der Arbeitslosen« und erhöht damit die Kosten des Sozialsystems, ohne im Gegenzug nennenswerte Beiträge zur Rentenkasse zu erhalten.

Offenkundig gibt es für die Rentenfrage nur zwei Erfolg versprechende Lösungen: Eine rigorose Absenkung des Rentenniveaus, mit der die künftigen Rentnergenerationen eine Art Quittung erhalten für die seit Jahrzehnten unzureichenden Kinderzahlen, die unzureichende berufliche Qualifizierung, die unzureichenden Strukturreformen in der Wirtschaft und die unzureichende Beschaffung produktiver Arbeit, oder aber man erhält die Rentenhöhe und belastet die Arbeitenden über jedes sozialverträgliche Maß hinaus – und dies, um private und gesellschaftliche Reichtümer umzuverteilen an die Pensionsempfänger. Die Entscheidung zwischen diesen beiden Wegen ist unumgänglich. Dass der zweite Weg, wenn er überhaupt politisch durchsetzbar wäre, ökonomisch eine Katastrophe bedeuten und die einzig sinnvolle Zukunftslösung – die Erhöhung der Kinderzahl, des geistigen Potenzials bzw. seines Nutzungsgrades und der Arbeitsplätze bei gerecht-egalitärer Verteilung der abgeforderten Lohnarbeit – blockieren würde, liegt auf der Hand. Die Flucht in den vorgeblichen »Dritten Weg« segensreicher Massenzuwanderung wird dadurch versperrt, dass diese ohne extrem hohe soziale, ökonomische und moralische Kosten nicht zu haben ist. Denn selbst wenn man nur noch Einwanderer anwürbe, deren Profil ideal auf die vorhandenen Anforderungen des deutschen Arbeitsmarktes passte, würde auch dies hohe Investitionskosten für die Eingliederung und Weiterqualifizierung bedeuten, und es würde im Übrigen auch nicht entfernt die Größenordnung von jährlich einer halben Million Menschen erreichen.

Im Übrigen sollten in Deutschland endlich über die Sonntagsreden hinaus ökologische Gesichtspunkte Berücksichtigung finden: Ein langsames Abschmelzen der Bevölkerung in Deutschland – bei Wahrung der Balance zwischen den Generationen, des »Lebensbaumes« im Altersaufbau – ist sehr zu wünschen. Bereits heute ist knapp ein Achtel des Landes überbaut oder versiegelt und verschwinden täglich 80 Hektar Natur unter Beton und Asphalt.[476]

Manfred Kanther, der als Innenminister und Landespolitiker viele richtige Einsichten und einigen guten Willen hatte, leider aber (auch bei der Spendenaffäre der CDU) nicht den Mut besaß, sich nicht von anderen für deren ganz andere Ziele als Aushänge- und Schutzschild sowie als idealer Sündenbock missbrauchen zu lassen, schrieb in *Deutschland ist kein Einwanderungsland*: »Es ist nicht zulässig, ein Land als Einwanderungsland zu definieren, weil viele Menschen versuchen, ihren Zutritt unter unberechtigter Berufung auf politische Verfolgung zu erzwingen. Einwanderung setzt das Einverständnis des aufnehmenden Staats voraus. Dies verkennen diejenigen, die sogar Asylbewerber als Einwanderer qualifizieren. Deutschland ist kein Einwanderungsland, will und soll auch keines werden.«[477] Dies entspricht wortwörtlich der Position der SPD-geführten Bundesregierung unter Helmut Schmidt, die am 3.2.1982 beschloss: »Es besteht Einigkeit, dass die Bundesrepublik kein Einwanderungsland ist und auch nicht werden soll. Das Kabinett ist sich einig, dass für alle Ausländer außerhalb der EG ein weiterer Zuzug unter Ausschöpfung aller rechtlichen Möglichkeiten verhindert werden soll[478].«

Erst der lautlose Putsch von Lafontaine & Co. in der SPD, die erfolgreiche Erpressungs- und Transformationsstrategie der Linksliberalen in der FDP und die Umwandlung der GRÜNEN durch Fischer, Trittin, Vollmer und Volmer (Antje und Ludger) und andere Ultra-Irrealos in eine antiökologische und antideutsche Sammlungsbewegung für NATO-Treue, Amerikanismus und Einwandererlobbyismus haben diesen demokratischen Konsens aufgebrochen und momentan die Vertretung deutscher Lebensinteressen zu einer randständigen Minderheitenposition gemacht.

Auch die CDU hat sich auf ihrem Parteitag 1991 von der Aussage »Deutschland ist kein Einwanderungsland« verabschiedet und sich im *Dresdner Manifest* auf die ebenso schöne wie nichts sagende Formel »Deutschland ist ein weltoffenes Land« zurückgezogen.

Allerdings ist die Formel »Deutschland ist kein Einwanderungsland« dann nicht unproblematisch, wenn ungeklärt bleibt, wie sie zu verstehen ist: ob als Zustandsbeschreibung (dann wäre sie unzutreffend, denn natürlich gibt es eine massenhafte Einwanderung sowohl auf Grund bewusster persönlicher Entscheidung wie als zunächst unbeabsichtigtes Ergebnis individueller Biografien) oder als Willensbeschreibung (es gibt Einwanderung, aber wir wollen sie nicht). Letzteres ist eine legitime politische Position, aber eine arg defensive und in ihren praktischen Konsequenzen wenig hilfreiche.

Im deutschen Interesse ist es besser, die ohne unser Zutun sich wie mit der blinden Gewalt der Natur vollziehende Völkerwanderung zu gestalten, zu begrenzen, zu kanalisieren und sie in eine Frieden, Freiheit und kulturelle Aufwärtsentwicklung voranbringende Konstellation zu bringen, als mit der hilflosen Wut des ohnmächtigen Maximalforderers dem Gang der Geschichte nur zuzuschauen. (Ein solcher Verbalmaximalist mit einem Abonnement auf Minimalergebnisse ist auch Alfred Mechtersheimer, der »spiritus rector« der »Deutschland-Bewegung«, mit seiner verabsolutierten Ablehnung jeder Integration und dem Verlangen, jeder Zuwanderer solle schleunigst sich eindeutschen oder wieder heimgehen.)

Drei Prognosen stehen in der *Delphi-Studie* von 1998 in dem Sinne ganz vorn, dass mehr als zwei Drittel der befragten Experten ihnen zustimmen:

- »Geringe Geburtenziffern und die ständige Erhöhung der Lebenserwartung führen in den Industrieländern zu einem Anteil von mehr als einem Drittel der über 60-Jährigen an der Gesamtbevölkerung.« (89 Prozent der Experten erwarten das für die Zeit von 2008 bis 2019.)

- »Der technische Fortschritt und die globale Umverteilung der Arbeitsplätze steigern die durchschnittliche Arbeitslosenquote in den meisten entwickelten Industrieländern dauerhaft.« (74 Prozent der Experten erwarten das für die Zeit von 1999 bis 2006.)
- »Die Bevölkerung der Erde wird die 10-Milliarden-Grenze überschreiten.« (72 Prozent der Experten erwarten das für die Zeit von 2010 bis nach 2025.)

Fasst man diese begründeten Erwartungen zusammen, so bedeutet dies, dass auf der einen Seite in den armen Ländern ein riesiges Bevölkerungspotenzial heranwächst, während in den reichen Ländern die Menschen relativ dazu immer weniger und immer schwächer werden. Es heißt zugleich, dass für Zuwanderer immer weniger Arbeitsplätze zur Verfügung stehen, sodass entweder die Konkurrenz um die noch verbliebenen Stellen sich extrem verschärft und sie vom Gegensatz zwischen Einheimischen und Fremden geprägt wird oder aber man sich flüchtet in fragwürdige und gefährliche Manöver wie den Ausschluss der Zuwanderer vom allgemeinen Arbeitsmarkt.

Es fällt schwer, genügend Fantasie zu entwickeln, um sich unter solchen Auspizien eine Zuwanderungspolitik vorzustellen, die auf den Rückzug in ein gesichertes Réduit und einen Ausbau der Festung Europa als »europäische Sicherheitszone« mit sicheren Grenzen verzichtet. Tatsächlich ist es auf militärischem Gebiet wie in der Politik besser, sich nicht zu verschanzen, sondern anzugreifen oder sich offensiv und mobil zu verteidigen. Wenn jedoch die eigenen Kräfte zu schwach sind oder absehbar zu schwach werden, dann bleibt nichts als der abgesicherte Rückzug auf wenige befestigte Plätze. Besonders problematisch wird es allerdings, wenn es uns Europäern ginge wie einst den Römern, die sich mehr und mehr durch fremde Söldner statt durch italische Soldaten verteidigten, was bekanntlich nicht gut ging. Sollte Europa demnächst versuchen, seine Außengrenzen vor allem durch kurdische Polizisten und Russen in Bundeswehruniformen schützen zu lassen, dann kann man aus der geschichtlichen Erfahrung heraus die Niederlage garantieren, auch wenn sie sich etwas hinauszögern mag.

In der öffentlichen Diskussion muss ein Bewusstsein dafür geschaffen werden, dass die massenhafte Völkerwanderung weder den Interessen der Deutschen noch denen der Ausländer entspricht.

Wenn, wie die konservative türkische Zeitung *Hürriyet* und Menschenrechtsorganisationen enthüllten, hinter dem Menschenschmuggel von Kurden nach Europa die Mafia steckt (und nicht, wie Barbara John noch 1996 behauptete, die PKK), dann bedeutet dies: Jene Verbrecher, die in enger Verbindung mit dem Militär die Vertreibung von Kurden aus ihren angestammten Wohngebieten organisieren, um so den kurdischen Widerstand zu schwächen, kassieren anschließend von ihren Opfern dafür, sie außer Landes zu bringen, um sogleich einen Teil ihrer Gewinne an das Militär abzutreten, womit die finanzielle Basis für die nächste Vertreibungsaktion geschaffen ist.[479]

Dieses üble Spiel wird ungewollt ermöglicht und angeheizt durch jene »Idealisten« und Sozialpolitiker, die mit Medienrummel, »Kirchenasyl« (laut »Hirtenwort« der Katholischen Bischofskonferenz vom Dezember 1998 angeblich ein »Akt der Nothilfe für Flüchtlinge«),[480] üppiger Sozialhilfe-Alimentierung, Verhinderung von Rückführungsaktionen usw. dafür sorgen, dass den Mafiosi die Kundschaft erhalten bleibt und sie das nötige Kleingeld erhalten, um neben den Menschen in großem Umfang Rauschgift nach Europa zu schleusen. Die italienische Zeitung »L'Unita« schrieb dazu: »Die Türkei ist in dieses schmutzige Geschäft verwickelt, um so ihren Krieg zu finanzieren.«

Bei dem Schmuggel von Kurden nach Deutschland herrscht eine enge Kooperation mit den türkischen Zollbehörden und chauvinistisch-islamistischen Organisationen. Flüchtlinge berichteten: »Als wir die türkische Grenze überschritten, gab es keine Probleme.« Sowohl der Kapitän des Flüchtlingsschiffes »Asiye Ana«, Hasan Bülbül, als auch dessen Eigner, Abdurrahman Durmus, sind Mitglieder der faschistischen MHP, der Partei der »Grauen Wölfe«. Bülbül musste Mitte Oktober 1997 nach seiner Entdeckung durch die italienische Küstenwacht mit Gewalt daran gehindert werden, sein Schiff mit 250 Flüchtlingen zu versenken. Schon Ende 1996 wurde die »Youhan« mit angeblich 289 Flüchtlingen an Bord von ihren Eignern versenkt. Die Kurden seien, wie der italienische Staatsanwalt Campisi erklärte, »von der türkischen Mafia buchstäblich ins Meer gekippt« worden. Am 4. 11. 1997 konnte die italienische Polizei in St. Maria di Leuca vier türkische Mafiosi festnehmen, die sich unter insgesamt 769 zwei Tage zuvor festgenommenen kurdischen Flüchtlingen versteckt hatten. Wie *Özgur Politika* berichtete, wurden 62 Flüchtlinge im September 1997 von ihren Schmugglern wissentlich in die

Minengebiete an der Grenze zu Griechenland geschickt – 3 starben, 21 wurden verletzt. Bei all dem verwundert es nicht, dass der schon erwähnte A. Durmus ein pensionierter Major ist, dessen enge Zusammenarbeit mit den »Sicherheitskräften« notorisch ist.

In Tschechien hat sich aus dem Menschenschmuggel und den angrenzenden Gewerken ein boomender Wirtschaftssektor entwickelt: »Um die Illegalen herum hat sich schon eine komplette Service-Infrastruktur gebildet. Je näher man zur deutschen Grenze kommt, umso größer wird der Wirtschaftszweig, der an der Wanderungsbewegung mitverdient. ›Ein Taxifahrer, der einen Touristen zur Grenze fährt, tut nichts Gesetzwidriges‹, sagt der Sprecher der Pilsener Stadtpolizei, Lumir Neuberg. ›Die Polizei ist machtlos‹, sagt ein anderer höherer Polizeioffizier, der ungenannt bleiben will, seit Prag den westböhmischen Polizisten einen Maulkorb gegenüber ausländischen Journalisten verpasst hat.«[481] (Nicht umsonst finden die meisten Aufgriffe illegaler Zuwanderer an der deutsch-tschechischen Grenze statt.)[482]

Dass die tschechische Republik in bekannt chauvinistisch-egoistischer Manier – die den Menschenrechten und demokratischen Grundsätzen Hohn sprechende Verteidigung der von Anfang an verbrecherischen Benesch-Dekrete durch 80 Prozent der tschechischen Politiker und Wähler illustriert diese Ungeisteshaltung in aller Deutlichkeit – aus dem Elend von Menschen und den Problemen der europäischen Nachbarn Honig saugen will, ist das eine. Das andere ist die Frage, ob sich die Nachbarn ein solches Verhalten bieten lassen oder nicht.

Soll ein Land es ohne Gegenwehr hinnehmen, wenn es von Einwanderungsbewegungen überrannt und seine Kultur gegen den Willen seiner Bevölkerung von Fremden überformt und eliminiert wird? Wenn sich das kleine Bhutan gegen Hunderttausende Zuwanderer aus Nepal verteidigt, wenn das große Indien das ohnehin prekäre Gleichgewicht der Religionen und Ethnien bedroht sieht unter anderem durch etwa 20 Millionen illegale Zuwanderer aus Bangladesch, wenn Russland seinen Mittleren und Fernen Osten durch ein millionenfaches Einsickern von Chinesen und den Aufschwung des Islamismus und Panturkismus zu verlieren fürchtet, dann zeigen sich hier weder Hirngespinste noch nationalistische Vorurteile, sondern lediglich der elementare Selbstschutz- und Überlebenswille von Nationen und Kulturen, die ihre Lebensrechte verteidigen.

Hinzu kommt das zwar verlangsamte, aber weiterhin katastrophenträchtige Bevölkerungswachstum im Süden der Welt und die unverminderte Tendenz zu immer größeren Megastädten, denen – unfähig sich selbst zu versorgen oder den Zustrom auch nur zu bremsen – als letzte Hoffnung der Versuch bleibt, ihre ungelösten Probleme, also Kriminalität, Hunger und Elend, in den reichen Norden zu exportieren. Nur ein Zuwanderungsstop, nur ein Brechen der großen Wellen, eine Verminderung der zugelassenen Zuwanderer auf die tatsächlich Verfolgten und diejenigen, deren Einwanderung nach Europa im unbedingten gesamtgesellschaftlichen Interesse liegt, wird ermöglichen, die zweite und dritte Ausländergeneration tatsächlich einzugliedern und ihr Schritt für Schritt den Erwerb der Staatsbürgerschaft zu erleichtern. Nur so werden zugleich die Länder der Zweiten und Dritten Welt veranlasst, hausgemachte Probleme selbst und zu Hause zu lösen.

Dazu gehört auch, gewisse Politiker, für die der Begriff »Amtseid« ein unbegriffenes Fremdwort ist, in Rente zu schicken – also Leute vom Schlage einer Renate Schmidt, ehemals SPD-Landeschefin in Bayern und einst ausgerechnet zur Familienministerin in Schröders Schattenkabinett erkoren, die erklärte, es sei ihr »verhältnismäßig wurscht«, wenn die Deutschen ausstürben, und diese Frage stelle sie sich »an allerletzter Stelle«.[483] Eine unglaubliche Ignoranz und Arroganz in einem Land, in dem seit Anfang der Achtzigerjahre die Sterbefälle überwiegen und in dem sich die Zahl der deutschen Staatsbürger gegenwärtig um 20 000 im Jahr reduziert, wobei für das Jahr 2030 mit einem jährlichen Minus von 340 000 Köpfen gerechnet wird.[484]

Auch für die spezielle Problematik der Gewinnung hoch qualifizierter Fachkräfte ist eher ein Sich-Stützen auf die eigenen Kräfte, ein Qualifizieren des im Land vorhandenen in- und ausländischen Arbeitspotenzials zu empfehlen als der in mehreren Hinsichten fragwürdige Versuch, aus anderen Ländern die besten Köpfe abzuwerben. Schröders pompöse Green-Card-Aktion hat unter dem Strich mehr gekostet als eingebracht, was im Übrigen auch am Presseecho nach einem Jahr deutlich wurde: »Die Green Card löste kein Problem.«[485] Während die Informatik-Bosse 2001 getönt hatten, man benötige dringend 100 000 IT-Spezialisten, wurden nach 20 000 Anfragen in einem Jahr weniger als 9000 Green Cards auf 5 Jahre hin bewilligt. Walter Riesters Proklamation vom 1. 8. 2000 »Wir sind jetzt in der Lage, den Markt zur Welt zu öffnen und diesen abzuschöpfen«[486] wirkt heute ausgesprochen lächerlich.

Es ist auch keine Lösung, dass man nun die Beschränkung auf 5 Jahre fallen lassen will. Hundert Mal sinnvoller wäre es, wenn man vor allem Fachleuten aus dem ost- und südosteuropäischen Raum die Möglichkeit geben würde, unbürokratisch ein bis zwei Jahre in deutschen Firmen zu arbeiten – mit einem glasklaren Zwang, dann nach Hause zurückzukehren, denn alles andere bedeutet ja doch nur, dass das reiche Deutschland im Sinne eines »brain drain« das arme Bulgarien oder das arme Rumänien ausplündert, um sich von dort kostenlos ausgebildete Fachleute an Land zu ziehen.

Bestimmte Gewerkschaftsmatadoren, Politiker, Staatsbürokraten und Wirtschaftslobbyisten stimmen einhellig das Jammerlied an, ab 2010 werde es einen Bedarf an Fachkräften geben, der nur durch Zuwanderung zu befriedigen sei. So erklärte Ulrich Frese vom geschäftsführenden Hauptvorstand der IG BCE im April 2002: »Wir können diesen Bedarf aus eigenen Schulabgängern nicht decken.«[487] Schon das »wir« ist verräterisch und zeigt, wie man sich mit den Wirtschaftslenkern überidentifiziert. Außerdem wird hier im Kaffeesatz gelesen, ganz so als könne man Konjunkturverlauf, Krisen usw. exakt voraussehen. Und dann spricht die gegenwärtige Entlassungswelle gerade unter qualifizierten Kräften eher dafür, dass 2010 relativ viele arbeitslose Fachkräfte im Inland sich um wenige freie Stellen streiten werden. Ferner dienen solche freihändigen Prophezeiungen immer nur dazu, um bildungspolitische Untätigkeit und Rückschritte zu rechtfertigen.

Bildung unserer jungen Menschen, Weiterbildung der einheimischen Mitarbeiter – das sind die vordringlichen gesellschaftlichen Aufgaben, für die vom Staat und der Industrie unabhängige Gewerkschaften eintreten müssen – und dafür, dass die Konkurrenz auf dem Arbeitsmarkt so niedrig wie möglich gehalten und damit der Preis der Ware Arbeitskraft so hoch wie möglich getrieben wird. Das genaue Gegenteil verfolgen – strikt auf der Linie ihrer Arbeitgeberfreunde – jene Gewerkschaftsführer, die für Zuwanderung um jeden Preis eintreten. Sie sind es, denen die Lohnabhängigen als allererstes den Laufpass geben müssen, wenn sie ihre Situation ernsthaft und dauerhaft verbessern wollen. Dazu gehört auch, sich nicht mit rosigen Märchen abspeisen zu lassen, die einfach zu schön sind, um wahr zu sein: »Die Zuwanderer machen oft die schlechtesten Jobs und verhelfen dabei den deutschen Kollegen zu besser dotierten Leitungsfunktionen. Kommen die Neuen, wird ein Schlosser zum Werkmeister, eine Verkäuferin verstärkt das Personalbüro.«[488]

Das Ausmaß der Entlassungswelle, die uns in Deutschland erst noch bevorsteht, lässt sich an der Entwicklung in den USA ablesen: Im Jahr 2001 verloren 2,5 Millionen Amerikaner ihren Arbeitsplatz – eine Steigerung gegenüber dem Vorjahr um 36 Prozent. Gut die Hälfte der in einer Studie von WorldatWork und dem Center for Workforce Effectiveness untersuchten Firmen hatte in den vergangenen 12 Monaten Entlassungen vorgenommen. Allein im September 2001 kam es zu 250 000 Entlassungen. Gleichzeitig stieg die Zeitarbeit, die allerdings immer noch nur für 3 Prozent der Arbeitsplätze maßgeblich ist, auf das Doppelte an, wie ASA, die American Staffing Association, in Alexandria/Virginia berichtete. Gerade Zeitarbeiter und Teilzeitarbeiter werden in den USA als Erste wieder entlassen – so nahm etwa die Zahl der Teilzeitarbeitsstellen in der ersten Hälfte des Jahres 2001 um 15 Prozent ab. Auch der Welthandel zeigt eine deutliche Abwärtstendenz: Im Jahre 2001 mengenmäßig um 1, wertmäßig um 4 Prozent.[489] In Deutschland ergab sich nach dem Vereinigungsboom der Jahre 1990 bis 1992 schon seit der 1993 einsetzenden Vereinigungsrezession ein Abwärtstrend, der Deutschland auf einen der hinteren Plätze der Euro-Zone gedrückt hat.

Martin Hagenmaier, Pastor im Kieler Gefängnis und Autor, stellt die Frage, warum paradoxerweise Deutschland unfähig sei, »diejenigen abzuschieben, die hier eindeutig nur zur Vorbereitung und Durchführung von Straftaten einreisen«, aber wenig Großzügigkeit und Menschlichkeit denen gegenüber zeige, die lediglich unautorisiert nach Deutschland gekommen sind, sich aber sonst gesetzestreu verhalten.[490] Ohne jeden Zweifel muss die deutsche Ausländerpolitik weitsichtiger, großzügiger, klüger werden. Sie muss langfristiges Denken an die Stelle buchhalterischer Kleinkariertheit setzen. Es ist ein Unding, wenn es zum Teil nahezu unmöglich ist, ausländische Manager für mehr als ein Jahr in Deutschland zu beschäftigen, oder Bürokraten des Landesarbeitsamtes einem jungen Russen, Angestellter einer Tochterfirma eines deutschen Unternehmens in Moskau, die Arbeitserlaubnis für eine Ausbildung zum Industriekaufmann verweigern, obwohl diese nur als Vorbereitung für seinen weiteren Einsatz in Moskau gedacht war,[491] oder wenn in Hamburg 20 afghanische Akademikerinnen für jeweils 85 000 DM in drei Jahren zu Bürokauffrauen ausgebildet werden, sie aber nur Arbeitserlaubnisse als Putzfrauen erhalten.[492] Gleichzeitig strömen unter verschiedensten Etiketten Zehntausende unerwünschter Einwanderer ins Land, also gerade jene Menschen, aus denen Gottfried Köfner und Peter Nicolaus schon vor 20 Jahren ein »ständig wachsendes, nicht einmal statistisch erfassbares Subproletariat«[493] heranwachsen sahen.

14
Stamm-Volk, Staats-Volk, Fremde: Auf dem Weg zu einem historischen Kompromiss?

Ohne Selbstachtung der Deutschen wird es keine Zukunft Deutschlands geben, ohne Überwindung des Selbsthasses so vieler Deutscher wird dieses Land keinen inneren Frieden finden. Ohne Liebe der Deutschen zum Eigenen – zu den Menschen, Traditionen, Landschaften Deutschlands – werden die Deutschen keinen Respekt vor sich und vor dem Fremden herausbilden können. Nur auf diesen menschlich-psychologischen Voraussetzungen kann politisch ein historischer Kompromiss zwischen Staatsvolk und Zuwanderern, zwischen alten und neuen Deutschen, zwischen geborenen und werdenden Deutschen einerseits und denen andererseits, die auf lange Zeit unsere ausländischen Gäste sein werden, entwickelt und geschlossen werden.

Für eine neue, sich an den langfristigen Interessen des deutschen Volkes orientierende Politik, die zugleich die Belange der Neubürger wie der ausländischen Gäste berücksichtigt, wird es niemals erforderlich sein, einer Forderung der Fürther CSU-Stadtratsfraktion zu entsprechen und die Zuwanderung nach Deutschland »auf Null zu reduzieren«.[494] Allerdings ist ein Moratorium unerlässlich, d. h. eine zeitweise Zuwanderungsbegrenzung, die ausschließlich jenen die Tür offen hält, die entweder sofort einreisen müssen, weil sie als politische Flüchtlinge unmittelbar von Einkerkerung, Folter und Verfolgung betroffen sind, oder die sofort einreisen sollten, weil ihre Anwesenheit in Deutschland dringend gebraucht wird, also bestimmte Wissenschaftler, Künstler, Unternehmer, Spezialisten – immer unter der Voraussetzung, dass keinem der armen Länder dringend benötigtes »Human-Kapital« gestohlen wird. Dies wird natürlich bedeuten, dass man alle sonstigen Arbeitskräfteanwerbungen (z. B. Saisonarbeiter aus Polen) aufkündigt bzw. verbietet, dass man Familienzusammenführungen beschränkt auf Kinder unter 6 Jahren und ansonsten – wenn keine Asylgründe vorliegen – die Familienzusammenführung im Heimatland zum Regelfall macht. Erst recht gilt dies für Familien, die in Deutschland ihren eigenen Lebensunterhalt nicht finanzieren können.

Unter diesem Vorzeichen erscheint – unter Einrechnung der Aussiedlerzuwanderung – eine jährliche Nettogesamtzuwanderung von etwa 100 000 Menschen erreichbar und verkraftbar, wobei in mehr als vier Fünftel der Fälle humanitäre Gesichtspunkte und Asylgründe maßgeblich sein sollten. Größenordnungen von mehr als 400 000 Asylbewerbern jährlich wie 1992 sind absolut unvertretbar. Es ist in jedem Falle besser, 50 000 bis 100 000 Asylbewerber im Jahr richtig aufzunehmen und noch einige mehr bei ihrem Asyl in Drittländern zu schützen und zu fördern, als Hunderttausende von Menschen in Container-Lager zu pferchen und mit der unausweichlichen Empörung des Staatsvolkes zu konfrontieren. Wenn es gelänge, Scheinehen durch Kontrollen und abschreckende Haftstrafen weitgehend auszuschließen, könnte man durchaus aus dem Ausland stammende Ehefrauen und Ehemänner von Deutschen aus dieser Quote herausnehmen und nach kurzer Zeit einbürgern.

Eine solche Politik wäre sowohl realistisch als auch human und sie würde einen angemessenen Interessenausgleich herstellen zwischen dem legitimen Wunsch der Deutschen, ihr Land zu behalten und es nicht an Fremde zu verlieren und dem Interesse der Ausländer, dass eine grundsätzliche Chance gegeben ist, nach Deutschland zu gelangen, wenn man bestimmte nachvollziehbare und erreichbare Voraussetzungen erfüllt.

Das ist natürlich ein anderer Kurs als der, den das rot-grüne Zuwanderungsgesetz einschlägt, das am 22.3.2002 mit Tricksereien durch den Bundesrat manövriert wurde. Kennzeichnend für das machtpolitische Gezerre und die Täuschung der Öffentlichkeit ist, dass DIE GRÜNEN im April 2002 fröhlich verbreiteten, ein Familiennachzug bis zum Alter von 18 Jahren sei im beschlossenen Gesetz vorgesehen,[495] während gleichzeitig Otto Schily die Absenkung des Nachzugsalters als Pluspunkt und großherziges Angebot an die CDU/CSU präsentierte. In diesem Gesetz wird beispielsweise versucht, mit einer so genannten »Härtefallregelung« die Möglichkeit zu schaffen, außerhalb rechtlich gesicherter und nachprüfbarer Festlegungen all die hineinzuschleusen, die ins eigene politische Kalkül passen und mit der so genannten »nichtstaatlichen« und »geschlechtsspezifischen« Verfolgung endgültig Pseudo-Gründe zu schaffen. Jeder, der sich warum auch immer nicht ganz wohl fühlt in seiner Heimat, kann nun beispielsweise für kurze Zeit sich als Homosexueller ausgeben oder als Frau exzessive Promiskuität praktizieren, um – etwa in einem islamischen Land – Schwierigkeiten zu bekommen und sich mit Asylgewährung in Deutschland belohnt zu sehen.

Die Idee des Moratoriums ist im Übrigen alles andere als neu – schon Richard von Weizsäcker hatte in seiner Regierungserklärung als Regierender Bürgermeister von Berlin am 2. 7. 1991 den Zusammenhang von Begrenzung und Integration verdeutlicht: »Nur wenn es gelingt, wirksame Maßnahmen gegen einen weiteren Ausländerzuzug zu ergreifen, nur dann werden wir mit denen, die hier verbleiben, zu einer menschenwürdigen Mitbürgerschaft kommen.«

Eine ganze Reihe von Maßnahmen sind möglich und erforderlich. Zu ihnen gehören:

- Verkürzung der Überprüfungsverfahren im Bundesamt für die Anerkennung ausländischer Flüchtlinge, so weit das Grundgesetz und die Genfer Flüchtlingskonvention dies zulassen;[496]
- bessere personelle Ausrüstung der Verwaltungsgerichte und Verkürzung der Verfahren;
- strenge Überprüfung humanitärer Gründe und Duldungsfristen;
- Verbot der politischen Betätigung von Asylbewerbern, um ihnen die Möglichkeit zur gezielten Schaffung von Asylfolgegründen zu nehmen;
- keine Berücksichtigung von Asylfolgeanträgen;
- Änderung der Fristenregelung in § 2 Absatz 1 Asylbewerberleistungsgesetz von 3 auf 5 Jahre (erst dann Zahlung von Sozialhilfe, sollte der Fall immer noch nicht abschließend entschieden sein, wobei natürlich ohnehin anzustreben ist, dass eine Verfahrensdauer von bis zu 6 Jahren wie etwa im Land Berlin lange üblich, von vornherein verhindert wird);
- intensive Nutzung von Datennetzwerken und Datenbanken wie ASYLIS;
- Sicherstellung aller Vermögenswerte von Asylbewerbern bei ihrer Einreise und während des Verfahrens, um daraus einen Teil ihrer Unterhaltskosten zu bestreiten;
- Verpflichtung aller anerkannten sowie aller nicht anerkannten, aber aus verschiedenen Gründen (noch) nicht abgeschobenen Asylbewerber, in zumutbaren Raten die an sie gezahlten Leistungen zurückzuerstatten;
- sofortiger Ausweisungsbescheid, wenn jemand seine Identität und seinen Herkunftsweg verschleiert oder er nach Schleusungen die Mithilfe bei der Verfolgung der Menschenhändler verweigert;

- sofortige Rückführung unbegleiteter Minderjähriger, sofern sie nicht akut bedroht sind;
- Abschiebung aller Straftäter, die zu mehr als einem halben Jahr Haftstrafe ohne Bewährung verurteilt sind;
- massiver Druck auf Herkunftsländer, die wie Vietnam die Rücknahme ihrer Staatsangehörigen verweigern;
- Zahlung begrenzter finanzieller Hilfen an Asylbewerber bei schneller freiwilliger Rückkehr.

Es ist völlig perspektivlos, wenn wir jenen aus Geldgier, Trägheit und Abenteuerlust gespeisten Vorstellungen mancher Menschen in der Dritten Welt nachgeben würden, die nach Deutschland drängen. Tajudeen Adigun, der seit sieben Jahren Mitarbeiter der nigerianischen Tageszeitung *The Guardian* ist, die in der Vergangenheit mehrfach wegen allzu kritischer Berichterstattung verboten worden war, »lacht, als ihm Deutsche über 22 Nigerianer berichten, die in Hannover politisches Asyl beantragt und lange Zeit in einer Kirche Zuflucht gefunden hatten. Adigun, der sich selbst als Oppositionellen bezeichnet, sagt: ›Zweifelsohne gibt es in Nigeria Druck auf politische Gegner des Regimes. Aber die Menschen in Deutschland haben offenbar ein völlig falsches Bild von unserer Situation. Schauen Sie sich doch einmal um. Wir haben andere Probleme, als in Deutschland abgelehnte Asylbewerber zu foltern und hinzurichten. Wir haben mehr als 50 Prozent Arbeitslosigkeit und keine Perspektiven für die Jugend. Von 105 Millionen Nigerianern würden wahrscheinlich hundert Millionen ein Flugticket nach Deutschland annehmen. Wir alle wollen doch nur ein besseres Leben.‹ Onyeama Ugochukwu, ein Laienprediger aus Lagos, sieht es ähnlich und sagt: ›Bei einem Bevölkerungswachstum von mehr als drei Prozent gibt es kaum Zukunftsperspektiven. Kann man es den Menschen da verdenken, wenn sie in immer größeren Scharen nach Deutschland aufbrechen?‹ So sieht es auch der deutsche Botschafter in Lagos, vor dessen Tor sich allmorgendlich Hunderte von Nigerianern um ein Visum für Deutschland bemühen. ›Das Dorado für alle frustrierten Nigerianer und die rastlose Jugend‹ nannte die Zeitschrift ›Tell‹ das begehrte Asylziel Deutschland. Immer mehr nigerianische Familien sammeln Geld, um wenigstens ein Familienmitglied in das gelobte Land schicken zu können, das dann aus der Ferne ›die allmächtige Deutsche Mark‹ überweisen solle. Regelmäßig drucken nigerianische Zeitungen ›Verhaltenshinweise‹ für Asylbewerber in Deutschland: ›Sagt immer, dass ihr verfolgt werdet!‹«[497]

Irenäus Eibl-Eibesfeldt zeigt auf, in welcher Richtung wir einen Ausweg aus dem gegenwärtigen Dilemma suchen müssen: »Ich würde vorschlagen, dass sich Europa unter Einbeziehung Osteuropas großräumig abschottet und die Armutsländer der Dritten Welt durch Hilfen allmählich im Niveau hebt. Wenn wir im Jahr 1,5 Millionen Menschen aus der Dritten Welt aufnähmen, würde das dort überhaupt nichts ändern – das gleicht der Bevölkerungsüberschuss ... in einer Woche wieder aus, solange es keine Geburtenkontrolle gibt.«[498]

Gerade Osteuropa (und das mit ihm aus sowjetischen Zeiten immer noch stark verflochtene Zentralasien) braucht übrigens unbedingt Hilfe aus dem Westen des Kontinents: Während laut einer durchaus anzweifelbaren Statistik der Weltbank in allen großen Weltregionen der Anteil der Armen an der Bevölkerung zwischen 1990 und 1998 sank (wenn auch zum Teil wie in Nordafrika und dem Mittleren Osten nur um lächerliche 0,1 Prozent) stieg er in Osteuropa und Zentralasien um 3,5 Prozent. Während von 1991 bis 1998 in allen großen Weltgegenden das durchschnittliche Pro-Kopf-Einkommen anwuchs, fiel es in Osteuropa/Zentralasien um 4,2 Prozent – also genau dort, wo man früher einmal die »Zweite Welt«, die Zwischen-Welt zwischen der reichen Ersten und der armen Dritten, verortet hatte.[499]

Jenseits der Strukturebene des Nationalstaates ist demokratische Kontrolle nicht mehr möglich, entstehen die nur noch von einer verselbstständigten Bürokratie und von transnationalen Machtgruppierungen bzw. mafiösen Netzwerken gesteuerten Moloche der Vielvölkerstaaten und wetterleuchtet am Horizont die Horror-Utopie eines totalen Weltstaates. Völlig zu Recht verweist der CSU-Politiker Alois Glück in seinem Buch *Abstieg oder Aufbruch. Plädoyer für eine liberal-konservative Erneuerung* darauf, dass der Nationalstaat Gemeinschaft und Identität stifte. Er grenzt dabei sehr deutlich den notwendigen Patriotismus ab von einem zum Nationalismus übersteigerten Nationalbewusstsein, das »andere Nationalitäten abwertet, sein Selbstwertgefühl durch Abgrenzung und Feindbildung pflegt« und fordert: »Unsere Handlungsmaxime muss ein Patriotismus sein, der sich nicht aus der Geringschätzung anderer Kulturen, sondern aus der Liebe und Wertschätzung der eigenen Kultur und Geschichte speist und zur internationalen Solidarität sowie zum weltweiten Denken fähig ist.«[500]

Zu den Fragwürdigkeiten gehört es, wenn Kampagnen wie die der sozialen Trägerorganisation »Internationaler Bund (IB)« unter den

Titel *Schwarz-Rot-Bunt* gestellt werden und damit impliziert suggeriert wird, Vielfalt und Buntheit könnten nur durch Beseitigen der deutschen Identität, wie sie in der Fahne symbolisiert wird, erreicht werden.[501] Das erzeugt genau jene schiefe und falsche Schlachtordnung »hier Nationale, dort Internationale«, die völlig in die Irre führt. Denn in der Tat geht es darum, sowohl nationalistische Übertreibungen und chauvinistische Infamien zu bekämpfen als auch jenen illusionären und destruktiven Pseudo-Internationalismus, der Gutes zu wollen vorgibt und in der Realität Menschen gegeneinander ausspielt oder sie versklavt. Wie Hans Modrow, der Ehrenvorsitzende der PDS, mir am 7. 11. 1991 nach seiner Lektüre meines Buches »Der deutsche Komplex« schrieb: »Und auch mich hat Ihr Buch zum Nachdenken über das, was Sie den ›deutschen Komplex‹ nennen, angeregt und in vielen Ihrer Reflexionen fand ich eigene Gedanken und Positionen formuliert und bestätigt. Wie Sie denke ich immer noch, dass ›man als Deutscher Internationalist sein kann und als Internationalist Deutscher, dass man das eigene Volk so lieben kann wie sich selbst und die anderen Völker wie das eigene Volk‹.«

Christiane Hubo erläutert zutreffend, wie die Ersetzung des deutschen Nationalstaates durch einen multikulturellen Vielvölkerstaat, die hinter dem Rücken unseres Volkes und gegen seinen erklärten Willen durchgesetzt werden soll, die Demokratie beseitigt: »Wenn man das Zerfließen von Staat und Gesellschaft im Parteienstaat berücksichtigt und bedenkt, dass der Personenverband der Deutschen der Träger demokratischer Staatsgewalt ist, sich das staatliche Gemeinwesen im Zusammenwirken von Staat und Gesellschaft jeden Tag neu konstituiert, und das deutsche Volk nach dem körperschaftlichen Staatsbegriff mit dem Staat identisch ist, bedeutet dies, dass durch die geforderte Heterogenisierung des Staatsvolkes zum einen die Identität des Volkes als Träger des Staates und daraus folgend auch der Staat in seiner geschützten Identität als bestehender Staat zerstört wird. An seine Stelle träte dann ein neuer Staat mit einem neuen Volk als Träger der Staatsgewalt. Dies alles ohne die Zustimmung durch die verfassungsgebende Gewalt des (bestehenden) Volkes dürfte letztlich auf eine Zerstörung der jetzt verfassungsmäßigen Ordnung hin sich entwickeln.«[502]

Irenäus Eibl-Eibesfeldt betont: »Wenn jemand den Grenzpfahl in Europa nur um zehn Meter verschieben würde, gäbe es furchtbaren Krach, aber die stille Landnahme über Immigranten soll man dulden?«[503] Das in den letzten Jahren entstandene und sich mehr und mehr verstärkende Ungleichgewicht zwischen Zugewanderten und Stammbevölkerung, die zu geringe Zahl Assimilationsbereiter, die zu große Zahl derer, die weder zur ethnischen noch zur sozialen Integration bereit bzw. fähig sind, die Konfrontation zwischen Deutschen und (Noch-)Nicht-Deutschen – all diese Probleme sind hausgemacht und keineswegs naturwüchsig und unvermeidlich.

Verursacht wurden sie durch eine kinderfeindliche Sozialpolitik, die unzureichende Reproduktion der Deutschen, durch Sparen an Zukunftsinvestitionen (für Erziehung, Bildung usw.), durch Förderung des egoistisch-verantwortungslosen Sich-Bereicherns auf Kosten der gesellschaftlichen Ressourcen, durch eine auf privaten Kurzzeitprofit orientierte Politik des Arbeitskräfteimports und eine zutiefst reaktionäre Erhaltung überholter Industriestrukturen an Stelle einer modernen Standortpolitik (Rationalisierung, Automatisierung, Innovation). Das dadurch heraufbeschworene kulturell-ökonomische Stagnieren und Zurückbleiben Deutschlands wurde verdrängt, indem die Malaise eines modernisierten Helotentums idealisierend überhöht wurde als bunte, fröhliche Multikulturalität. Mehr noch, das mit ideologischem Flitter elegant drapierte Elend wurde durch Verkündigung der quasi-religiösen Dogmen im Stile von »Jeder Mensch ist Ausländer«, »Kein Mensch ist illegal«, »Pass und Wahlrecht für alle«, »offene Grenzen« usw. zu zementieren versucht, jede Kritik daran als »faschistisch« und »ausländerfeindlich« gebrandmarkt.

Soweit dies von Ausländern ausgeht, handelt es sich um die weltanschaulich-politische Unterfütterung klassischer Klientelfürsorge, primitiver Machtgelüste und eines oft geradezu archaischen Nepotismus. Was dagegen die Rolle der deutschen Kompagnons in der Firma »Multi-Kulti Inc.« betrifft, so werden sie getrieben von einem selbstzerstörerischen, irrationalen Hass gegen alles Eigene, gegen die Eltern-Generation, gegen die Geschichte, gegen dieses Land.

Der ungarische Essayist László Földényi schrieb in dem Essay »Selbsthass als Balsam. Über den Verlust der Identität«: »Nirgends in Europa erlebte ich einen solchen Grad an nationaler Zerrissenheit. Und nirgends traf ich auf ein solches Maß an Selbsthass wie in Deutschland. Paradoxerweise scheint gerade dieser Hass auf viele wie Balsam zu wirken. Was den Verdacht erregt: Wäre es möglich, dass die sich aufgeklärt gebende, dennoch maßlos anmutende Intoleranz selbst als eine Art Mythosersatz fungiert? Schließlich war der Selbsthass charakteristisch für eben jene Deutschen, die vor einem halben

Jahrhundert im Namen eines Mythos die deutschen Juden vertreibend und vernichtend einen Teil ihrer eigenen Nation auszulöschen versuchten. Aber auch da entdecke ich den Selbsthass, wo zwar unter entgegengesetzten ideologischen Vorzeichen, doch ebenso unerbittlich alles abgelehnt wird, was schon das Dritte Reich für sich beanspruchte, und jede Trauer über die eigene Vergangenheit im Keim erstickt wird. Wo dies der Fall ist, verkommt die Selbstkritik zum Selbsthass. Die vom Selbsthass bestimmten Epochen der deutschen Geschichte standen unter verschiedenen ideologischen Sternen; doch in ihrer Struktur, in ihrer Intoleranz entdeckt der Nicht-Deutsche gespenstisch viele Parallelen.«[504]

In der Tat ist es fatal, dass junge Deutsche immer noch die gesamte Väter- und Großväter-Generation anklagen als »Täter« und »Mörder«, statt sich die Weltsicht des großen jüdischen Musikers und Humanisten Giora Feidman zu Eigen zu machen: »Alle sind Söhne von Gott. Man kann ja auch nicht sagen: Die Deutschen haben sechs Millionen Juden umgebracht. Man muss sagen: Die Nazis haben sechs Millionen Juden umgebracht. Das sind entscheidende Unterschiede, die so oft und so gerne verwischt werden. Ich liebe die Deutschen. Bitte kein Hass!«[505]

Der Selbsthass der angeblichen Anti-Faschisten ist dem Ultranationalismus der Faschisten spiegelbildlich gleich, der in Deutschland das einzig Wahre und in den anderen Völkern alles Falsche und Böse sah bzw. sieht. Selbstverneinung und Selbstüberhöhung speisen sich psychologisch gesehen sowohl beim Individuum wie bei sozialen Gruppen und Gesamtheiten aus den gleichen Wurzeln: aus einem Narzissmus, der als Weltflucht und Rückzug in Innen-Reservate nichts anderes ist als eine Reaktionsbildung auf Verunsicherung, Verstörung, Scheitern beim Verstehen und Bewältigen der Außenwelt. Gerade weil sie umgekippte Selbstvergottung ist, steckt in jeder Selbstvergessenheit die Gefahr und die Tendenz, schnell und rabiat ins scheinbare Gegenteil umzuschlagen. Die pakistanische Journalistin Roshan Dhunjiboy betont zu Recht, der Deutsche sei oft »ängstlich, tendierend zu Extremen, entweder himmelhoch jauchzend oder zu Tode betrübt«. Jene Selbstverleugnung, die ihr gerade auf kulturellem Gebiet auffällt, könnte durchaus in kurzer Zeit in ihr deutschtümelnd-chauvinistisches Gegenteil verkehrt werden: »Der Deutsche weiß nicht, wer er ist. Im Radio wird den ganzen Tag englisch gesungen. Die deutsche Sprache ist voll mit englischen Wörtern.«[506]

Eine andere Politik ist erstens erforderlich und zweitens im klinischen Sinne heilend-hilfreich und drittens erst dann zu erwarten, wenn spontane Selbstheilungskräfte – also eine Art Immunabwehr gegen das autodestruktive Trommelfeuer – sich durchsetzen und Raum schaffen für eine zweite »Re-Education«, die die Deutschen in einer geistigen Reformation wieder zu sich, zu ihren Wurzeln, zu einem Bewusstsein ihrer selbst und einem gesunden – weder krankhaft verminderten noch krankhaft übersteigerten – Selbstbewusstsein bringt. Man wird dann auch daran gehen müssen, etliche grelle Sumpfblüten zu beseitigen – etwa im Sport. Ein gewisser Ausländeranteil ist im Sport unvermeidlich und sinnvoll, aber hier wie auf allen anderen Gebieten ist es notwendig, dass die Deutschen Extreme meiden und sich wiederfinden in denen, die ihr Land repräsentieren sollen und sich mit ihnen identifizieren können. Der dümmliche Selbsthass, die erbärmliche Vergötterung alles Nicht-Deutschen, die sich niederschlagen in Aktionen wie der Presseerklärung der *Weimar 1999 – Kulturhauptstadt Europas GmbH*, in der postuliert wurde »Goethe ist kein Deutscher« (da er »europäisches, wenn nicht weltweites Kulturgut« sei), wird irgendwann verblassen und verschwinden – so wie die Französiererei des 18. und die Deutschtümelei des 19. Jahrhunderts auch vorübergehende Modeerscheinungen und nach einiger Zeit abklingende Erkrankungen des politischen Bewusstseins waren. Es liegt auch am deutschen Selbsthass und an mangelnden Anstrengungen, aus jungen Ausländern auch mental Inländer zu machen, dass, wie Pari Niermann, Gleichstellungsbeauftragte des NDR, feststellt, wohl kein türkisches Kind in Deutschland von »unserem Kanzler« spricht, während in den Niederlanden ein zwölfjähriges Einwanderermädchen aus Pakistan ihr fröhlich erzählte, dass »unser Kronprinz« geheiratet habe und man dafür Souvenirs angefertigt habe[507].

Zu Recht spricht Michael Wolffsohn von den »innerlich ungefestigten und nach außen verhärteten unnatürlichen Nationalisten« und fordert, ihnen einen natürlichen, selbstbewussten Patriotismus entgegenzusetzen als »Bemühen, dieses Land lebens- und liebenswert zu machen«.[508] Wolffsohn betont auch, dass Deutschland, wenn es sich selbst nicht findet, seinen inneren Frieden nicht finden wird. Der weltoffene Nationalstaat muss sich auf einen soliden Vorrat an geistigen Gemeinsamkeiten und wechselseitiger Interessenverschränkung gründen, denn »ein gut organisiertes Netz von Waren- und Dienstleistungen allein … hält eine Gesellschaft nicht zusammen«.[509] Arnulf Baring unterstreicht diese Notwendigkeiten mit den Worten: »Ohne einen starken, opferbereiten, zukunftsgestaltenden Zusammenhalt werden wir auch die innere Wiedervereinigung Deutschlands nicht bewerkstelligen. Was mir bei uns fehlt, ist eine vernünftige Debatte darüber, was sinnvolles Leben in Deutschland künftig ausmachen soll. Ein lediglich ökonomisch orientiertes Dasein oder gar eine Existenz auf öffentliche Kosten kann auf Dauer nicht der Maßstab sein.«[510]

Alles andere als hilfreich auf diesem Wege sind Manöver, wie die pressewirksame Aufnahmezeremonie von 30 türkischen Neumitgliedern nach dem Gezerre im Bundesrat über das Zuwanderungsgesetz, bei der Reden auf Deutsch und Türkisch gehalten wurden und die Vorsitzende Claudia Roth Sonnenblumen überreichte. Türkische Reden für »neue Inländer« wie DIE GRÜNEN oder auch der von ihnen zu Schröder umgeschwenkte Europaabgeordnete Ceyhun diese Zielgruppe nennen – welch eine Groteske! Wobei schon im Etikett ängstlich der Begriff »neue Deutsche« vermieden wird, denn Deutsche wollen die meisten von ihnen ja gerade nicht sein: Sie wollen Türken in Deutschland bleiben und gleichzeitig alle Vorteile, die der deutsche Pass bietet, für sich nutzen. Solche neuen Inländer und neuen Grünen verstehen anscheinend nicht einmal die Sprache unseres Landes, sondern benötigen eine eigene türkische Einstimmung, gleichwohl aber sollen sie, wie der grüne Bundestagsabgeordnete Cem Özdemir ihnen verheißungsvoll zurief, »Einfluss nehmen auf die Zukunft der Bundesrepublik«?[511]

Was wissen diese Zukunftsbastler denn eigentlich – außer den üblichen Schlag- und Stichworten wie »Auschwitz« und »Wirtschaftswunder« – von der deutschen Vergangenheit? Was ahnen sie von der Vertreibung der Deutschen aus dem Osten, diesem unendlich tiefen und vollkommen ungelösten Trauma, zu dem der Mord an ein bis zwei Millionen Deutschen gehört, die Massenvergewaltigungen, die Todeslager und Todesmärsche, das Flüchtlingselend – aber auch die Gleichgültigkeit, das feige Verschweigen und der Verrat durch allzu viele im Westen? Ahnen die neuen Inländer, dass es da einen Zusammenhang gibt zu dem dumpfen Gefühl, »die Türken nehmen uns unser Land weg« oder zu dem bitteren Spott, die Türken seien die fünfte Besatzungsmacht? Können sie nachvollziehen, warum Alfred Dregger, der 2002 verstorbene langjährige Fraktionsvorsitzende der CDU/CSU im Bundestag, 1982 sagte: »Die Rückkehr der Ausländer in ihre Heimat darf nicht die Ausnahme, sondern muss die

Regel sein. Es ist nicht unmoralisch, zu fordern, dass der uns verbliebene Rest Deutschlands in erster Linie den Deutschen vorbehalten bleibt.«[512]

Nicht allein, dass die multikulturelle Gesellschaft eine Utopie ist, die ihre eigenen Konsequenzen weder akzeptiert noch reflektiert, sie ist auch in ihrer ohnehin unvollkommenen, unendlich weit von den proklamierten Ideal-Vorsätzen entfernten Realisierung extrem unstabil. Sie widerspricht dem Selbstbestimmungsrecht der Völker, denn hier entscheiden andere, die um des eigenen Vorteils willen hinzukommen, über das Schicksal derer, denen Stück für Stück die Verfügung über ihr eigenes Land entrissen wird. »Deutschland den Deutschen« wird nicht dadurch falsch und faschistisch, dass Faschisten aus ihren speziellen üblen Gründen diesen Grundsatz als Parole missbrauchen – und bedeutet natürlich nicht im Mindesten, dass dieses Land *nur* für uns Deutsche da ist.

»Wenn der Satz des Geschichtsprofessors Arnulf Baring: ›Natürlich Deutschland den Deutschen – wem denn sonst?‹ als Provokation verstanden wird, sagt das viel über das Deutschlandverständnis jener aus, die diesen aus dem Munde etwa eines Franzosen als selbstverständlich empfundenen Satz als Provokation empfinden.«[513] Manfred Funke bemerkt dazu: »Deutschland zuerst heißt nicht Deutschland über alles. Eigene Stärke ist Voraussetzung für die Stärkung der Schwachen. Und Frieden für die Welt hat den eigenen inneren Frieden zur Voraussetzung.«[514]

Zweiter Brief an einen türkischen Freund oder: Was man hoffen kann

Lieber Tarik,

wie ich bist Du nie den einfachen Mittelweg des geringsten Widerstandes und der maximalen Anpassung gegangen, sondern hast Dich auf dem schmalen, gewundenen Pfad der Treue zu dir selbst und zu den eigenen Träumen durchgekämpft. In der Tat ist jeder, der in politische Prozesse eingreifen will, eingebunden in Solidaritäten und Zwänge. Andererseits glaube ich an die Notwendigkeit und die Möglichkeit, solche Lager-Loyalitäten in Frage zu stellen und zumindest partiell zu überwinden. Insofern finde ich viele Parallelen zwischen uns: Beide kommen wir von links her, stehen in der Traditionslinie der Aufklärung (und ihrer Vorläufer, unter denen Ibn Ruschd, Hadji Bektasch, Martin Luther oder Baruch Spinoza waren) und sind den Werten der Demokratie verpflichtet – beide werden wir seit Jahren (natürlich in unterschiedlicher Form und aus unterschiedlichen Anlässen) immer mal wieder von Partei»freunden« und sonstigen Feinden diffamiert. Für mich stehen dabei die Dinge so, dass ich, wie Du weißt, munter weiter Mitglied der GRÜNEN bin (in Ermangelung besserer Alternativen), auch wenn ich beispielsweise von grüner Seite her zu Vorträgen und Podiumsdiskussionen mit konstanter Ignoranz nicht eingeladen werde (wohl aber von der Friedrich-Ebert-Stiftung der SPD, von den Stiftungen der CDU und CSU, von Kirchengemeinden usw.).

Betrachtet man die öffentliche Debatte über die Zuwanderungs- und Ausländerpolitik sowie über den Islam in Deutschland, betrachtet man die damit zusammenhängenden politischen Entscheidungen, so ist offenkundig, dass die meisten Meinungsmacher anderes meinen als die meisten Menschen, die ihnen mehr oder weniger auf den Leim gehen. Nicht allein im Meinungsklima, sondern auch in der politischen Großwetterlage sind die Kräfte zu einer wirklichen Wende potenziell durchaus vorhanden – irgendwo in den Tiefen der Volksseele. Das Dilemma der wirklichen Opposition in unserem Land (der außerparlamentarischen, der grundsätzlich anderes wollenden) ist jedoch, dass wir uns entsetzlich schwer damit tun, aus Stimmungen, Ahnungen und Bereitschaften akut wirksame politische Faktoren zu machen und die Menschen in diesem Land zu einem echten Subjekt und einem realen

Souverän in politischen Dingen werden zu lassen. Um dies zu ändern, ist zuallererst kritische Reflexion angebracht, was wir methodisch anders anpacken müssen als bisher. Hier steht am Anfang die Zielbestimmung, erst dann kann die unumgängliche Sichtung der vorhandenen Kräfte und Instrumente folgen (also die Analyse der eigenen Potenziale und die Kritik der eigenen Waffen), ehe man sich im nächsten Schritt mit Aussicht auf Erfolg an die praktische Arbeit und auf den Weg zu neuen Organisationsformen machen muss.

Maßstäbe können und müssen wir dabei aus den demokratisch-revolutionären Traditionen übernehmen, aber gerade die Treue zu den alten Maßstäben und Werten verlangt heute von uns, dass wir uns mit eigenständigem Denken, mit unerschrockenem Fragen und Zweifeln den vielen neuen Problemen stellen. Daher hat, was Du über die Notwendigkeit eines Neuanfangs schreibst, meine unbedingte Zustimmung. Wobei dies ja leider nicht bedeutet, dass die lebenden Leichen und die Gespenster der Vergangenheit nicht weiterhin als politische Untote herumgeistern, uns quälen und verwirren werden. Zu diesem Gespenstischen gehört auch, wie bestimmte Pseudolinke immer wieder Kampagnen anzetteln, um unsereinem die diversen Kainsmale (»Nationalist«, »Rassist«, »Faschist« usw.) aufzudrücken. Zum Beispiel in meinem Falle wegen solcher Untaten wie der Veröffentlichung eines einzigen Artikels in einer angeblich »neofaschistischen« Zeitschrift namens »Mut«, in der u. a. so bekannte Neofaschisten wie Ignatz Bubis, Oskar Lafontaine und Pinchas Lapide publizierten.

Für diejenigen, die das Tischtuch zwischen sich und den jetzigen Machtinhabern zerschnitten haben, beginnt ihr schwerer Weg in einem arg verminten politischen Niemandsland zwischen den Fronten. Sie müssen sich gegen die Hydra der pseudoliberalen Pöstchenschacherer und Schönwetter-Schwätzer, der pseudolinken Radikalrevoluzzer und der irgendwie-rechten Betonfraktionisten zur Wehr setzen, also gegen all die Figuren, die in diesen ernsten und bewegten Zeiten wahrlich eine Fehlbesetzung sind. Wir müssen aufhören, uns gegen diese Leute nur punktuell zu verteidigen. Wir müssen uns nicht allein umfassend verteidigen, wir müssen zumindest punktuell übergehen zum Gegenangriff, müssen offensiv eigenständige, nicht-reaktive Projekte entwickeln.

Warum verteidigen wir uns immer noch allzu defensiv gegen den verrückten Vorwurf, wir seien Nationalisten und Antieuropäer? Warum schaffen wir nicht ein Bewusstsein, dass es ohne die Nationalkulturen und ohne die Vaterländer weder eine Bewahrung des Bewahrenswerten im europäischen Kulturerbe geben wird noch eine Bewahrung der De-

mokratie in Europa? Der Soziologe K. O. Hondrich schreibt dazu: »Ohne das Unterfutter von Wir-Gefühlen sind Staaten nur willkürlich konstruierte Gewalthülsen, die unter Belastung zerfallen. Ohne den Schutz eines legitimen Gewaltmonopols andererseits sind Kulturen und die sie tragenden Völker der Demütigung und Vernichtung preisgegeben.«[515]

Dass ein Teil der Antinationalen sich selbst als Demokraten definieren und missverstehen, darf uns nicht daran hindern, immer wieder nachzuweisen, dass jeder europäische Einheits- und Bundesstaat notwendig mit inneren Antagonismen zu rechnen hätte, die sich nur gewaltsam unterdrücken ließen und an denen er nach einer letztlich vergeblichen Zeit diktatorischer Unterdrückung der Widersprüche mit Notwendigkeit schließlich zerbrechen müsste. So, wie es in den USA weder für die indianischen Amerikaner noch für die Afroamerikaner bisher Gleichberechtigung und Selbstbestimmung gab oder sie ohne fundamentale Veränderung des Staatsgefüges geben wird, so wie die Sowjetunion, so wie Tito-Jugoslawien als deren kleinformatige Imitation immer nur mit neuen Kerkermeistern die alten Völkergefängnisse weiterführten, würde auch ein von Brüssel aus gesteuertes Europa demokratische Einflussnahme nur noch als ritualisierte Ersatzhandlung dulden. Daher sind die angeblichen »Antieuropäer« die Demokraten und Freiheitsverteidiger, die angeblichen »Europäer« nur angeblich Demokraten und in Wirklichkeit bewusste oder unbewusste Anhänger zentralstaatlicher Willkür.

Warum bleiben wir immer noch dabei stehen, uns lediglich zu wehren gegen die Hetzer und Brunnenvergifter? Warum beginnen wir nicht mit einem institutionalisierten deutsch-ausländischen Dialog von unten, der die Brücke schlägt zwischen allen Deutschen und allen Nicht-Deutschen, die weder Fremdenhasser noch Selbsthasser sind und der konkrete Vorschläge entwickelt, wie ein historischer Kompromiss zwischen legitimen Wünschen integrationsbereiter Einwanderungswilliger und den Lebensinteressen des deutschen Volkes aussehen kann? Hier auf Dauer lebende Ausländer, die guten Willens sind und gleichzeitig auch noch logisch denken, können kein Interesse daran haben, mit den in der Bevölkerung völlig isolierten Verfechtern der grenzenlosen Zuwanderung, mit den Profiteuren des Flüchtlingselends und der unsicheren Lage aller Zugewanderten folgenlos zu plaudern. Sie müssen stattdessen den schwierigen, konfliktreichen Weg auf sich nehmen, mit denjenigen Übereinstimmung im Prinzipiellen zu suchen, die für unser Volk sprechen können und denen die Zukunft gehören wird, wenn dieses Land eine Zukunft hat.

Anmerkungen

[1] »Ver.di Publik«, 06-07/2002
[2] Rhein-Zeitung, 22.6.2002
[3] Werner Weidenfeld und Olaf Hillenbrand »Einwanderungspolitik und die Integration von Ausländern – Gestaltungsaufgaben für die Europäische Union« in: Werner Weidenfeld (Hg.) »Das europäische Einwanderungskonzept«, Gütersloh 1994, S. 16
[4] Erlangen 1990
[5] F. A. Herbig, München 1994; 2. überarbeitete Auflage 2002
[6] F. A. Herbig, München 1997; 2. Auflage 2001
[7] Olzog, Landsberg a. L. 1998
[8] München 2001, »Argumente und Materialien zum Zeitgeschehen« der Hanns-Seidel-Stiftung, Nr. 32
[9] B 49/98 vom 27.11.1998, S. 15-34
[10] Frankfurter Allgemeine Zeitung (FAZ), 30.12.1998
[11] Süddeutsche Zeitung (SZ), 4.12.1998
[12] SZ, 7.12.1998
[13] Der Spiegel, Nr. 18/2002, S. 136
[14] Die Welt, 8.8.1998
[15] FAZ, 5.2.1998.
[16] Klaus J. Bade und Rainer Münz (Hg.) »Migrationsreport 2000«, Bonn 2000, S. 9
[17] »Ausländerpolitik in Deutschland – eine Herausforderung für die Zukunft« in: »ZAR – Zeitschrift für Ausländerrecht und Ausländerpolitik«, 17 (1997) 1, S. 3
[18] Kölner Stadt-Anzeiger (K. St.-A.), 17.7.1998
[19] Der Spiegel, Nr. 25/2002, S. 20
[20] Frieden 2000, (1996) 3-4, S. 4
[21] Dokument + Analyse, (1989) 4, S. 17
[22] Rainer Münz und Ralf E. Ulrich »Migration und zukünftige Bevölkerungsentwicklung in Deutschland«, in: Klaus J. Bade und Rainer Münz (Hg.) »Migrationsreport 2000«, Bonn 2000, S. 53
[23] Christa Randzio-Plath »Armut und Wanderungen kann niemand verbieten! Plädoyer für ein europäisches Asyl- und Zuwanderungsrecht«, Hamburg 1992, S. 48
[24] Rathaus ratlos, Nr. 146, Juni 2002
[25] Vgl. Heinrich Lummer »Asyl – Ein missbrauchtes Recht«, Frankfurt a. M. 1992, S. 27

[26] ebd.
[27] forum migration, Mai 2002, S. 1
[28] »Multikulturelle Gesellschaft oder unteilbare Republik?«, in: Politische Studien, Sonderheft 1/1998, Dezember 1998, S. 116
[29] Melih Yürüsen und Attila 35 »Die türkische Wohlfahrtspartei«, in: Interne Studien der Konrad-Adenauer-Stiftung Nr. 134/1997, St. Augustin 1997, S. 65
[30] DIW (Hg.) »Deutschland 2000 – Wandel, Wachstum, Wohlstand. Eine Bilanz des 20. Jahrhunderts«, S. 14
[31] Pressemeldung des Statistischen Bundesamtes vom 21. 10. 2001
[32] FAZ, 11. 3. 2000
[33] Im Oktober 2000 waren im Ausländerzentralregister 7,8 Millionen Ausländer erfasst, damals 9,7 Prozent der Bevölkerung
[34] in: Hartmut Koschyk und Rolf Stolz (Hg.) »30 Jahre Zuwanderung. Eine kritische Bilanz«, Landsberg a. L. 1998, S. 79 ff.
[35] K. St.-A., 19. 5. 1993
[36] Badener Tageblatt, 26. 9. 1994.
[37] Dokument + Analyse (1989) 1, S. 21
[38] forum migration, Mai 2002, S. 4
[39] FAZ, 25. 10. 1996
[40] Statistisches Bundesamt (Hg.), Datenreport 1999, Bonn 2000, S. 46
[41] Statistisches Bundesamt (Hg.), Datenreport 1999, Bonn 2000, S. 577
[42] FAZ, 10. 3. 1998.
[43] schrägstrich, (1998) 5-6, S. 41
[44] schrägstrich, (1998) 5-6, S. 5
[45] schrägstrich, (1998) 5-6, S. 40
[46] Badische Neueste Nachrichten, 10. 11. 1997
[47] Neue Osnabrücker Zeitung, 13. 9. 1980
[48] Quick, 15. 1. 1981
[49] UNHCR-Report 1995/96, »Die Lage der Flüchtlinge in der Welt«, S. 275
[50] Focus, Nr. 44/1997
[51] Welt am Sonntag, 20. 10. 1996
[52] Neuer Informationsdienst (NID) Nr. 6, Okt. 1992, S. 2
[53] SZ, 14. 1. 1998
[54] SZ, 8. 12. 1992
[55] SZ, 8. 12. 1992
[56] NID, Nr. 6, Okt. 1992, S. 2
[57] Dokument + Analyse, (1989) 4, S. 18
[58] K. St.-A., 16. 7. 1998
[59] Die Welt, 20. 10. 1998, siehe auch: Neue Zeitschrift für Verwaltungsrecht
[60] M 6 S 96.4461, siehe auch SZ, 17. 10. 1996
[61] Christian Science Monitor, 27. 2. 1995
[62] Informationsbrief für Führungskräfte, Nr. 1/1989

[63] DIW (Hg.) »Deutschland 2000 – Wandel, Wachstum, Wohlstand. Eine Bilanz des 20. Jahrhunderts«, S. 15 f.
[64] »Die demografische Entwicklung in Deutschland« in: Politische Studien Heft 377, Mai/Juni 2001, S. 77
[65] FAZ, 10. 3. 1998
[66] Statistisches Bundesamt (Hg.), Datenreport 1999, Bonn 2000, S. 569
[67] Heinrich-Böll-Stiftung »Perspektiven im grünen Format« 3/2002 (Juni 2002), S. 6
[68] ebd.
[69] K. St.-A., 25. 6. 1998
[70] Welt am Sonntag, 11. 1. 1998
[71] K. St.-A., 13. 5. 1998
[72] taz, 15. 5. 2000
[73] Statistisches Bundesamt (Hg.), Datenreport 1999, Bonn 2000, S. 576
[74] K. St.-A., 10. 2. 1994
[75] Mach Et, Zeitung der Kölner bündnisgrünen Stadtratsfraktion, Nr. 4/1998, S. 12
[76] »Hidschra nach Europa«, FAZ, 18. 12. 2000
[77] FAZ, 26. 9. 2001
[78] Frankfurter Rundschau, 28. 11. 1998
[79] Josef Schmid, »Eine Mischung aus Güte und Überheblichkeit«, FAZ, 8. 11. 1995
[80] taz, 6. 5. 2000
[81] SZ, 6. 10. 2001
[82] Udo Ulfkotte, Propheten des Terrors. Das geheime Netzwerk der Islamisten, München 2001, S. 144
[83] in Politische Studien, Nr. 381, Januar/Februar 2002, S. 74–85
[84] Eine Analyse der 1983 bis 1990 in Bayern polizeilich registrierten Kriminalität erbrachte, dass 1990 56,6 Prozent der ausländischen Tatverdächtigen nicht zur melderechtlich erfassten Ausländerbevölkerung Bayerns gehörten. Von diesen Nicht-Ansässigen hielten sich 47 Prozent illegal im Lande auf. Vgl. Jochen Kummer, Ausländerkriminalität, Frankfurt a. M. 1993, S. 268
[85] FAZ, 25. 2. 1994
[86] K. St.-A., 24. 7. 1997
[87] Der Spiegel vom 21. 11. 1994
[88] taz, 16. 2. 1998
[89] Focus, (1996) 22, S. 52
[90] Der Spiegel, Nr. 25/2002, S. 98
[91] SPD-Bundeswahlprogramm 1998, S. 44
[92] FAZ, 2. 7. 1998
[94] Rhein-Zeitung, 22. 6. 2002
[95] Rhein-Zeitung, 22. 6. 2002
[96] am 10. 9. 1997 bei der Haushaltsrede im Bundestag

[97] in der Hamburger »ICE-press«, zitiert nach K. St.-A., 9. 6. 1998
[98] K. St.-A., 28. 5. 1998
[99] SZ, 10. 7. 1998
[100] K. St.-A., 11. 7. 1998
[101] »Hidschra nach Europa«, FAZ, 18. 12. 2000
[102] Tagesspiegel, 9. 7. 1998
[103] taz, 30. 10. 1997
[104] Badische Neueste Nachrichten, 10. 11. 1997
[105] Badische Neueste Nachrichten, 10. 11. 1997
[106] Die Welt, 10. 7. 1998
[107] SZ, 26. 6. 1998
[108] Frankfurt a. M. 1998
[109] Der Spiegel, Nr. 22/1998, S. 126
[110] Die Welt, 29. 5. 1989
[111] Frankfurter Runddschau, 22. 5. 1989
[112] taz, 22. 5. 1989
[113] K. St.-A, 4. 10. 1997
[114] Dokument + Analyse, (1989) 4, S. 20
[115] dpa, 16. 3. 1994
[116] K. St.-A., 28. 5. 1998
[117] SZ, 4. 6. 1998
[118] Rheinischer Merkur, 24. 10. 1997
[119] Münchner Merkur, 5. 11. 1994
[120] auf einer DGB-Veranstaltung in Hamburg im November 1981
[121] Die Zeit, 5. 2. 1982
[122] Kölnische Rundschau, 16. 2. 1992
[123] FAZ, 5. 9. 1997
[124] Focus, Nr. 22/1996, S. 52
[125] Die Welt, 8. 8. 1998
[126] FAZ, 22. 5. 1996
[127] Frankfurter Rundschau, 3. 12. 1997
[128] FAZ, 4. 4. 1998
[129] FAZ, 8. 3. 1996
[130] K. St.-A., 14. 7. 1998
[131] Die Zeit, 25. 6. 1998
[132] Enquete-Kommission Demografischer Wandel »Stellungnahme zu der öffentlichen Anhörung am 11. November 1996«, S. 21
[133] Enquete-Kommission Demografischer Wandel »Stellungnahme zu der öffentlichen Anhörung am 11. November 1996«, S. 22
[134] Der Spiegel, Nr. 24/2002, S. 198
[135] Ute Knight und Wolfgang Kowalsky »Deutschland nur den Deutschen? Die Einwanderungsfrage in Deutschland, Frankreich und den USA«, Erlangen 1991, S. 162 ff
[136] Die Brücke, Nr. 26/1985, Titelblatt

[137] Die Brücke, Nr. 26/1985, S. 22
[138] Helmut Schmidt, Hand aufs Herz. Helmut Schmidt im Gespräch mit Sandra Maischberger, München 2002
[139] Regierungserklärung vom 10. 11. 1965
[140] FAZ, 28. 7. 1997
[141] Israel-Nachrichten, 1. 9. 1992
[142] Der Spiegel, Nr. 13/1998, S. 52
[143] Der Spiegel, Nr. 16/1997, S. 79
[144] Stuttgarter Nachrichten, 8. 11. 1997
[145] Vorwärts, Nr. 1/1994, S. 12
[146] DIW (Hg.), Deutschland 2000 – Wandel, Wachstum, Wohlstand. Eine Bilanz des 20. Jahrhunderts, S. 5-7
[147] ebd., S. 34
[148] ebd., S. 37
[149] Blätter für Vorgesetzte, 11/1999, S. 3
[150] Blätter für Vorgesetzte, 11/1999, S. 5
[151] Junge Freiheit, 21. 6. 1996
[152] am 10. 9. 1997 im Bundestag bei der Haushaltsrede
[153] München 1994
[154] SZ, 18. 11. 1998
[155] Seit 1990 sind gut 100 000 jüdische Kontingentflüchtlinge aus Osteuropa gekommen. Laut *Tagesspiegel* vom 6. 5. 1998 waren es bis dahin 87 991
[156] Der Spiegel, Nr. 25/2002, S. 18
[157] Der Spiegel, Nr. 26/1998, S. 27
[158] Zu den Zahlen vgl. Cornelia Schmalz-Jacobsen und Georg Hansen (Hrsg.), Kleines Lexikon der ethnischen Minderheiten in Deutschland, München 1996
[159] Enquete-Kommission Demografischer Wandel, Stellungnahmen zu der öffentlichen Anhörung am 11. November 1996, S. 6
[160] Diese jetzt in der Fassung vom 30. 6. 1993 gültige Regelung läuft, wenn sie nicht verlängert wird, am 31. 12. 2002 aus.
[161] »Wer ist das Volk ?« in: Die Zeit, 23. 7. 1993
[162] vgl. dazu etwa »National befreite Zonen« in: Der Spiegel, Nr. 13/1998, S. 52 ff
[163] Die Welt, 20. 4. 1998
[164] K. St.-A., 5. 8. 1998
[165] K. St-A., 25. 11. 1992
[166] vgl. z. B. FAZ vom 17. 8. 1998 über gewalttätige Asylbewerber in Radeberg
[167] Manfred Kanther, Journal für Deutschland, Februar/März 1998, S. 23
[168] Heinrich Lummer, Asyl – das missbrauchte Recht, Frankfurt a. M. 1992, S. 19
[169] Stuttgarter Nachrichten, 24. 1. 1996
[170] Der Tagesspiegel, 30. 6. 1998

[171] Wanderarbeiter in der EG, Bd. 1: Vergleichende Analysen und Zusammenfassung, Mainz – München 1985, S. 23

[172] Bettina Junker, Vom Vormund und seinem Mündel, in: Bulletin des Crédit Suisse, (1998) 4, S. 36 f

[173] Enquete-Kommission Demografischer Wandel, Stellungnahme zu der öffentlichen Anhörung am 11. November 1996, S. 28

[174] Enquete-Kommission Demografischer Wandel, Stellungnahme zu der öffentlichen Anhörung am 11. November 1996, S. 29

[175] Gütersloh 1993, S. 53

[176] Blätter für deutsche und internationale Politik, 39 (1994) 10, S. 1195–1204

[177] SZ, 19. 8. 1989

[178] K. St.-A., 10. 2. 1994

[179] Dokument + Analyse, (1989) 4, S. 13

[180] AP-Meldung vom 26. 1. 1983

[181] Berliner Morgenpost, 28. 11. 1982

[182] Datendienst Migration, Januar 2002, S. 1 f

[183] Datendienst Migration, Januar 2002, S. 3

[184] FAZ, 6. 10. 1998

[185] Bundestagsenquete-Kommission Demografischer Wandel, Stellungnahme zu der öffentlichen Anhörung am 11. November 1996, S. 2

[186] Heinrich-Böll-Stiftung, Perspektiven im grünen Format, 3/2002 (Juni 2002)

[187] »Ausländerpolitik in Deutschland – eine Herausforderung für die Zukunft«, in: ZAR – Zeitschrift für Ausländerrecht und Ausländerpolitik, 17 (1997) 1, S. 3

[188] Lothar Baier, Gleichheitszeichen. Streitschriften über Abweichung und Identität, Berlin 1985, S. 96

[189] vgl. Johannes Heinrichs, Gastfreundschaft der Kulturen versus Multi-Kulti-Illusion, in: Hartmut Koschyk/Rolf Stolz (Hrsg.), 30 Jahre Zuwanderung. Eine kritische Bilanz, Landsberg am Lech 1998, S. 23, 33

[190] K. St-A., 19. 5. 1993

[191] S. Bender, B. Rürup, W. Seifert und W. Sesselmeier »Migration und Arbeitsmarkt«, in: Klaus J. Bade und Rainer Münz (Hg.), Migrationsreport 2000, Bonn 2000, S. 64

[192] Klaus Leggewie, »Integration und Segregation«, in: Klaus J. Bade und Rainer Münz (Hg.), Migrationsreport 2000, Bonn 2000, S. 95

[193] Aktiv gegen Rassismus, April 2002, S. 2

[194] Klaus Leggewie, »Integration und Segregation«, in: Klaus J. Bade und Rainer Münz (Hg.), Migrationsreport 2000, Bonn 2000, S. 99 f.

[195] Hayrettin Aydin, »Bilanz und Perspektiven der Integration der Türken in Deutschland«, in: Politische Studien, Sonderheft 1/1998, S. 95

[196] Statistisches Bundesamt (Hg.), Datenreport 1999, Bonn 2000, S. 578

[197] K. St.-A., 8. 8. 1998
[198] L. Funcke, »Wie lange ist ein Zuwanderer »Ausländer«?«, in: Daniel Cohn-Bendit, Liselotte Funcke u. a., Einwanderbares Deutschland oder Vertreibung aus dem Wohlstandsparadies?, hg. von S. Shahram Iranbomy, Frankfurt a. M. 1993, S. 38
[199] Die Welt, 10. 8. 1998
[200] SZ, 19. 8. 1989
[201] Dieter Oberndörfer, »Zuwanderungsdebatte in Deutschland«, in : Klaus J. Bade und Rainer Münz (Hg.), Migrationsreport 2000
[202] »Krise und Ethos der Demokratie«, in: Mitteilungen der Gesellschaft für Kulturwissenschaft, Dezember 1995
[203] Der Spiegel, Nr. 13/1998
[204] Der Spiegel, Nr. 13/1998
[205] Der Spiegel, Nr. 13/1998
[206] Enquete-Kommission Demografischer Wandel, Stellungnahmen zu der öffentlichen Anhörung am 11. November 1996«, S. 6 f.
[207] Enquete-Kommission Demografischer Wandel, Stellungnahmen zu der öffentlichen Anhörung am 11. November 1996, S. 25
[208] Berlin-Rundschau, 17. 10. 1996
[209] FAZ, 10. 3. 1998
[210] Hannoversche Allgemeine Zeitung, 25. 5. 1997
[211] Stand und Weiterentwicklung der Integration der ausländischen Arbeitnehmer und ihrer Familien. Memorandum des Beauftragten der Bundesregierung, 1979
[212] taz, 3. 6. 1998
[213] Kunst & Kultur, 6/1998, S. 2
[214] vgl. »Die Assis wollen nur unser Geld«, in: Rheinischer Merkur, 2. 10. 1992
[215] Urteil vom 26. 4. 1991, NVwZ 1992, S. 79
[216] Urteil vom 12. 7. 1991, NVwZ 1992, S. 77
[217] schul-management, 24 (1993) 3, S. 4 ff
[218] SZ, 30. 11. 1998
[219] K. St.-A., 10. 12. 1997
[220] SZ, 10. 8. 1998
[221] K. St.-A., 21. 3. 1998
[222] Elbe-Elster-Rundschau, 24. 6. 1998
[223] K. St.-A., 9. 6. 1998
[224] SZ, 10. 6. 1994
[225] Der Spiegel, Nr. 26/1998, S. 50
[226] Der Spiegel, Nr. 26/1998, S. 28
[227] pogrom, Nr. 199, März-April 1998, S. 3
[228] SZ, 13. 3. 1996
[229] forum migration, 4/2002, S. 1
[230] »Gesellschaftliche Desintegrationsprozesse als Ursachen von fremden-

feindlicher Gewalt und politischer Paralysierung«, in: Aus Politik und Zeitgeschichte, B 2-3/1993. S. 3 ff.

[231] K. St.- A., 5. 6. 1998

[232] Frieden 2000, (1997) 7-8, S. 10

[233] GfbV, Für eine Zukunft ohne Terror und Gewalt, Dezember 2001

[234] K. St.-A., 6. 5. 1998

[235] Pressemitteilung des BMI, 27. 1. 2000

[236] Die Welt, 20. 4. 1998

[237] K. St.-A., 8. 8. 1998

[238] Der Spiegel Nr. 30/1997, S. 78

[239] Fernsehsendung *Panorama*, vgl. K. St.-A., 10. 10. 1997

[240] FAZ, 13. 12. 1997

[241] vollständiger Antragstext in: Jochen Kummer, Ausländerkriminalität. Legenden und Fakten zu einem Tabu, Frankfurt a. M./Berlin 1993, S. 262 ff.

[242] Heinrich Lummer, Asyl – das missbrauchte Recht, Frankfurt a. M. 1992, S. 31

[243] K. St.-A., 2. 7. 1998

[244] SZ, 1. 7. 1998

[245] Der Spiegel, Nr. 12/1998, S. 181

[246] Der Spiegel, Nr. 24/2002, S. 52

[247] FAZ, 26. 6. 1994

[248] Focus Nr. 11/1996, S. 105 ff.

[249] FAZ, 28. 7. 1997

[250] Der Spiegel, Nr. 30/1998, S. 18

[251] vgl. FAZ, 18. 8. 1998

[252] Frankfurter Rundschau, 5. 1. 1998

[253] FAZ, 19. 10. 1996

[254] FAZ, 28. 10. 1996

[255] Welt am Sonntag, 4. 5. 1997

[256] Az: B8KN5/95R

[257] FAZ, 25. 6. 1993

[258] K. St.-A., 3. 7. 2002

[259] Michael Wollenschläger, »Grundlagen und Anforderungen einer europäischen Einwanderungsregelung«, in: Werner Weidenfeld (Hg.), Das europäische Einwanderungskonzept, Gütersloh 1994, S. 164

[260] Saskia Sassen, Migranten, Siedler, Flüchtlinge. Von der Massenauswanderung zur Festung Europa, Frankfurt a. M. 1996, S. 175

[261] E. Renan, Qu'est-ce qu'une nation?, Paris 1882 (»Was ist eine Nation?«)

[262] O. Bauer, Die Nationalitätenfrage und die Sozialdemokratie, Wien 1907, S. 97

[263] Der Spiegel, 11/2002, S. 244

[264] SZ, 6. 10. 2001

[265] IG Medien FORUM Nr. 1/2000, S. 1 ff.

[266] vgl. Das Sonntagsblatt, 13. 10. 1995

[267] forum migration, Mai 2002, S. 4
[268] Natürlich 2/2002, Reform-Rundschau 4/2002
[269] Sozialbericht 1997 der Bundesregierung, Bonn 1998
[270] BDA (Bundesvereinigung der Deutschen Arbeitgeberverbände), »Sozialpolitik für mehr Wettbewerbsfähigkeit und Beschäftigung« Ordnungspolitische Grundsätze der BDA, 1998
[271] K. St.-A., 9. 7. 1998
[272] Globus, Statistik Nr. 7662
[273] K. St.-A., 30. 7. 1998
[274] K. St.-A., 15. 8. 1998
[275] K. St.-A., 2. 7. 1998
[276] vgl. einblick, Nr. 15/98, S. 5
[277] Lothar F. Neumann und Klaus Schaper, Die Sozialordnung der Bundesrepublik Deutschland, 4. akt. Auflage, Bonn 1998, S. 258
[278] SZ, 8. 12. 1992
[279] Michael Erler, »Armut im Wandel«, Studie der Fachhochschule Frankfurt/M., FB Sozialpädagogik, 1996
[280] K. St.-A., 15. 8. 1998
[281] FAZ, 13. 11. 1996
[282] Welt am Sonntag, 10. 3. 1996
[283] Focus, Nr. 11/1996, S. 11
[284] K. St.-A., 5. 8. 1998
[285] Welt am Sonntag, 11. 1. 1998
[286] EuGH C-85/96
[287] ver.di publik, 06-07/2002, S. 18
[288] FAZ, 14. 1. 1998
[289] Welt am Sonntag, 16. 6. 1996
[290] Welt am Sonntag, 2. 6. 1996
[291] Welt am Sonntag, 2. 6. 1996
[292] Welt am Sonntag, 2. 6. 1996
[293] Junge Freiheit, 21. 6. 1996
[294] Junge Freiheit, 21. 6. 1996
[295] Welt am Sonntag, 10. 3. 1996
[296] Kölner Stadt-Anzeiger, 11. 1. 2002
[297] neue deutsche schule, hg. von der GEW von NRW, Nr. 9/1997, S. 36
[298] K. St.-A., 28. 8. 1998
[299] forum migration, 4/2002, S. 1
[300] Informationsbrief 6/2002, S. 7
[301] forum migration, 6/2002, S. 4
[302] Referat für Stadtplanung und Bauordnung, Berufliche Erstausbildung in München, 1995, S. 65
[303] SZ, 25. 7. 1998
[304] Datendienst Migration, März 2002, S. 1 und S. 4
[305] Datendienst Migration, März 2002, S. 2

[306] Rathaus ratlos, Juni 2002, S. 6
[307] FAZ, 10. 3. 1995
[308] FAZ, 10. 3. 1995
[309] Enquete-Kommission Demografischer Wandel, Stellungnahme zu der öffentlichen Anhörung am 11. November 1996, S. 7
[310] Daniel Cohn-Bendit, Liselotte Funcke u. a., »Einwanderbares Deutschland oder Vertreibung aus dem Wohlstandsparadies?«, hg. von S. Shahram Iranbomy, Frankfurt a. M. 1993, S. 71
[311] Der Spiegel, Nr. 16/1997
[312] Die Welt, 17. 10. 1997
[313] K. St.-A., 10. 8. 1998
[314] Manfred Kanther, »Deutschland ist kein Einwanderungsland«, in: FAZ, 13. 11. 1996
[315] Welt am Sonntag, 18. 1. 1998
[316] Der Spiegel, Nr. 50/1997, S. 162
[317] Berliner Morgenpost, 17. 1. 1998
[318] K. St.-A., 8. 7. 1997
[319] Einblick Nr. 15/1998, S. 1
[320] FAZ, 13. 11. 1996
[321] FAZ, 2. 12. 1996
[322] Wirtschaftswoche, 2. 10. 1997
[323] taz, 16. 2. 1998
[324] taz, 16. 2. 1998
[325] Der Spiegel, 9. 3. 1992
[326] Das Parlament, 26. 3. 1999
[327] Die Welt, 11. 11. 1998
[328] Sozio-ökonomisches Panel, Längsschnittsatz 1993-1997, in: Statistisches Bundesamt (Hg.), Datenreport 1999, Bonn 2000, S. 579
[329] Islamische Zeitung/Zentralinstitut Islam – Archiv, Soest, nach: Religionswissenschaftlicher Medien- und Informationsdienst e. V (REMID), Religionen in Deutschland: Mitgliederzahlen (Stand November 2001)
[330] Religionswissenschaftlicher Medien- und Informationsdienst e. V (REMID), Religionen in Deutschland: Mitgliederzahlen (Stand November 2001)
[331] Der Spiegel, Nr. 23/2002, S. 18
[332] Der Spiegel, Nr. 44/1997, S. 27
[333] Der Tagesspiegel, 30. 6. 1998
[334] K. St.-A., 28. 3. 1998
[335] Ausländerpolitik in Deutschland – eine Herausforderung für die Zukunft, in: ZAR – Zeitschrift für Ausländerrecht und Ausländerpolitik, 17 (1997) 1, S. 4 f
[336] Welt am Sonntag, 29. 3. 1998
[337] ebd.

[338] schrägstrich, (1998) 5-6
[339] FAZ, 2. 12. 1996
[340] Die Zeit, 11. 12. 1992
[341] ver.di publik, 06-07/2002, S. 7
[342] Empfehlungen des Rates für Migration, S. 14
[343] Die Brücke Nr. 42/1988, S. 31
[344] Die Brücke Nr. 32/1986, S. 8
[345] Die Brücke Nr. 35/1987, S. 49
[346] Die Brücke Nr. 37/1987, S. 11
[347] Die Brücke Nr. 31/1986, S. 7
[348] Die Brücke Nr. 32/1986, S. 8
[349] Die Brücke Nr. 33/1986, S. 4
[350] Die Brücke Nr. 28/1985, S. 19
[351] Die Brücke Nr. 28/1985, S. 20
[352] Die Brücke Nr. 28/1985, S. 20
[353] »Wenn es unfreundlich wird am Bahnhof«, in: Die Welt, 17. 1. 1998
[354] Politisch nicht korrekt, Bielefeld 1998, S. 129
[355] Der Spiegel, Nr. 17/1997, S. 145
[356] SZ, 4. 3. 1996
[357] taz, 23. 12. 1995
[358] Bild der Frau, Nr. 2/2002
[359] Rhein-Zeitung, 24. 6. 2002
[360] Die Welt, 22. 4. 2000
[361] K. St.-A.., 29. 7. 1998
[362] FAZ, 10. 7. 1998
[363] FAZ, 11. 7. 1998
[364] FAZ, 11. 7. 1998
[365] Der Weg zum Deutschen Pass, hg. vom Paritätischen Wohlfahrtsverband, Frankfurt a. M. 1995, S. 5
[366] Die Welt, 21. 4. 1998. Vgl. auch Wiebke Steffen u. a., Ausländerkriminalität in Bayern. Eine Analyse der von 1983 bis 1990 polizeilich registrierten Kriminalität ausländischer und deutscher Tatverdächtiger, München 1992
[367] Die Welt, 21. 4. 1998
[368] Bild am Sonntag, 20. 7. 1997
[369] K. St.-A., 24. 7. 1997
[370] Welt am Sonntag, 19. 4. 1998
[371] Münchner Merkur, 13. 6. 1997
[372] »Die erste Generation der nach Deutschland gekommenen Arbeiter war durch eine extrem niedrige Straffälligkeit gekennzeichnet, ... Vorbestrafte wurden von den Anwerbestellen nicht akzeptiert.« Detlef Bischoff und Werner Teubner, Zwischen Einbürgerung und Rückkehr. Ausländerpolitik und Ausländerrecht in der Bundesrepublik Deutschland, Berlin 2. bearb. Auflage 1991, S. 160

[373] Vgl. den Brief des damaligen NRW-Innenministers H. Schnoor an den damaligen stellvertretenden Vorsitzenden der CDU-Bundestagsfraktion Heiner Geißler vom 21. 6. 1993, in: Jochen Kummer, Ausländerkriminalität, Frankfurt a. M. 1993, S. 259 ff.
[374] Runderlass des Innenministers von NRW vom 10. 3. 1986, ebd. S. 257
[375] Frankfurter Rundschau, 21. 10. 1988
[376] Die Zeit, 19. 6. 1992
[377] K. St.-A., 28. 5. 1998
[378] Focus, Nr. 17/1998, S. 32
[379] Frieden 2000, (1998) 5-6, S. 9
[380] K. St.-A., 2. 7. 1998
[381] K. St.-A., 28. 5. 1998
[382] Jochen Kummer, Ausländerkriminalität, Frankfurt a. M. 1993, S. 264
[383] K. St.-A., 16. 7. 1998
[384] K. St.-A., 23. 9. 1997
[385] Welt am Sonntag, 22. 6. 1997
[386] Focus, Nr. 51/1997
[387] K. St.-A., 28. 10. 1997
[388] DGB, Der Deutsche Gewerkschaftsbund und die ausländischen Arbeitnehmer, Düsseldorf o. J. (1990), S. 42
[389] K. St.-A., 28. 10. 1997
[390] K. St.-A., 29. 5. 1998
[391] K. St.-A., 24. 9. 1997
[392] vgl. Aus Politik und Zeitgeschichte, B 35/95 und B 43/95
[393] Berlin 1993, S. 21
[394] Giovanni Falcone und Marcelle Padovani, Inside Mafia, München 1992, S. 137
[395] Quelle Statistisches Bundesamt; vgl. Der Spiegel, Nr. 16/1997, S. 79
[396] Welt am Sonntag, 11. 1. 1998
[397] H.-D. Schwind, »Die gefährliche Verharmlosung der ›Ausländerkriminalität‹«, in: Aus Politik und Zeitgeschichte, B 43/95, S. 35
[398] K. St.-A., 25. 3. 1998
[399] Welt am Sonntag, 19. 4. 1998
[400] SZ, 27. 1. 1998
[401] SZ, 17. 2. 1998
[402] K. St.-A., 5. 8. 1998
[403] Nürnberger Nachrichten, 1. 7. 1998
[404] FAZ, 17. 1. 1997
[405] Der Spiegel, Nr. 26/1997, S. 48 ff.
[406] SZ, 23. 4. 1997
[407] FAZ, 31. 1. 1998
[408] FAZ, 31. 1. 1998
[409] Minion Merkur, 24. 10. 1997
[410] Focus Nr. 26/1998

[411] Handbuch der Dritten Welt, hg. von Dieter Nohlen und Franz Nuscheler, Bd. 1 Grundprobleme – Theorien – Strategien, Bonn 1992, 3. Aufl., S. 458
[412] Handbuch der Dritten Welt, hg. von Dieter Nohlen und Franz Nuscheler, Bd. 1 Grundprobleme – Theorien – Strategien, Bonn 1992, 3. Aufl., S. 457
[413] K. St.-A., 14. 5. 1997
[414] »Neue Heimat – neue Zukunft. Eine soziologisch-pädagogische Studie über die Integration der Kinder der Aussiedler aus den GUS-Staaten«, in: Aus Politik und Zeitgeschichte B 7-8/97, S. 16
[415] Wiener, Nr. 4/1989, S. 3 ff.
[416] pogrom, Nr. 195/196, Juli-Sept. 1997, S. 5
[417] FAZ, 10. 7. 1998
[418] FAZ, 3. 6. 1998
[419] K. St.-A., 12. 12. 1997
[420] FAZ, 3. 6. 1998
[421] FAZ, 3. 6. 1998
[422] K. St.-A., 9. 7. 1998
[423] Welt am Sonntag, 11. 1. 1998
[424] taz, 3. 6. 1998
[425] K. St.-A., 25. 11. 1992
[426] Hürriyet, vgl. Badische Neueste Nachrichten, 10. 11. 1997
[427] StadtRevue, Köln 6/95, S. 18
[428] FAZ, 22. 5. 1996
[429] Dokumente + Analyse, (1989) 4, S. 15
[430] Berliner Zeitung, 17. 7. 1998
[431] SZ, 25. 7. 1998
[432] Statistisches Bundesamt (Hg.), Datenreport 1999, Bonn 2000, S. 573
[433] ebd., S. 575
[434] Repräsentativbefragung im Auftrag der GEW, vgl. »magazin« der IGBCE, 07-08/2002, S. 9
[435] Am 30. 7. 1997 waren 7 364 088 Ausländer in Deutschland gemeldet. Vlg. Rheinischer Merkur, 24. 10. 1997
[436] Welt am Sonntag, 18. 1. 1998
[437] Rheinischer Merkur, 24. 10. 1997
[438] K. St.-A., 19. 12. 1997
[439] ver.di publik, 06-07/2002, S. 18
[440] Die Zeit, 25. 6. 1998
[441] Die Zeit, 25. 6. 1998
[442] Welt am Sonntag, 18. 1. 1998
[443] Der Spiegel, Nr. 50/1997, S. 168
[444] FAZ, 15. 4. 1997
[445] K. St.-A., 29. 7. 1998
[446] Der Spiegel, Nr. 48/1997, S. 189

[447] »FAZ«, 10. 8. 1998.
[448] dpa, 22. 6. 2002
[449] »Eine Mischung aus Güte und Überheblichkeit«, in: FAZ, 8. 11. 1995
[450] Stuttgarter Zeitung, 12. 6. 1998
[451] Welt am Sonntag, 19. 10. 1997
[452] K. St.-A., 19. 5. 1993
[453] »Ausländerpolitik in Deutschland – eine Herausforderung für die Zukunft«, in: ZAR – Zeitschrift für Ausländerrecht und Ausländerpolitik, 17 (1997) 1, S. 6
[454] Rhein-Zeitung, 26. 4. 2002
[455] ebd.
[456] einblick, Nr. 21/1999, S. 5
[457] SZ, 23. 1. 1998
[458] Klaus J. Bade und Rainer Münz (Hg.), Migrationsreport 2000, Bonn 2000, S. 45
[459] Berliner Morgenpost, 9. 12 . 1996
[460] K. St.A., 8. 8. 1998
[461] Rheinischer Merkur, 24. 10. 1997
[462] S. 95
[463] Heinrich Lummer, Asyl – das missbrauchte Recht, Frankfurt a. M. 1992, S. 163
[464] Der Spiegel, 9. 3. 1992
[465] ver.di publik, 06-07/2002, Seite 7
[466] Welt am Sonntag, 16. 6. 1996
[467] Der Spiegel, Nr. 52/1997, S. 18
[468] vgl. Gottfried Köfner/Peter Nicolaus, »Ausweisen oder abschieben?«, in: Herbert Spaich (Hg.), Asyl bei den Deutschen, Reinbek 1982
[469] am 7. 1. 1991 erschienen
[470] SZ, 19. 8. 1989
[471] K. St.-A., 10. 2. 1994
[472] »Schmerzhafte Wandlung: Vom ethnischen Deutschen zum deutschen Bürger«, in: Gewerkschaftliche Monatshefte, Nr. 8/1993, S. 460 ff
[473] Friedrich Meinecke, Weltbürgertum und Nationalstaat, München/Berlin 1919
[474] K. St.-A., 28. 5. 1998
[475] FAZ, 2. 12. 1996
[476] Frieden 2000, (1997) 7-8, S. 6
[477] FAZ, 13. 11. 1996
[478] FAZ, 18. 8. 1998
[479] Neues Deutschland, 25. 11. 1997
[480] taz,4. 12. 1998
[481] FAZ, 1. 6. 1993
[482] FAZ, 23. 2. 2000
[483] in einer Hörfunkdiskussion des Bayrischen Rundfunks am 14. 3. 1987

[484] Klaus J. Bade und Rainer Münz (Hg.), Migrationsreport 2000, Bonn 2000, S. 45
[485] Rhein-Zeitung, 30. 7. 2002
[486] ebd.
[487] »magazin« der IG BCE, Mai 2002, S. 19
[488] Mieter-Zeitung, Organ des Dt. Mieterbundes e. V., Nr. 9/1992, Ausgabe Hessen, S. 6f
[489] Informationsbrief 6/2002, S. 3
[490] Rheinischer Merkur, 26. 6. 1998
[491] Welt am Sonntag, 4. 1. 1998
[492] K. St.-A., 29. 7. 1998
[493] Gottfried Köfner/Peter Nicolaus, »Ausweisen und abschieben?«, in: Herbert Spaich (Hg.), Asyl bei den Deutschen, Reinbek 1982, S. 226
[494] K. St-A., 24. 3. 1998
[495] schrägstrich, Nr. 04-05/2002, S. 16
[496] Die Verfahren dauern allerdings meist nur 6 bis 8 Wochen, sodass die Veränderungspotenziale eher in anderen Bereichen des Asylverfahrens zu finden sind.
[497] »FAZ«, 28. 10. 1996.
[498] Interview mit Michael Klonovsky, »Focus« Nr. 21,1996, S. 77 f.
[499] VCI »Erfolgsformel Globalisierung?«, Frankfurt a. M. 2000, S. 9
[500] München 1996; S. 136
[501] Aktiv gegen Rassismus, April 2002, S. 2
[502] Verfassungsschutz des Staates durch geistig-politische Auseinandersetzung – Ein Beitrag zum Handeln des Staates gegen Rechts, Dissertation, Hochschule für Verwaltungswissenschaften Speyer, 1998, S. 257
[503] Interview mit Michael Klonovsky, in: Focus Nr. 21/1996, S. 77 f
[504] SZ, 14. 1. 1998
[505] »Kultur Zeit« Schloss Elmau, Nr. 3, Mai 1998, S. 2
[506] taz, 2. 10. 1992
[507] Heinrich-Böll-Stiftung, Perspektiven im grünen Format 3/2002 (Juni 2002)
[508] »Wachsam sein und Flagge zeigen«, in: Die Welt, 14. 11. 1992
[509] Peter Glotz, Die Beweglichkeit des Tankers. Die Sozialdemokratie zwischen Staat und neuen sozialen Bewegungen, München 1982, S. 148
[510] Focus 18/1994, S. 118
[511] Schrägstrich, 04-05/2002, S. 5
[512] auf der Ausländer-Tagung der CDU in Bonn am 21. 10. 1982
[513] Ludwig Römhild, Politisch nicht korrekt, Bielefeld 1998, S. 128
[514] »Zum Nutzen des Volkes? Nachdenken über den Standort Deutschland – eine etwas andere Sicht«, in: »Rheinischer Merkur«, 9. 2. 1996
[515] »Grenzen gegen die Gewalt«, in: Die Zeit, Nr. 5/1994, S. 4

»Bayreuther Aufruf«

Seit Gründung der Bundesrepublik Deutschland sind viele Millionen Ausländer nach Deutschland gekommen. Viele sind nach Jahren des Aufenthalts in Deutschland wieder in ihre Heimatländer zurückgekehrt. Viele sind in Deutschland geblieben, haben die zunächst fremde kulturelle Umgebung akzeptiert und haben sich integriert. Zwischen den Deutschen und diesen Zuwanderern gibt es keine nennenswerten Probleme. Ziel einer vernunftorientierten Politik muss daher über ein verträgliches Maß an Zuwanderung hinaus die Integration eingliederungswilliger, hier lebender Bürger ausländischer Herkunft sein.

Diese kulturelle und soziale Integration kann nur in einem Umfeld gelingen, in dem die Deutschen sich als Mehrheit wahrnehmen. In Deutschland leben heute in großer Zahl Ausländer, die der Kultur ihres Gastlandes völlig interesselos gegenüberstehen. Eine erfolgreiche Eingliederung ist nicht allein von langen Aufenthaltszeiten in Deutschland und von der Zahl der Zuwanderer abhängig, sondern vielmehr vom tatsächlichen Sozialverhalten und dem kulturellen Eingliederungswillen. Der Erwerb der deutschen Staatsbürgerschaft kann dabei nur am Ende, niemals aber am Anfang des Integrationsprozesses stehen. Dabei geht es zentral um die Entscheidung, welcher Kultur der Einzelne sich zugehörig fühlt. Gegen eine Pflege der verschiedenen Herkunftskulturen als Gastkulturen ist nichts einzuwenden, solange die nationale Kultur als gemeinsame Basis nicht in Frage gestellt und Gettobildung vermieden wird.

Soll die ebenso notwendige wie wünschenswerte Integration hier lebender eingliederungswilliger Zuwanderer gelingen, darf Deutschland nicht länger ein Land unkontrollierter und maßstabloser Zuwanderung sein. Die kulturelle Gastfreundschaft hat ihre selbstverständliche Grenze an den Grundlagen unserer Demokratie. Jene Ausländer, die die Demokratie und den Rechtsstaat verächtlich machen, verfassungsfeindliche Bestrebungen verfolgen, intoleranten und religiös-fundamentalistischen Bewegungen angehören oder kriminellen Betätigungen nachgehen, gefährden diese Gastfreundschaft.

Um Ängsten vor Zuwanderung nach Deutschland zu begegnen, aber auch um extremistischen Parteien keinen Auftrieb zu verschaffen, braucht Deutschland eine vernunftorientierte, kulturbewusste und verantwortungsbewusste Ausländerpolitik. Die Unterzeichner dieses Aufrufs wollen diese Ausländerpolitik. Sie wehren sich ebenso gegen tatsächliche Ausländerfeindlichkeit wie gegen die infamen Versuche, jede Kritik an den politischen Wunschvorstellungen der »multikulturellen Gesellschaft« als ausländer- und menschenfeindlich zu diffamieren.

Wir, die Unterzeichner,

- wünschen, dass viel mehr Menschen als bisher beginnen, Schritt für Schritt vom Ausländer zum Inländer, zum Deutschen, zum vollgültigen Mitbürger zu werden;
- fühlen uns mit jenen ausländischen Mitbürgern verbunden, die unsere Staats- und Gesellschaftsordnung sowie unsere Kultur aktiv bejahen und sich in die deutsche Gesellschaft integrieren, ohne ihre Wurzeln verleugnen zu müssen;
- setzen uns für ein faires, zügiges Asylverfahren zum Schutz all jener ein, die in ihrer Heimat akut an Leib und Leben bedroht sind;
- treten dafür ein, dass nicht integrationswillige, gewalttätige, extremistische, religiös-fundamentalistische und straffällige Ausländer möglichst in ihre Heimatländer zurückgeführt werden;
- verlangen, dass im Interesse von Freiheit, Demokratie, Rechtsstaatlichkeit und Menschenrechten antidemokratische Bewegungen und Gruppierungen bekämpft werden.

Unser Ziel ist ein demokratisches, weltoffenes, selbstbewusstes Deutschland – ein gastfreundliches Land der Deutschen, in dem gesetzestreue Menschen ausländischer Herkunft – sei es als deutsche Staatsbürger, sei es als Gäste diese Landes – friedlich leben und arbeiten können.

26. August 1998

Erstunterzeichner:

Horst Niggemeier (Mitglied des Dt. Bundestages bis 1994, langjähriger Sprecher der IG Bergbau und Energie, SPD)
Jörg Schönbohm (Innenminister des Landes Brandenburg, CDU)

Ralf H. Borttscheller (ehemaliger Senator für Inneres der Freien Hansestadt Bremen)
Peter Kurt Würzbach MdB (ehemaliger Landesvorsitzender der CDU Schleswig-Holstein, Parlamentarischer Staatssekretär a. D.)
Hartmut Koschyk MdB (CSU)
Rolf Stolz (Publizist, Gründungsmitglied der Partei »Die Grünen«)
Rainer Eppelmann MdB (CDU, ehemaliger Bundesvorsitzender der Christlich-Demokratischen Arbeitnehmerschaft)
Prof. Dr. Rainer Ortleb MdB (Bundesminister a. D, ehemaliger F.D.P.-Landesvorsitzender in Sachsen)
Prof. Dr. Arnulf Baring (Historiker, Freie Universität Berlin)
Prof. Dr. Kenneth Lewan (Politikwissenschaftler, Professuren an der FH Hagen und der University of Indiana)
Prof. Dr. Johannes Heinrichs (Philosoph, Humboldt-Universität zu Berlin)
Prof. Dr. Klaus Hornung (Universität Hohenheim)
Prof. Dr. Reinhard Hesse (Philosoph, Universität Freiburg)
Johannes Doering (Pfarrer der Evangelischen Kirchengemeinde Unna)
Dirk Gogarn (Pfarrer, Nephten)
Eberhard Kleina (Berufsschulpfarrer, Lübbecke)

Literaturverzeichnis

Das folgende Literaturverzeichnis strebt keine Vollständigkeit an, will aber doch die wichtigsten Tendenzen in der Diskussion zumindest beispielhaft aufnehmen und dabei sowohl neuere als auch für die Politikentwicklung relevante ältere Veröffentlichungen vorstellen.

Klaus Ahlheim, Bardo Heger und Thomas Kuchinke »Argumente gegen den Hass. Über Vorurteile, Fremdenfeindlichkeit und Rechtsextremismus« Bd. I Bausteine für Lehrende in der politischen Bildung, Bd. II Textsammlung, Bonn 1993

Stefan Angenendt (Hg.), »Migration und Flucht. Aufgaben und Strategien für Deutschland, Europa und die internationale Gemeinschaft«, Bonn 1997

»Ausländerintegration in Deutschland« Sonderheft 1/1998 der »Politischen Studien. Zweimonatsschrift für Politik und Zeitgeschehen«, Hg. von der Hanns-Seidel-Stiftung, Dezember 1998

»Die ausländischen Arbeitnehmer – eine Frage an die Kirche und die Gesellschaft. Ein Beschluss der Gemeinsamen Synode der Bistümer in der Bundesrepublik Deutschland«, Bonn 1973 (Katholische Bischofskonferenz)

Klaus J. Bade (Hg.) »Deutsche im Ausland – Fremde in Deutschland. Migration in Geschichte und Gegenwart«, München 1992

Klaus J. Bade »Ausländer, Aussiedler, Asyl in der Bundesrepublik«, 3. neu bearbeitete Auflage, Hannover 1994

Klaus J. Bade und Rainer Münz »Migrationsreport 2000«, Frankfurt a. M. 2000

Roland Bell und Frieder Skibitzki »›Kirchenasyl‹ – Affront gegen den Rechtsstaat?«, Berlin 1998

95. Bergedorfer Gesprächskreis »Welche Antworten gibt Europa auf die neuen Einwanderungswellen? Politische Voraussetzungen, gesellschaftliche Folgen«, Protokoll – Nr. 95, Hamburg 1992

Detlef Bischoff und Werner Teubner »Zwischen Einbürgerung und Rückkehr. Ausländerpolitik und Ausländerrecht der Bundesrepublik Deutschland«, Berlin 1991

Frank Böckelmann »Die Gelben, die Schwarzen, die Weißen«, Frankfurt a. M. 1998

Bundesvereinigung der Deutschen Arbeitgeberverbände »Das Ausländerproblem. Die Grundauffassung der Arbeitgeber«, Köln 1983

Bundeszentrale für politische Bildung »Ausländer in der Bundesrepublik Deutschland. Dokumentation eines Seminars mit Planspiel ›Asylbewerber in Dornberg‹«, Bonn 1993

Luise Busch und Anissa Kahla »Ein Fisch ohne Wasser. Erlebnisberichte über das Zusammenleben von Einheimischen und Migranten«, Kirchheimbolanden 1999

Isabelle Chopin und European Network against Racism (ENAR) »Campaigning against racism and xenophobia: from a legislative perspective at European level«, Brüssel 1999

DGB »Die deutschen Gewerkschaften und die ausländischen Arbeitnehmer. Beschlüsse, Forderungen, Stellungnahmen, Empfehlungen«, Düsseldorf o. J. (1986 oder 1987)

DGB »Von der Ausländerbeschäftigung zur Einwanderungspolitik. Beschlüsse, Stellungnahmen und Forderungen des DGB 1990–1993«, Düsseldorf 1994

DGB (Hg.) »MigrantInnen aus der Türkei im Einwanderungsland Deutschland«, Düsseldorf 2001

»Der Dialog mit dem Islam zwischen Anspruch und Wirklichkeit«, Heft 1/02 der Zeitschrift »KulturAustausch«, hg. vom Institut für Auslandsbeziehungen, Stuttgart 2002

Sigrid Fauth und Hanspeter Mattes »Illegale Migration aus Nordafrika nach Europa. Ursachen, Formen, Wege und Probleme der Eindämmung«, Hamburg 1999

Nils Feindt-Riggers und Udo Steinbach »Islamische Organisationen in Deutschland. Eine aktuelle Bestandsaufnahme und Analyse – Pilotuntersuchung«, Hamburg 1997

Forschungsinstitut der Friedrich-Ebert-Stiftung »Einwanderungsland Deutschland. Bisherige Ausländer- und Asylpolitik, Vergleich mit anderen europäischen Ländern«, Bonn 1992

Forschungsinstitut der Friedrich-Ebert-Stiftung »Fremdenfeindlichkeit und Gewalt. Ursachen und Handlungsperspektiven«, Bonn 1992

»Fremd und deutsch. Warum die Integration von Ausländern Unsinn ist«, Heft Nr. 2/2000 der Zeitschrift »Spiegel-reporter«

Theo Gavras »Die Situation griechischer Arbeitnehmerinnen und Arbeitnehmer in Deutschland. Beschäftigung – Berufsausbildung – Arbeitslosigkeit – ältere Generation«, Düsseldorf o. J. (2001)

Wilhelm Heitmeyer, Joachim Müller und Helmut Schröder »Verlockender Fundamentalismus. Türkische Jugendliche in Deutschland«, Frankfurt a. M. 1997

Shahram Iranbomy (Hg.) »Einwanderbares Deutschland«, Frankfurt a. M. 1991 (mit Beiträgen von Cohn-Bendit, Funcke, Geißler u. a.)

Arne Klein (Hg.) »Die Rede von der multikulturellen Gesellschaft. Ein Reader«, Berlin 1992

Ute Knight und Wolfgang Kowalsky »Deutschland nur den Deutschen? Die

Ausländerfrage in Deutschland, Frankreich und den USA«, Erlangen 1991
Hartmut Koschyk und Rolf Stolz (Hg.) »30 Jahre Zuwanderung. Eine kritische Bilanz«, Landsberg am Lech 1998
Hartmut Koschyk und Rolf Stolz (Hg.) »Alte und neue Deutsche? Staatsangehörigkeitspolitik auf dem Prüfstand«, München 2001 (Hanns-Seidel-Stiftung, »Argumente und Materialien zum Zeitgeschehen« Nr. 32)
Heinz Kühn »Stand und Weiterentwicklung der Integration der ausländischen Arbeitnehmer und ihrer Familien. Memorandum des Beauftragten der Bundesregierung«, Bonn 1979
Jochen Kummer »Ausländerkriminalität. Legenden und Fakten zu einem Tabu« Frankfurt a. M. 1993
Heinrich Lummer »Asyl – ein missbrauchtes Recht«, Frankfurt a. M. 1992
»Migration und kultureller Wandel«, Heft 1995/1 der »Zeitschrift für KulturAustausch«, hg. vom Institut für Auslandsbeziehungen, Stuttgart 1995
Ursula Mehrländer und Günther Schultze »Einwanderungskonzept für die Bundesrepublik Deutschland – Fakten, Argumente, Vorschläge«, Bonn 1992
Heidrun Müller »Grenzüberschreitungen: eine pädagogische Handreichung«, Bd. I Flucht und Asyl, Frankfurt a. M. 1999
Peter L. Münch-Heubner »Staatsbürgerschaftsrecht und Einbürgerung in Kanada und Australien. Eine Untersuchung über die Auswirkungen doppelter Staatsbürgerschaften und die Problematik von ›multiple identities‹ in multikulturellen Gesellschaften«, München 1999
Dieter Oberndörfer und Uwe Berndt »Einwanderungs- und Eingliederungspolitik als Gestaltungsaufgaben«, Gütersloh 1992
Cem Özdemir »Ich bin Inländer. Ein anatolischer Schwabe im Bundestag« Aufgezeichnet von Hans Engels, München 1997
Wolf Oschlies »Asylbewerber aus dem Karpatenbogen. Versuch über Geschichte, Gegenwart und soziale Probleme der Zigeuner Rumäniens«, Köln 1993
Beatrix Palt, Lutz R. Reuter und Alexander Witte »Schulbildung für Migrantenkinder und Kinder autochthoner Minderheiten in der Bundesrepublik Deutschland: Eine Synopse schulrechtlicher Bestimmungen«, Hamburg 1998
Günther Piening und Lutz Rothermel (Hg.) »Zuwanderung in den neuen Bundesländern: Positionen, Probleme, Perspektiven«, Magdeburg 2000
Hans-Peter Raddatz »Von Gott zu Allah? Christentum und Islam in der liberalen Fortschrittsgesellschaft«, München 2001
Christa Randzio-Plath »Armut und Wanderungen kann niemand verbieten! Plädoyer für ein europäisches Asyl- und Zuwanderungsrecht«, Hamburg 1992
Sächsische Landeszentrale für Politische Bildung »Deutschland den Deutschen. Parolen und Argumente«, Dresden 1993

Saskia Sassen »Migranten, Siedler, Flüchtlinge. Von der Massenauswanderung zur Festung Europa« Aus dem Amerikanischen von I. Hölscher, Frankfurt a. M. 1996

Cornelia Schmalz-Jacobsen und Georg Hansen (Hg.) »Kleines Lexikon der ethnischen Minderheiten in Deutschland«, München 1997

Herbert Spaich (Hg.) »Asyl bei den Deutschen. Beiträge zu einem gefährdeten Grundrecht«, Reinbek 1982

Ursula Spuler-Stegemann »Muslime in Deutschland. Nebeneinander oder Miteinander?«, Freiburg i. B. 1998

Rolf Stolz »Die Mullahs am Rhein. Der Vormarsch des Islam in Europa«, München 1994, 2. neu bearbeitete Auflage München 2002 (Taschenbuchausgabe als »Die Mullahs in Deutschland«, Frankfurt a. M. 1996)

Rolf Stolz »Kommt der Islam? Die Fundamentalisten vor den Toren Europas« München 1997, Neuauflage 2001

Bassam Tibi »Die fundamentalistische Herausforderung. Der Islam und die Weltpolitik«, München 1992

»Türken in Deutschland: Ihre Sorgen, ihre Erfolge, ihre Zukunft«, »ZEIT-Punkte« Nr. 2/99, Hamburg 1999

Werner Weidenfeld (Hg.) »Das europäische Einwanderungskonzept. Strategien und Optionen für Europa«, Gütersloh 1994

Wir e.V. Forum für besseres Verständnis zwischen Deutschen und Ausländern »Asyl- und Flüchtlingspolitik: Situation, Streitpunkte, Vorhaben«, Köln 1992

»Zuwanderung gestalten, Integration fördern« Bericht der Unabhängigen Kommission »Zuwanderung«, Berlin 2001

Hinweis: Aus gewerkschaftlicher Sicht sind eine große Zahl von Broschüren zu Zuwanderungsfragen erschienen, die oft auf Arbeitstagungen zurückgehen, so z. B. DGB (Hg.) »Illegale Beschäftigung in der Europäischen Union. Gewerkschaftliche und staatliche Handlungsmöglichkeiten« (Düsseldorf 1997), DGB (Hg.) »Erleichterte Einbürgerung – ius soli – Doppelstaatsbürgerschaft. Forderungen, Informationen, gesetzliche Grundlagen« (Düsseldorf 1999), DGB (Hg.) »Demokratie und Toleranz in Gesellschaft und Arbeitswelt« (Berlin 2000) oder, herausgegeben vom Vorstand der IG Metall »50 Jahre Grundgesetz: Ohne Bürgerrechte für alle Menschen? Als Beispiel: das Staatsbürgerschaftsgesetz« (o. O. 1999). Für Asylfragen sind die Veröffentlichungen des Bundesamtes für die Anerkennung ausländischer Flüchtlinge wichtig, die vor allem in der Schriftenreihe »Asylpraxis« zu finden sind. Ferner sind verschiedene Zeitschriften zu nennen wie etwa »Damid – Development and Migration in International Dialogue«, die in Berlin erscheint.

Personenregister